북한의 우리식 문화

'우리식 문화'를 알아야 북한이 보인다

북한의 우리식 문화

'우리식 문화'를 알아야 북한이 보인다

| 주강현 지음 | ·

당대

북한의 우리식 문화

'우리식 문화'를 알아야 북한이 보인다

지은이/주강현
펴낸이/김종삼
펴낸곳/도서출판 당대

제1판 제1쇄 인쇄 2000년 9월 5일
제1판 제1쇄 발행 2000년 9월 8일

등록/1995년 4월 21일(제10 – 1149호)
주소/서울시 마포구 연남동 509 – 2, 3층 121 – 240
전화/323 – 1316 팩스/323 – 1317
전자주소/dangbi@chollian.net

ISBN 89-8163-055-0 03380

21세기 통일문화의 노둣돌을 놓으며

여전히 통일문제에 각론은 드물고 총론만 붐빈다. 남북문화교류
가 급격한 물살을 타고 있어 시민들의 북한문화에 대한 관심이 고
조되고 있지만 정작 북한문화를 정면에서 다룬 책은 드물다. 큰
문제다. 이 책은 이러한 빈 공간을 채우려는 노력의 결과물이다.

북한문화의 핵심은 한마디로 무엇일까. 나는 두말할 것 없이
'우리식문화'라고 명명하고자 한다. 왜 하필이면 '우리식문화'일
까. 북한문화는 단순한 문화가 아니라 정확하게 '사회정치적 문
화'다. 우리식, 우리식문화, 조선민족제일주의 등의 슬로건은 어
쩌면 북한의 모든 문화지형도를 함축한다. 따라서 우리식문화에
대한 올바른 인식이야말로 교류협력의 기준치를 제대로 정하고,
민족사적 견지에서 통일문화의 기본성격을 규정해나가는 밑거
름이 되어줄 것이다.

왜 문화가 중요할까. 정치경제와 특별히 구별되는 지점을 문
화의 정서에서 찾고자 한다. 정서적 통일은 감상론이 아니다. 이

산가족상봉의 눈물은 최루(催淚)연기가 될 수 없으며, 정서적 연대감을 통하여 50년의 단절을 하루아침에 녹여낼 수도 있는 것이다. 독일이 체제의 통일을 이루었음에도 불구하고 사람과 사람의 통일을 이루어내지 못함으로써 온전한 통합을 못한 데서 반면교사를 얻는다. 책 곳곳에서 '같음'과 '다름'을 뛰어넘자고 역설하는 이유는 단순하면서도 명료하다. 통일문화 형성은 분단이전 상태로의 복원이 아니라 전혀 새로운 창조과정이다. 오늘의 현실은 단순하게 북한의 '우리식문화'를 이해하는 데서 그치지 않는다. 교류협력을 통하여 신뢰감을 회복해나가면서 통일문화를 형성하는 노둣돌을 놓는 21세기의 새로운 출발을 기약해야 한다.

이 책은 엄혹했던 시절에 예상되는 어려움을 감수하면서 본인이 펴냈던 여러 북한관련 책의 연장선에 있음은 두말할 것도 없다. 이젠 시절도 '좋아졌으니' 이런저런 책이 많이 나오겠지만, 나로서는 근 10년 이상을 해온 일상의 작업일 뿐. 어쨌거나 수많은 북한문화전문가가 백가쟁명으로 출현하여 통일문화의 제전에 지식과 몸을 던지길 바라면서 또 하나의 책을 상재한다.

나는 이 책이 그 누구보다 이 땅의 젊은이들에게 많이 읽히길 희구한다. 예전에는 솔직하게 이런 말을 주위에서 많이 했다. '총칼 겨눈 경험이 있는 전쟁세대가 지나야 통일이 온다'. 일면 맞는 말이나 반은 틀린 답변이기도 하다. 이 땅의 젊은이들이 통일에 관한 관심이 적다. 그네들 젊은이들이 통일문제에 등한시하는 한 민족에게 희망은 '없다'. 젊은이들 탓만 할 일은 못된다. 무엇보다 제대로 된 통일교육이 부재한 탓이다. 또한 통일을 그저 거대담론으로만 접근해왔지 문화정서적으로 이해하려는 노력은 드물었다. 통일은 제도와 제도의 통일이기도 하지만, 사람과 사람의 통일임을 몰각하고 있기 때문이다.

　통일연구의 든든한 반려자인 통일문화학회의 여러 성원들, 이태섭 · 이춘길 박사 등 북한연구의 외길을 걷는 후배들, 남북문화교류의 현장에서 온갖 영욕을 맛보고 있는 김보애 선생을 비롯한 여러 통일문화일꾼들, 그리고 원고를 챙겨준 고려대 문화재학과의 이기복 군 등 여러 사람들의 애정과 베풂이 없었던들 이 같은 책이 가능하였을까. 책답게 꾸며준 박미옥 사장과 직원 등 당대출판사의 '당대정신'이 뿜어내는 수미일관된 힘에도 거듭 경의를 표한다. 덧붙여, 북녘의 이러저러한 부문에서 통일문화 형성을 위하여 노력하는 많은 외길인생들이 생산해낸 성과물들이 없었던들 이 같은 책은 더더욱 어려웠으리라.

모처럼 민족의 화해기운이 감도는 2000년 8 · 15 55돌
개성 가는 길목, 자유로 일산의 우리민속문화연구소에서
주강현

차례

9

서장

'우리식문화'를 알아야 북한이 보인다

'사람과 사람의 통일'에서 문화적 정서가 중요하다

시대는 변하고 있다. 모순은 그야말로 모순일 뿐, 쇠는 녹아내리고 총구는 힘을 잃어가고 있다. 21세기 초반, 탈냉전 이후의 국제정세 흐름은 새로운 통일환경을 조성하였다. 온갖 난관이 도사리고 있지만 남북관계는 빠른 물살을 타고 있다. 그 누가 민족사의 도도한 물살을 거슬러 올라갈 수 있으랴.

역사적인 '대한민국 김대중 대통령'과 '조선민주주의인민공화국 김정일 국방위원장'의 정상회담을 통하여 조성된 새로운 한반도지형도는 두말할 것 없이 교류협력을 담보하고 있다. 정상회담 이전에도 남북교류가 이어져왔지만 '새천년 첫만남, 역사적 사변'을 거치면서 사회문화교류협력도 물살을 타고 있다. 이산가

하나가 된 남북의 대학생
들(1999년 뻬이징 남북
학생통일체육대회)

족상봉은 그 대표적인 실례이다.

그러함에도 불구하고 사회문화교류에 대한 '열망'만 뜨겁지 '대안'은 부족한 현실이다. 오죽하면 '속도조절'을 해야 한다는 말까지 나오고 있는가. 55년간이나 막혀왔는데 무슨 속도조절인가. 남측이 숨가쁘다면, 북측의 내부사정은 더욱 숨가쁠 수 있다. 남측의 효율성신화와 북측의 속도전신화가 이제 자기 기량을 마음껏 뽐낼 순간이다. 문제는 속도조절이 아니다. 정작 숨가쁜 것은 55년간의 남북동맥단절이 아닐까.

이러한 시점에서, 왜 사회문화교류가 중요한가. 정치·군사·경제 문제가 아무리 중요하다고 하더라도 사회문화에 대한 인식

전환을 통한 남북의 이해증진 없이 화해는 요원하다. 또한 정치 · 군사 · 경제 문제의 해결은 곧바로 사회문화분야와 직결된다. 군축을 통한 국방비절감은 곧바로 사회문화분야에 결정적인 혜택이 돌려질 것이다. 문화는 더 이상 '밥에 곁들인 반찬'이 아니다.

사회문화의 재인식은 기존 통일관의 새로운 패러다임을 요구한다. 모든 것이 온통 정치 · 경제 문제로만 인식되고, 그러한 인식에 기초해서만 논의되는 편향성을 극복해야 한다. 북한연구에서 정치편향의 일방통행식 매너리즘은 비판받아 마땅하다. 정부와 여론의 대북관 변화에 따라서 장단을 맞추면서 학문의 주체적 입장을 견지하지 못했을 뿐더러 불필요할 정도로 상황변화에 민감하게 대처하면서 반북이데올로기를 창출하는 데 기여했다는 비판에서 자유로울 수 있을까. 거대담론 위주의 통일론도 제한성을 극복해야 한다. 통일문제의 사회과학적 인식이 필수적이라고 하여, 인문적 · 문학예술적 상상력이 고갈될 필요는 전혀 없는 것이며, 어떤 면에서는 기존 관성과 편향을 버리고 새로운 패러다임으로 나아가자면 문화가 중요할 수밖에 없다. 이제 중요한 것은 '사람과 사람의 통일', 정서적인 합의가 중요하다.

2000년 여름, 그 동안 통일문화에 열정을 쏟아온 이들이 모여서 통일문화학회를 창립하였다. 창립선언문을 살펴보면 통일문제에서 문화부문 대응이 대단히 열악할 뿐더로 새로운 봇물을 트는 방향전환임을 알 수 있다.

통일은 교류협력으로만 이루어지지는 않습니다. 불행하게도 우리

사회는 어떤 이슈만 있을 뿐, 이를 담보해낼 제대로 된 '전문성'을 겸비한 민간에서의 통일문화 대응세력이 미약합니다. 그 동안 통일논의가 정치·경제위주의 담론으로만 편향성을 보였다는 반증이기도 합니다. '문화의 세기'에 걸맞은 통일문화로의 인식전환이 시급합니다…교류협력은 통일문화형성으로 나아가는 전초전입니다. 그리하여 우리들은 '교류협력에서 통일문화형성으로'라는 취지를 앞세우고자 합니다. 통일문화학회는 학술과 예술의 제분야를 망라합니다. 학술분야는 인문학을 중심에 두고자 하며, 문화정책·문화유산(고고역사, 민속문화, 박물관 등)·언론(신문·방송 문화부문), 생활문화(의식주 등)·공연예술(연극, 가극, 노래 등), 시각예술(미술, 건축, 서예, 공예, 사진 등), 영상(영화, 만화, 애니메이션 등)·출판·문화산업·컴퓨터 등을 망라하고자 합니다.

위의 선언문에서 엿보이듯 통일문화에 대한 사회적 인식은 아직 초보적인 단계이다. 문화이벤트성 기획행사는 범람하고 있어도 정작 문화교류협력에 대한 제도적·전문가적 대응은 빈약하기만 하다. 남측 기준에서는 다원적인 데 반하여, 북측 기준으로는 '단순성' 그 자체다. 남측의 교류협력 잣대를 기준으로 전면교류를 추진하면 북측 입장에서는 또 하나의 체제와해로 받아들일 수 있다. 따라서 당분간 남북문화교류협력은 일정한 제한성을 지닐 수밖에 없다. 그럼에도 불구하고 사태는 변했다. 교류협력의 '놀라운 가속화'는 논란을 벗어나서 통일문화형성의 디딤돌로 이어질 전망이다.

'우리식'을 모르고서는 북한문화를 알 수 없다

교류협력이란 쌍방간 통행이다. 상대방에 대한 이해가 먼저 선
행되어야 한다. 북한문화의 핵심은 한마디로 '우리식'이다. 우리
식은 통일과 동시에 사라져야할 문화인가. 북한의 우리식문화는
민족적이라고 말하기에 '충분'하다. 때로는 너무 지나칠 정도로
민족적이어서 남쪽에서 부담스럽게 생각하기도 한다.

　북한사회주의의 요체는 민족적 사회주의다. 사회주의 교과서

방울춤

입장에서는 '민족적'이란 접두어가 유별스럽게 보이겠지만, 자주를 생명으로 삼는 북한의 입장에서는 민족적 색채가 어떤 체제 논리보다도 앞서 있는 것이다. 평양의 국립교향악단이 서울공연에서 연주한 '아리랑' '그네뛰는 처녀' 등은 서양악기와 민족악기가 훌륭하게 결합할 수 있음을 보여주었다. 반면에 우리의 교향악단에는 오로지 서양악기만 있을 뿐, '민족'은 없다.

이러저러한 차이를 놓고서 남북문화의 다름을 강조하는 이들이 많다. 분명히 남북은 문화에서도 다르다. 그러나 다름보다는 같음이 더 많다는 것이 솔직한 표현이 아닐까. 다소 말이 변했다고 하여 통역을 내세우는 지경은 아니다. 입맛이 변했다고 하여 남의 나라 음식을 먹는 느낌은 들지 않는다. 그럼에도 불구하고 연일 다름을 강조하는 주장이 드높다.

그러나 왜, 어느 쪽이, 어떻게, 어떤 방향으로 달라졌는가를 굳이 따지려면 원인과 진행과정, 그리고 결과물 모두를 '총체적'으로 놓고서 '냉정한 분석'을 해야 한다. 물론 '냉정한 분석'조차도 어떤 잣대를 기준으로 하느냐는 것부터 새롭게 정해야 할 문제이지만, 몇 가지 해결 논법을 찾아보자.

첫째, 일단 '다름'보다도 '같음'을 강조함이 쌍방간에 이득이 될 것이라는 전제이다. 이산가족 상봉과정에서 북측상봉자가 '김정일 장군님 덕분에 잘살고 있다'고 하였다. 이에 대하여 남측상봉자는 즉흥적으로 '나는 남한사람이니까 김대중 대통령 덕분에 잘살고 있다'고 답하였다. 북한의 국립교향악단 공연이 있는 날 비가 와서 김정일 위원장과 김대중 대통령이 같이 실린 포스터가 비에 젖었다. 여자공연단원 하나가 울면서 뛰어들어왔다. '김정일 장군이 비를 맞고 있어요! 이 상태에서는 공연할 수 없어요.' 그래서 포스터문제를 해결하고 난 뒤에 공연에 임할 수 있었다. 도하 신문에서는 가십난에 이 이야기를 올렸다.

이 두 가지 대목을 웃고 넘어갈 수 있을까. 참으로 다행한 일은 국민 다수는 물론이고 다수 언론에서도 이번에는 '관대하게' 넘어갔다는 점이다. 바로 그 점이 중요하다. '관대하게' 넘어가면, 모든 문제는 쉽게 풀린다. 다름을 공격하고 부각시키기보다는 같은 측면을 우선적으로 내세우고 높게 쳐주는 것이 상호 '신뢰감'을 위해서 무엇보다 중요하다.

둘째, '같음'을 강조함은 단순하게 '문화적 동질성'만을 강조하려함이 아니다. 남북의 문화지형도에서 민족문화의 중심찾기를 세워야한다는 뜻이다. 과연 민족문화는 남북에서 제 대접을 받

판문점 북측에 조선식
건축으로 세워진 통일각

고 있는가. 이산가족 상봉시에 북쪽의 국어학자 류열 선생이 시내관광을 나섰다가, '간판에 너무 외국어가 많습니다. 이렇게 민족적인 것이 없어서야 통일되겠습니까'라고 한 발언을 무심코 지나칠 수 있을까.

같음을 강조하려는 뜻은 민족사적 견지에서 민족문화형성의 장기적 비전을 찾자는 뜻도 있다. 21세기 초반의 남한지식인들 가운데 일부에서는 '민족문화'를 강조하면 어떤 불길한 조짐인 것처럼 담론을 확대재생산하는 경향이 돌출되고 있다. 민족문화가 그렇듯 수구적·보수적·폐쇄적일까. 오늘의 남한 문화지형도가 민족문화를 일정정도 억제하고 거부해야 할 정도로 그렇듯 자주적일까. TV를 켜보면 어디 한군데에서도 민족문화를 좀처럼 찾아보기 어려운 현실에서 이런 생뚱맞은 주장만 난무하고 있다. 이러한 조건하에서 통일문화의 원대한 꿈을 설계하려면 민족문화의 중심잡기부터 시작해야 마땅하다. 그러한 측면에서 북한이 나름대로 간고분투의 세월 속에서 이룩해온 '우리식문화'는 민족사적 의미를 충분히 담고 있다고 믿고 싶다. 통일과정뿐 아니라 통일 이후의 문화적 정체성이 무엇인가가 더욱 중요하기 때문이다.

셋째, 어떤 경우에도 다름조차 인정되어야 한다. 다름이 인정되어야 한다는 뜻은 이른바 '다양성'의 조화 등으로 바꾸어 말할 수도 있지만, 보다 정치적인 함의로는 '낮은 연방제와 국가연합 시대'에 걸맞게 쌍방간의 제도와 문화가 존중되어야 한다는 뜻이다. 온전한 통일은 20~30년 뒤에나 가능할 것이란 추측이 나오

김정일 위원장과 현대그룹 정주영
명예회장의 만남(1998. 10)

고 있다. 교류협력시대에서 통일시대로 나아가는 장구한 기간
동안, 쌍방간의 문화를 인정하고 차츰차츰 속도조절을 해나가면
서 다름조차도 상호 이해하는 단계로 나아가야 할 것이다. 같음
의 강조는 이질적인 것을 섞어서 강제로 어떤 하나를 만들어내
려는 의도적인 것은 아니기 때문이다.

　북측으로서도 남한 자본주의문화를 차근차근 공부하는 연습기
간이 필요하다. 남한 자본주의문화가 자신들의 입장에서 맞지 않
다고 하더라도, 정공법으로 공부하지 않고는 세계무대로 나아가
기 어렵다. 남측으로서는 자본주의문화의 문화적 다원주의가 지
닌 장점은 계속 살려나가되, 퇴폐적이고 향략적인 문화를 선두에

세우면서 '대북공략' 식으로 문화전선을 펼치면 치명적인 신뢰감 손상이 불보듯 명확하다. 신뢰감이 무엇보다 중요한 대목이다.

위의 세 문맥을 온전하게 하기 위해서는 남측에서 준비해야 할 공부법은 두말할 것 없이 북의 '우리식문화'에 대한 선결 이해다. 마찬가지로 북은 남의 '자본주의식문화'에 대한 이해의 폭을 넓혀야 한다. 나는 남한출생이다. 따라서 나의 논법에서는 북의 우리식문화를 이해하려는 노력이 주종을 이룬다. 반대로 북측의 학자가 있다면, 자신들의 문화만을 강조할 것이 아니라 남한의 문화를 이해하려는 노력을 가일층 기울여야 할 것 아닌가.

우리식문화의 본질을 꿰뚫고, 그 안에 내재되어 있는 민족문화의 원형질을 간파하여 통일문화 형성의 동력으로 이끌어내는 노력이 필요하다. 북측의 남한문화 이해방식도 마찬가지. 그러한즉, 남북문화의 같음과 다름을 논하고 북한의 우리식문화의 본질을 규명함은 곧바로 통일문화 형성의 전초전으로 나아가는 지름길이 아닐 수 없다.

같음을 강조하고 다름은 조금씩 극복해나가야 남북의 신뢰감이 쌓여나갈 터인데도 불구하고, '같은 것보다 다른 것이 더 많다'는 묘한 신기루에 빠져서 어물대는 시각이 지금껏 존재한다. 한편에서는 케케묵은 방식으로 '좌우갈등'을 부추기고, 흡사 남한사회가 이념적으로 엄청난 혼란과 분열을 겪으면서 '사생결단'의 기로에 서 있는 듯한 '공개적 협박' 발언을 서슴지 않는다. 그런 '겉똑똑이'들에게 거칠기는 하지만 이런 말을 베풂이 어떨까. '정말, 바보 아냐!'

북측에 부는 '남풍', 남측에 부는 '북풍'

남북관계는 원칙적으로 민족 내부문제다. 남북의 교류협력이 가시화되었음은 쌍방간에 존재하는 상이한 체제를 상호 인정하는 선에서 재출발함을 의미한다. 남북의 평화공존은 문화분야에도 적용된다. 냉전고착기의 적대적 관계에서 화해협력기의 보완적 관계로 나아가고 있으며, 남북의 문화가 창출하는 민족적 연대감과 끈끈한 정서적 결합은 쌍방간의 신뢰감을 회복하는 데 큰 도움을 줄 것이다.

그럼에도 불구하고 남북은 사회문화교류협력에서 상이한 입장을 보여준다. 남한사회는 일단 보수 · 진보를 막론하고 대북진출에 대한 지대한 관심이 고양되고 있다. 긍 · 부정 측면이 모두 존재한다. 막힌 통로를 뚫어서 통일로 나아가는 '애국주의'적 열정이 있는가 하면, 무한대 경쟁을 통한 자본확대 과정으로도 나타난다. 북측 입장에서는 남측에 대한 개방전략을 취함으로써 화해분위기를 주도하고, 경제적 이득도 취할 수 있다고 판단하고 있다.

북한은 늘 속도를 조정하고 있다. 즉 개방수위를 조절하고 체제안정을 도모하는 방향을 선택하고 있는 것이다. 반면에 남측의 교류협력 열기는 속도를 더해가고 있다. 북한은 일사분란한 사회체제이기 때문에 속도조절이 가능한 반면에 다원주의적 남한사회에서 속도조절이란 쉽지 않다. 북한으로서는 대남개방을 급격히 서두를 수 없다. 제한된 범위에서 문을 열 뿐이고, 열어 놓는 순위는 오로지 북한의 '필요성'에 의해 '선택'된다. 남측에는 교류로 인한 일정한 '시장'도 형성되어 있다. 그래서 일각에서는 남북문화교류가 지나치게 북쪽으로만 기우는 '일방통행'이라는 비판도 나온다.

그러나 전혀 다르게 볼 수도 있다. 북측은 북측대로 통일열기가 몰고 오는 남풍을 어떻게 내부조절할 것인가 하는 심각한 현실에 당면하고 있다는 견해가 그것이다. 남쪽에 다소 호들갑스럽기는 하지만 잔잔한 북풍이 분다면, 북쪽에는 남풍이 가히 '폭

농약 뿌리기에 나선 협동농장 농민들. 식량난은 북한 최대의 고민거리. 남북교류협력에서 늘 경제문제가 부각되고 있다.

풍'수준으로 불고 있다는 관측이다. 통일의 열기에 불을 질러놓은 상태에서 북쪽의 인민들은 그야말로 통일신드롬에 한껏 젖어든 상태다. 심술궂은 먹장구름만 동반하지 않는다면 훈훈한 북풍과 남풍은 쌍방간에 바람직한 바람으로 여겨진다.

오늘날 남북교류에서 정부와 민간의 역할이 분명하게 재정리될 필요성이 있다. 그 동안 남측에서 '선민후관(先民後官)'식의 교류협력을 해왔다면 입장 재정리가 필요하다. 공연마다 지원을 하는 방식이 아니라 보다 근본적으로 문화부분에 대한 대북지원, 대북투자라는 방식으로 전환해야 한다. 정부의 역할은 모든 사업에 직접 관여하는 방식이 아니라 큰 틀에서 법제적 원칙을 정하거나 뒷받침하기, 아니면 속도조절 등 정책적인 틀에서만 관여해야 한다. 원칙적으로 민간교류는 민간에게 맡겨야 한다.

정부의 적극적인 조정원칙이 서 있어야 하며, 경제지원과는 별개로 '문화지원'이란 측면에서 새로운 원칙이 마련되어야 할 것이다. 어느 정도 흥행성 있는 대상은 별 무리가 없으나, 남한 대중의 인기와는 현실적으로 무관한 교류에 대해서 정부는 어떤 입장을 취해야 할 것인가. 교류종목의 내용에 따라서 분별력 있는 정책적 대안이 필요한 대목이다. 또한 민간과 정부의 역할이 어느 정도는 정확하게 구분될 필요가 제기되고 있는 대목이다. 이산가족상봉에서 제기되었듯이 제도적인 장치가 마련되어야 한다. 남북문화교류협력의 현단계가 아직은 '불안한' 과도기임을 말해준다.

그럼에도 불구하고 남풍과 북풍은 서서히 속도를 내기 시작하

장안의 인기를 끌었던
평양학생소년예술단의
어른을 뺨치는 노련한
솜씨(2000년 6월, 서
울 예술의전당)

였다. 남북의 문화협력도 돌아올 수 없는 루비콘 강을 건너고 있
는 상태다. 경의선이 복원되고 개성이 열리고 백두산과 한라산
교차관광이 실시되고, 신문방송은 연일 새소식을 쏟아 붓는 중
이다. 교류협력이 강화될수록, 북한의 '우리식문화'는 다양한 색
깔의 옷을 입고 우리 앞에 나타날 것이다. 그러나 보기에는 다양
해도 수미일관된 원칙은 '우리식문화'라는 점이다. 막연한 감상
에 들뜨기보다도 현실적 힘으로 존재하는 북한의 '우리식문화'를
엄연한 현실로 접수하면서 차근차근 본격적인 교류협력단계를
예비해나가야 하지 않을까. 남북의 남풍과 북풍을 한데 모아 민
족문화의 거대한 휘모리바람을 예비함으로써 통일문화형성의
기본 토대를 만들어나가야 하지 않을까.

제1장

같음과 다름, 남북문화 독해법 몇 가지

'항일유격대식 사회'의 칸트, 류열 선생을 생각하며

사람들은 묻는다. 북쪽사회의 진정한 실체가 무어냐고. 나는 한
마디로 잘라 말한다. 북쪽은 '현존하는 항일유격대식 사회'라고.
또한 사람들은 묻는다. 그토록 자력갱생과 자주성을 외치면서도
"왜 인민을 굶주리게 하느냐?" 답변은 수십 가지도 넘을 수 있지
만, 이 대목 역시 한마디로 답하곤 한다. "북쪽은 굶주림의 대가
로 자주를 얻고 있다."

　이렇듯 북쪽은 '자주와 굶주림을 맞바꾼 사회'가 아닐까. 견우
미견양(見牛未見洋)이라 하였다. 소는 보았기 때문에 불쌍히 여
기고 양은 보지 않아 불쌍함을 모른다는 뜻이니, 무엇이든 보지
않은 것보다 실제로 본 것에 대하여 한층 더 생각하게 된다는 말

이다. 북쪽의 굶주림을 자세히 들여다본 자만이 그 굶주리는 현실의 이면성을 이해할 수 있는 것이 아닐까 한다.

북쪽문화에 대해서도 같은 질문과 답변이 가능하다. 북쪽의 문화는 '자주'를 얻은 대신에 '다양성'은 잃어버린 문화라 정리하고 싶다. 21세기의 문화적 다양성이 세계화와 무관하지 않을 터인데, 그런 점에서 북쪽문화는 자주적이기는 하되 다양성에서는 밀릴 수밖에 없는 문화환경 속에 놓여 있다. 북쪽사회는 여전히 '항일유격대식 사회'라 할 수 있다. 그러면서도 어떤 도덕적 품성을 지고의 목표로 삼고 '타락한 자본주의 세상'을 향하여 "바람은 들어오되 모기는 들어올 수 없다"는 '모기장 친 사회'로 정리할 수 있다. 영국의 문화인류학자 메리 더글러스 식의 표현을 빌리면, '순수와 위험'의 불결의 질서를 세우고 있는 사회이리라.[1]

그렇다면 북에서 그토록 부르짖는 자주란 무엇일까. 또 '자주적인 문화'란 무엇일까. 한마디로, 통일 민족국가를 건설해 나가는 토대가 될 수 있는 공동의 문화라고 표현할 수 있다. 첫머리에서부터 복잡다단한 설명을 덧붙이지는 않는 것으로 하겠다.

남북이산가족 만남을 위한 평양 쪽 명단이 나왔을 때, 200여 명의 긴 명단 속에서 대뜸 '류열'이라는 이름이 눈에 들어왔다. 며칠 뒤 신문보도에 딸이 부산이 살고 있음이 확인되었다. 그분을 이 지면에 초대한 것은 반백년 넘는 분단의 삶 속에서 변화된 남북의 문화를 어떻게 중심 잡고 읽어낼 수 있을까 하는 '민족자주'의 기준치를 마련하고자 함이다.

선생에 대해서 일반사람들은 잘 모르지만 남쪽 국어학자들을

개선문이 불을 밝힌 평양의 야경

비롯하여 알 만한 사람은 다 알고 있다. 1983년 발표된 그의『세나라 시기 리두에 대한 연구 ─ 사람, 벼슬, 고장 이름의 표기를 통하여』(과학백과사전출판사)는 벽초 홍명희의 장남 홍기문의 향가연구 및 이두연구와 함께 북쪽 국어학계가 반세기 동안 내놓은 연구성과 중에서도 기념비적이라는 평가를 듣는다. 홍기문의 이두연구 성과를 대폭 반영한 이 책은『삼국사기』나『삼국유사』『고려사』『동국여지승람』『증보문헌비고』같은 문헌기록에 나타난 삼국시대 고유명사 821개를 빠짐없이 찾아내 모든 자료를 뜻옮김과 소리옮김으로 갈라 그 대응관계를 규명하고 있다.[2]

그렇다면 이 책을 쓴 류열의 평양에서의 삶은 어떨까. 선생은 지금도 매일 아침 8시 20분이면 어김없이 경림동 집을 출발해 10분간 걸어서 정확히 8시 30분에는 직장인 사회과학원 언어학연구소에 도착한다. 마치 독일 철학자 칸트를 연상케 한다. 선생은 아침 5시에 기상하여 체조와 냉수마찰을 하고 출근하기 전 1시간 동안은 걷기운동을 한다. 눈이 오나 비가 오나 약 50년 동안 하루도 빠짐없이 해온 일과라고 한다. 선생의 철저한 건강관리는 술과 담배를 일체하지 않는 데서도 드러난다. 그러나 기계처럼 움직이는 이런 모습이 주위사람들에게는 그다지 재미가 없는 듯 "기계장치로 움직이는 인형 같다"는 평가를 듣고 있단다. 선생 역시 "생활이 무미건조하단 말이죠. 나도 자기가 인생의 재미를 맛보지 못한 사람이라고 생각해요" 하고 자평한다.[3]

국어학이 나의 전공이 아니라 실제 선생의 업적을 제대로 평가할 힘이 나에게는 없다. 나는 50년을 하루도 빠짐 없는 '우리문화

지킴이'로서의 선생의 일관된 삶을 호기심을 가지고 지켜보다가, 이산가족명단에서 그의 이름을 보고 비로소 짚이는 바가 있었다. 국어연구에 몸 바치며 무미건조하게 일관된 삶을 사는 선생 역시 청년시절에는 격동의 삶을 살았을 터이고, 딸자식을 두고서 월북한 뒤로 얼마나 많은 눈물을 흘렸을까. 50년 세월을 홀로 우리문화 연구로 일관하면서 하루도 빠짐없이 연구실로 나아갔던 류열의 정중동(靜中動)의 삶, 월북자 아버지를 둔 그의 딸의 참담했을 삶, 그 모든 백안시와 고독, 갈등과 번민 그리고 '말없음표'에 남북문화의 현주소가 고스란히 드러나는 것이다.

류열이 50년 만에 딸을 만나듯이, 남북의 문화 역시 50여 년만의 상봉을 하면서 얼마나 엄청난 문화적 차이를 느껴야만 하는가. 우리는 그 시간의 간극을 어떻게 메울 것인가. 류열이라는 한 인간이 분단의 고단한 세월 속에서 민족문화의 한 귀퉁이를 보듬고 일생을 살아왔다면, 선생의 우리문화 외길이 통일문화 형성에 소중한 밑거름이 될 것은 자명하다. 신산했던 삶만큼이

김일성 주석이 안치된 금수산기념궁전을 찾는 인민들. 평범한 삶 속에서도 '항일유격대사회'의 모습이 완강하다. 남북의 결정적 차이를 깨닫게 해주는 북한 문화지형도가 아닐 수 없다.

나 한민족의 역사 자체가 참으로 신산했으니, 이제 작은 차이를 보듬고 '분단문화'의 서러움을 극복해야 할 것이다.

1995년, 교황 요한 바오로 2세는 유엔총회에서 문화적 차이로 인한 20세기의 엄청난 분쟁에 관해 이렇게 호소하였다.

쓰라린 경험을 통하여 우리는 '차이'에 대한 두려움이 끔찍한 테러와 폭력으로 이어질 수 있다는 것을 알았습니다. 그러나 문제를 객관적으로 보고자 노력한다면 우리는 모든 차이를 초월하는 기본적인 공통성이 있음을 알 수 있습니다. 차이가 존재하는 현실에서 그러한 차이를 부각시키려는 시도는 인간적 삶의 신비가 얼마나 깊은지를 측량할 수 있는 가능성으로부터 우리 자신을 배제하는 것입니다. 서로 존중하는 대화를 통해 어떤 이들에게는 매우 위협적일 수도 있는 차이가 인간 실존의 신비를 더 깊이 이해하는 원천이 될 수 있습니다.

2000년대의 한반도 문화지형을 이해하는 지름길은 바로 남북 쌍방의 비교독해법을 통해서 가능할 것이다. 남북의 정상이 만나는 과정을 보면서, '반갑다' '놀랍다'는 탄성이 쏟아져 나왔지만 일각에서는 '머리가 어지럽다' '현기증이 난다'고 실토하였다. 아무리 많은 사람이 '반갑다'고 생각해도, 일부에서 '어지럽다'고 실토하는 바로 그 대목이 중요하다.

남북정상이 참으로 어렵사리 부둥켜안았는데 왜 머리가 어지러운 것일까. '충격'이란 표현은 바로 오랜 세월 습관적으로 길들여온 분단고착적 교육의 산물이거니와, 분단현실의 기득권을 포기할 수 없다는 몸부림이기도 하다. 강한 자기주장은 콤플렉스와 일관되게 만나곤 한다. 남쪽은 레드 콤플렉스의 환상에서 벗어나지 못하고 있으며, 특히 레드 콤플렉스를 이용하여 '밥벌이'를 해오던 다수의 집단이 존재한다. 반대로 북쪽 역시 '미국 콤플렉스'에 젖어 있음이 분명하며, 남북 경제력 격차가 벌어지면서 '남한 콤플렉스'가 강화되어 자기방어적인 체제옹호 논리가 더욱 짙어지는 지향성을 보여주고 있다.

그러나 한 발 물러서서 생각해 보면 어지러울 수밖에 없는 사람들이 존재한다는 것은, 남북협력 이전에 남남협력의 긴박성이 그에 못지않음을 증명해 주는 현실이 아닐까. 그 어지럼증을 넘어서서, 그야말로 '성숙한 민족'으로 나아가는 방도를 어떻게든 찾아야만 할 것 아닌가.

남북문화 독해법 몇 가지를 적어본다. 사람과 정견, 전문분야에 따라서 수십, 수백 가지가 될 수도 있을 것이다. 논리정연한 수순을 밟기보다는 편하게 이러저러한 '수다떨듯' 지극히 일상적인 사례들이다. 일상의 문화야말로 당대의 사회적 보편성을 획득하고 있다고 볼 때, 그들 예시물들은 '수다떨기' 차원을 벗어나 남북의 문화지형도가 내포하고 있는 엄중한 현실논리일 수 있다고 믿고 싶다.

아, 꼭 하나 사족으로 덧붙이고 싶은 것이 있다. 혹시나 이 단상들을 읽으면서 내가 지나치게 단정적으로 북한문화를 잘못 읽고 결론을 내리는 것이 아닌지, 불필요한 의심은 하지 말기 바란다. 북쪽에 대한 칭찬이나 비판이 지극히 감정적인 단선적 결론에서 비롯된 것이 아님을 전제하고자 한다.

체제가 엄연히 다른 남북문화를 직접 대놓고서 상대적으로 비교하다 보면, 늘 문화환경의 차이가 만들어내는 상대비교 자체가 안 되는 대목들이 많음을 나 역시 고백하지 않을 수 없다. 가령 북쪽의 속도전과 남쪽의 자본주의적 속도전, 북쪽의 천리마운동과 남쪽에서의 새마을운동은 사실 맞비교 대상이 될 수 없는 다른 것들이다. 그러나 남북이 공히 '전시체제적 압박' 속에서 속도 지향의 삶을 살아갈 수밖에 없음을 인정한다면, 양자는 분단구조가 빚어낸 '일란성쌍둥이'라는 관측도 무망한 것은 아닐 것이다. 일상의 삶을 빗대어서 상호 비교해 나가는 이 단상적인 글모음을 남북문화의 정체성을 재점검해 보려는 도입부 정도로 생각해주길 바라 마지않는다.

반백년의 거리감 : 남한족, 북한족을 만나다

세상은 많이 변하여 북쪽사람을 '뿔 달린 붉은 도깨비'로 생각하는 이는 없다. 마찬가지로 남쪽사람을 '길거리 동냥이나 하는 미제의 괴뢰'로 생각하는 북쪽사람도 없다. 상호간에 알 만한 것은 어느 정도 다 알려졌으며, 더 이상 숨기고 뭐고 할 것도 없다. 시중에는 〈반갑습니다〉가 울려퍼지고, 김정일 위원장이 했다는 "섭섭지 않게 해드리겠습니다"가 유행하여 가히 '북한 신드롬'이란 말이 어색치 않을 정도이다. 그럼에도 불구하고 우리의 의식 한가운데서는 '현란한 도깨비잔치'가 좌충우돌하고 있지나 않은지.

남북문화의 만남을 생각하면서, 불현듯 미국의 인류학자 보하난(Laura Bohanan)의 「티브족(Tiv), 셰익스피어를 만나다」란 재미있는 글을 떠올린다. 서아프리카 나이지리아 티브족에게 셰익스피어의 햄릿을 들려준 결과, 그들은 서구인들이 보편적 · 통상적 관점이라고 생각했던 것과는 전혀 상반되는 반응을 보였다. 보하난의 결론인즉, 보편적이라고 주장되는 가치나 윤리, 도덕 같은 것이 사실은 특정의 문화적 배경에서 생겨난 특수한 것이라는 것이다.

나는 그 동안 친족과 혼례관행, 가족간의 유대, 부모와 자식 간의 관계 등에 관해 내 식으로 판단하는 데 너무 익숙해 있었던 것이다. 그래서 내가 옳다고 믿은 것은 언제 어디서나 옳고, 내가 부정적으로 바라본 것은 언제 어디서나 부정적인 의미를 담고 있을 것이라고 쉽게 단정하고 있었던 것 같다. 햄릿을 통한 티브족 장로들과의 이러한 만남은 내가 이들의 문화를 어떻게 이해해야 하는가를 일깨워준 소중한 경험이었다. 문화를 이해한다는 것은 바로 이런 것이로구나 하는 느낌이 내 머릿속에서 계속 맴돌고 있었다.[4]

2000년대의 남북 사이에도 비슷한 일이 벌어지고 있다. 나는 남북문화의 이해방식에서도 '한겨레가 만나다'는 일반적 · 보편적 · 선언적인 제목보다는 '남한족, 북한족을 만나다'는 '돌출제목'을 떠올리곤 한다. 물론 초등학생들도 아는 상식으로, 비록 분단은 되었지만 한반도에 남한족과 북한족이 별도의 종족으로 존재할 턱이 없다. 그야말로 한겨레 한민족이다.

그러나 '현실적'으로는 남한족과 북한족이 '존재'한다. 서로 반백년 넘게 각인된 체제 속에서 남한족과 북한족은 '비법(非法)'적으로 존재한다. '우리는 하나'라는 명목상의 헌법을 공히 뛰어넘어 '타종족'이라고 생각하는 경우가 많기 때문에, 남북은 하나같이 자신들의 실정법을 위배하고 있는 셈이다. 어느 한쪽이 두드러지게 위배하고 어느 한쪽은 덜 위배할 뿐더러 충분히 한겨레다운 행동을 보여주고 있다고 항변할 수도 있겠지만, 현실이 어디 그러한가.

대립모순이 팽팽하게 50년 이상을 이어져 왔다는 시간적 중량

방직공장의 여성근로자

감을 합산해 볼 때, 양자는 분명히 다른 길을 걸어왔다. 오늘 한
반도의 문화적 지형 역시 시간적 중량감이 조성한 서로 다른 환
경에서 축적된 것이기에 남한족과 북한족이 별개로 존재하는 현
상을 단순 처리된 '우리는 하나다'는 당위만 가지고서는 결코 극
복할 수 없는 문제이다.

　나는 '남한족'이기 때문에 남한족의 문제만을 이 책에서 거론
하고자 한다. '북한족'이 스스로를 어떻게 보고 있는가 하는 것은
논외로 친다. 문제를 회피하자는 뜻이 아니라 그들 스스로 답변
해야 할 성질의 것이기 때문이다.

남쪽의 한겨레공동체에 대한 인식은 해외동포 문제에 미치면 더욱 분열적으로 나타난다. 재일동포의 열악한 처지를 놓고서 일본과 제대로 싸우지 못한 후과(後果)를 구구절절 재론할 필요는 없을 것이다. 만주의 연변동포는 같은 한겨레 한민족이고(국적이 중화인민공화국임은 차치하고), 중앙아시아 고려인도 한민족이지만(이들 국적도 우즈베키스탄, 타지키스탄 등 각 소속국가에 속함은 분명함), 실제 남한족이 이들을 대하는 태도는 전혀 다르다. 온갖 미사여구로 치장한다 하더라도 연변조선족 등이 같은 한겨레 한민족이 될 수 '없다.' 용정의 가라오케에서 한국노래를 부르면서 춤출 때, 거추장스런 통역 없이도 충분히 말이 통한다는 사실만으로 손님들은 같은 동포임을 강조하곤 한다. 그렇지만 팁을 던져줄 때, 남한족은 무의식중에 그들을 자신들과 다른 가난한 별개의 종족으로 취급할 뿐이다.

결론적으로 남북은 공히 자신들의 헌법을 위배하고 있다. 천만다행인 것은 2000년 여름에 남북의 정상은 '낮은 단계의 연방제'와 '연합제'라는 타협점을 찾기 시작하였다. 우리는 이쯤에서 자신에게 되물어야 한다.

과연 우리는 북쪽을 하나의 대등한 주체로 인정해 왔던가. 혹시라도 '남한족'이 '북한족'을 대하는 듯한 사고의 포로에서 벗어나지 못하는 것은 아닐까. 불행하게도 아직까지는 '아니다'고 말할 수가 없다. '뿔 달린 괴뢰' 정도로 치부하던 생각에서 많이 벗어났다고는 해도, 우리는 여전히 다른 족속을 대하듯 북쪽을 대하고 있다. 정녕 다른 족속처럼 살아가고 있는 지극히 단순한 모습을 두어 가지만 그려보자.

　북쪽에서는 텔레비전에서 방영되는 체육경기 가운데 고유 민속경기인 씨름이 농구나 축구보다 훨씬 더 인기를 끌고 있다. 하지만 남쪽에서 씨름은 그야말로 장사씨름판 정도에서 살아 있을 뿐, 사실 인기종목과는 무관하다. 마이클 조던의 롱슛과 나이키 신발에는 열광하는 젊은이들도 씨름은 구닥다리 스포츠로 생각

장구같은 악기가 일상적임을 어떻게 받아들여야 할까(「농장의 저녁길」, 허영 작, 유화, 142×118, 1965)

한다. 왜 같은 민족이 자신들의 민속경기를 대하는 태도가 이 모양이 되었을까. 일본에서 스모가 절대적인 권위를 누리는 것에 비하면, 우리의 씨름은 형편없이 낮은 권위를 누리고 있을 뿐이다. 남쪽의 문화가 과연 주체성을 확보하고 있는지 솔직한 답변을 해야 할 시점이다.

북쪽에서는 모든 것이 조직된다. 모든 것이 조직되어 이루어지므로 '조직된다'는 말을 남쪽에서는 '통제된다'는 말로 이해한다. 식당에 수십 명이 밥 먹으러 갈 때도 반드시 사전에 조직이 이루어져야만 한다. '조직된다'고 여기는 이들과 '통제된다'고 여기는 이들의 사고는 같을 수가 없다. 조직과 통제의 상대적 거리는 곧 남북의 문화적인 거리이기도 하다.

나는 계속 남한족과 북한족이라는 현실적인 존재를 거론하고 있다. 그대가 남북의 장래를 짊어질 이 땅의 젊은이라면, 과연 북쪽을 '말로만 아니라' 실제로 같은 민족이라고 생각하고 있는가. 여러 매체에서 통일에 관한 설문을 돌렸다. 그 결과, 이 땅에 사는 젊은이들의 상당수가 북쪽과 통일해도 그만, 안 해도 그만이라고 생각한다는 것이 드러났다. 남북정상회담 이후에 통계의 수치는 많은 변화를 보이고 있으나, 근본적인 변화는 시간을 필요로 한다. 그러한즉, 남한족·북한족이란 생뚱맞은 주의주장에 상당한 진실이 숨겨져 있는 것이다.

노년층은 어떤가. 오늘날 이들의 다수에게서 느닷없이 '빨갱이 같은 놈들'이란 발언이 쏟아져 나옴을 무수히 경험했을 것이다. 물론 말하는 이는 습관적으로 무의식중에 '빨갱이'를 내뱉었을

것이다. 빨갱이는 분명히 '적'이기 때문에 제거해야 할 다른 족속
인 것이다. 다른 족속인 까닭에 학살은 자명한 결론이다. 과거의
한국전쟁이 그러한 것이었고, 그 동안의 수많은 사상논쟁의 결
과가 그러하였다. 그래서 이 점을 남북문화 독해법의 첫번째로
되묻고 싶었던 것이다. 우리는 과연 진심으로 같은 '족속'으로 생
각하는가.

두 '종족'의 다른 생각 : 꽃파는 처녀인가, 몸파는 처녀인가

나는 두 종족의 현격한 차이를 '처녀의 몸'을 가지고 토론하고 싶어진다. 남북의 화해와 협력의 기운이 높아지는 시대에 웬 '처녀의 몸' 하고 반문하는 이 많을 것으로 짐작되나, 현실은 분명히 그러하다. 남한족과 북한족이 만나는 순간에 몸값문제는 필수적이다. 몸값문제는 남북문화의 두드러진 시각차이를 드러내주는 표징 그 자체이다.

〈꽃파는 처녀〉는 북쪽이 자랑하는 혁명가극의 대표작. 주인공 꽃분이와 그 일가의 피눈물나는 생활정경을 심오한 예술적 화폭에 담아 예술형상의 최고 수준에 도달하게 하였다는 작품이다. 작중에서 꽃분이는 어머니에게 약을 사다 대접하려는 갸륵한 심정으로 배고픔과 모욕도 이겨가면서 매일매일 꽃을 팔러 다닌다. 지주에게 눈을 잃은 나이 어린 동생 순희마저 꽃을 안고 거리에 나가 구슬픈 노래를 부르며 꽃을 판다. 꽃분이가 순희를 재워놓고 오빠를 찾아나서는 700릿길 그리고 노을지는 정자나무 고갯목에서 기다리는 장면은 누구에게나 감동을 주곤 한다.

그러나 통일은 〈꽃파는 처녀〉에 담겨진 숭고한 항일정신만으로는 불충분하다. 지고의 민족정신으로만 통일이 가능하다면 오

죽 좋으련만 잘못된 통일은 바로 북쪽에 매매춘의 대대적인 확
산을 의미하기 때문이다. 통일은 불현듯 '꽃파는 처녀'에게 가해
질, '매매춘'이란 훨씬 더 무서운 전투를 예견할 수도 있다. 남북
의 현실적인 경제적 차이는 매매춘에서도 "물은 높은 곳에서 낮
은 곳으로 흐른다"는 진리를 유감 없이 보여줄 것이다.

　방송인 전여옥이 『조선일보』에 쓴 칼럼 한 대목을 되살려보자.
제목은 "아, 룸살롱 공화국"이었던가. 그는 남쪽의 남성들이 룸
살롱에서 직업여성의 팬티를 머리에 뒤집어쓰고서 비틀거리며
노래부르는 모습에서 한국남성의 슬픈 자화상을 느꼈노라고 고
백하였다. 그토록 매매춘에 무디

응원에 열중하는 북한
여대생(1999년 뻬이징
청년학생체육대회)

어진 남한족의 입장에서 통일이
란 화두를 생각하면서 '몸파는 처
녀'부터 생각한 것은 나의 지나치
게 방정맞은 주관적 발상인가.

　통일문제를 무슨 남성들만의
가부장적 담론의 권위물로 인식
하는 자들은, 반드시 통일이 불
러일으킬 여성이나 어린이, 노약
자 등 현실적인 사회적 소외계층
에 대한 인식에서부터 다시 출발
해야 할 것이다. 매매춘은 비극
적인 현실이지만, 그야말로 불행
하게도 자본주의 문화의 현실이

여성근로자를 독려하는 선전간판(평남 상원 시멘크공장). 매매춘의 자본 논리가 관철되면 '착실한 처녀'가 '몸파는 처녀'로 바뀔 수도 있다.

기 때문이다.

7년 전에 시베리아 사하공화국을 갔을 때, 나는 매매춘이 번지는 초기 단계를 지켜볼 기회가 있었다. 소비에트연방 해체라는 격동을 겪으면서 루블화는 폭락하고 있었고 암달러의 위력은 대단했다. 학술서적을 사려고 서점에 들렀는데, 이미 서점은 철시 상태였다. 구 소련 시대에 나왔던 온오한 학술연구는 출간되지 못하고 있었거니와 좌판에는 삼류 포르노 잡지가 깔리기 시작하였다. 사회주의 몰락 이후의 대안으로 등장한 문화가 황색바람이었음은 익히 아는 사실. 마피아, 포르노, 매춘, 알코올, 마약 등으로 상징되는 황색문화의 열풍이 전주곡으로 울리고 있었던 것이다.

통일문화를 마냥 거대담론으로만 생각하는 선입견에 주눅들어 엄숙하고 영예롭고 고상한 말만 서두에 늘어놓지 말지어다. 식량난으로 연변으로 온 많은 북쪽여성들이 '매매혼'으로 팔려나가서 거의 인신매매 수준의 결혼에 응할 수밖에 없는 현실, 더 나아가 매춘굴로 전락하고 만 사태는 돈으로 몸을 사고파는 자본거래의 가장 극명한 사례가 아닌가. 또한 10여 년 전만 해도 '순진하던' 연변여성들 가운데 일부가 가라오케에서 몸을 파는 여성이 되어버린 사건도 뿌리는 똑같다. 잘못된 통일은 '꽃파는 처녀'가 '몸파는 처녀'가 될 수 있다는 현실논리 속에서 이 두번째 독해법에 잠시나마 귀를 빌려주기 바란다.

독해법 셋

생각하기 나름 : '우리는 행복해요'와
'정말로 행복할까'

'남한족, 북한족을 만나다'는 논법은 우리 안의 잘못된 대북 우월
주의에서 비롯된다. 북쪽사람들은 종종 "우리는 행복해요"를 외
친다. 남쪽사람은 즉각 "먹고 살기도 힘든 판에 행복이 웬말이
냐"는 식으로 반격한다. 그리하여 배가 고프면서도 주체사상의
열병에 감염되어 굶주림조차 잊은 백성들이란 표현도 등장한다.
그들은 과연 현실적으로 행복할까.

2000년 들어와서 북쪽의 경제사정이 조금씩 호전되는 감을 주
고 있기는 하지만 '고난의 행군'을 강조할 뿐, '행복해요' 혹은 '지
상의 낙원' 따위를 외치지는 않는다. 자신들의 어려움을 솔직하
게 토로하는 대목도 자주 눈에 뜨인다. 다음은 2000년 6월의 정
상회담중에 김정일 위원장이 고백한 말이다.

전기도 부족합니다. 지방, 특히 황해도 농촌은 전력사정이 매우
안 좋습니다. 불이 깜빡깜빡 하고… 급히 해결해야 합니다. 남쪽에
서 남는 전기가 있으면 주십시오. 없으면 할 수 없구요.

절박한 상황을 잘 말해주고 있다. 강냉이혁명에서 감자혁명으

로의 전환을 구구절절 외치는 2000년대의 북쪽풍경 역시나 식량
부족의 고뇌에 찬 몸부림을 전달해 주기에 충분하다. 과거 7, 80
년대 식의 '행복감'을 현실적으로 드러내기는 어려울 것이다. 북
쪽이 남쪽정상과의 회담에 응한 결정적인 이유도, 김정일 위원장
이 내부를 확실히 장악하고 있다는 자신감의 표현이기도 하지만
반대로 그만큼 북쪽경제의 절박감이 상상 이상임을 논증해 주는
대목이기도 하다.

그렇지만 그들이 그토록 '고난의 행군'을 거듭하면서도 '버티
는' 존재근거는 무엇일까. 2000년 7월, 『한겨레신문』 칼럼에서
재미있는 문구를 발견한다. "서울돋보기" 칼럼을 통하여 자못 신
랄한 한국관을 보여준 바 있는 러시아인 박노자(오슬로국립대 교
수, 한국학)의 제3자의 시각이 눈에 띈다. 러시아인이지만 한국에
서 대학교수도 지냈고 한국학 전공자이기도 하고, 늘 한국문제
를 주의 깊게 들여다보는 제3자적 시각이기에 면밀하게 살펴볼
필요가 있다.

그는 통일의 걸림돌을 논하면서, 열강의 간섭과 남쪽의 극우세
력에게 모든 평계를 돌리는 시각을 걸러내면서 우리 안에 도사리
고 있는 위험성을 지적한다. 그가 보기에 통일의 걸림돌은 무엇
보다 많은 남쪽사람들, 특히 대다수 젊은 세대의 북한멸시 풍조
와 북한에 대한 무절제한 우월의식이다. 북쪽사회 자체의 주장과
무관하게 전근대적 잔재들이 많다는 것도, 현재의 남쪽이 경제적
으로 북쪽에 비해 월등히 풍족하다는 것도 이미 다 아는 사실이
다. 그러나 경제적인 우열만 가지고 상대방을 처음부터 깔보는

자세는 미래에 커다란 재앙을 초래할 수밖에 없을 것이다.

'현실사회주의 국가'인 소련에서도 살아보고 한반도 남쪽에서도 살아본 그의 경험으로 보아 상대적으로 가난하고 고립된 비자본주의 국가의 국민들이 실질적 체감으로 꼭 '불행한 인간'은 아니라는 것이다. 오히려 상대적인 풍요를 누리는 남쪽사람에 비해서, 그들은 많은 면에서 훨씬 더 인생의 행복감을 주관적으로 느낄 수도 있음을 주목한다(이 대목은 현재의 남쪽 실정법으로는 고무찬양죄에 해당한다!). 북쪽과 소련의 공통점이 있으니, 다름아니라 인간을 '상품화'하지 않는다는 비자본주의 사회의 특징이라는 점이다. 이 같은 차이는 비자본주의 지역 주민들의 상대적인 행복감의 원천이었음을 지적하고 있다. 그러면서 이렇게 말한다.

아이들은 어릴 때부터 '상극'의 논리보다는 '상생'의 논리를 체득해, 나중에 커서 좀더 원만하고 이타적인 인격을 가질 수 있게 된다. 그렇지 않다 하더라도, 적어도 남한의 아이처럼 성적부와 내신의 악몽을 꾸면서 어릴 때부터 '나'만(좀더 커서는 '우리 집안')을 위한 삶을 구하지는 않는다. 남한에서는 '공부'라는 것이 성공의 '수단'에 불과하지만, 비자본주의 지역에서 '공부를 위한 공부'라는, 남한사람에게 믿어지지 않는 것이 가능하다.

우리는 박노자 같은 제3자의 객관적인 눈길에 주목해야 한다. 얼마 전 TV에서 한때 인기를 끌었던 〈오데로 갔나〉 같은 북한관

'고난의 행군'을 부르짖지 만 구호는 늘 '우리는 행복 해요'다(평양시내 대형탁 아소).

련 프로에 담긴 잘못된 우월주의식 북한멸시를 바라보는 북쪽의 입장이 어떠했겠는가를 한 번쯤이라도 생각해 보아야 한다. 대다 수 귀순자들이 어려운 여건 속에서도 꿋꿋하게 삶을 헤쳐나가고 있음에 반하여 일부 귀순자들이 방송에 나와 그야말로 엉터리 발 언으로 돈벌이에 몰두하는 모습을 보면서, 이 대다수 귀순자들 자 신이 부끄러워한다.

가난한 형제를 대하는 기본 에티켓은 '졸부근성'에 입각한 '시 혜자-수혜자' 관계설정은 피하는 것이 기본이다. 일부 북쪽지원 을 하고 있다손 치더라도 과연 우리의 경제력이나 문화적 역량 이 이른바 '통일비용'을 사전에 충분히 지불할 능력이 있는지에 대해 판단해 본다면, 대답은 불분명하다. 북쪽보다 월등히 우월하여 남아도는 것이 있을지 판단해본다면, 답변은 분명하다. 남쪽 자체의 경제력이 이를 감당할 만큼의 여유가 없기 때문이다. 그나마 다행인 것은 박노자가 내린 최종 결론이다.

경제적 우열을 가지고 북한 출신을 멸시하는 작금의 세상풍토는 극히 어리석다. 그들은 남쪽에서는 찾아보기 어려운 '때묻지 않은 순수함'을 지닌, 삭막한 세상에서 보기 드문 한민족이다. 필자가 예측할 수 있는 것은, 분단체제의 족쇄가 풀리기만 하면 그들의 힘을 빌려 통일된 한반도는 예체능·학술의 분야에서 세계에서 빛날 것이다.

'생활에는 언제나 웃음꽃이 만발한다'는 설명이 붙은 북송교포 최령순의 가족들. 대외 선전용 잡지에는 자주 이같이 환한 표정의 화목한 가정 모습이 실린다(「등대」 286호).

사족을 붙이자면, 박노자의 이 발언 중에서 '세상에서 보기 드문 한민족' 운운 대목 역시 남쪽의 실정법 위반임을 밝혀둔다. 우리는 이 실정법 위반의 족쇄는 물론이고, 그 족쇄가 가린 두 눈의 안대와 마음의 자물쇠에서 벗어나지 못하고 있다. 이와 같은 자기검열의 무의식적인 족쇄와 더불어 소모적이기까지 한 대북 우월주의의 '삐딱이 눈'으로 '나는 행복해요'를 이해할 수 있을까. 하물며 그 가난한 삶 속에서 '고난의 행군'을 헤쳐나가면서도 버티는 이유를 이해할 수 있을까.

남북은 다른 게 분명히 있다. 북쪽은 분명히 남쪽보다 가난하다. 1999년 남북학생체육대회에 참석했을 때, 헤어지기 전날 밤 오대양주호텔의 방마다 남북이 어우러져 진지한 술판이 벌어졌다. 북측 일행은 손님 접대한다고 멀리 평양에서 준비해 온 술이며 과자를 다 내놓았다. 나는 인삼주 병마개가 꽉 조여지지 않은 채 겉돎을 유심히 보았으며, 비닐봉지의 마른 김에 '실리카겔' 같은 방습제를 넣지 않아 눅눅해진 것을 주목하였으며, 과자봉지의 디자인과 인쇄 수준도 눈여겨보았다. 그렇지만 이 같은 것은 역시 삶의 본질과는 무관한 외형적인 것에 지나지 않을 수 있다.

북쪽사람들은 하나같이 친절했다. 또한 통일 이야기만 나오면 누구나 전문가이며, 열정적이고 끝내 눈물을 보일 정도로 뜨거웠다. 남쪽사람들은 상당히 '세련되어서' 통일 이야기하면서 눈물 흘리는 이는 어쩌면 '사람 축에 못 드는' 얼치기쯤으로 빈축을 사기도 한다. 북쪽사람들은 '사회생명체'를 화두로 살아나가는 사람들답게 '함께 살아감'을 사랑하는 이들이다. 가난하지만, 높은 도덕성을 지닌 북쪽사람들에게 마땅히 민족적인 경의를 표해야 하지 않을까.

반면에 이남사람들은 누구나 늘 바쁘다. 워낙 바빠서 '돈' 이외의 문제를 깊이 고민하고 생활에서 실천하면, 바보 되기 십상이다. 직장에서도 자기 직무만 충실한 사람보다는 증권으로 부수입, 때로는 월급보다 월등히 높은 수입을 올린 사람이 영웅 취급을 받곤 한다. 바보는 괜찮은데 문제는 '왕따'다. 통일을 지나치게 주장하면 자칫 '왕따'당하기 십상이다. 한마디로 이남사람들은 돈은 제법 많다는 생각이 들지만, 남쪽식의 거친 표현을 쓴다면 '싸가지가 없다'고 해도 무리가 아닐 성싶다.

식량난은 당면한 최대의 과제(옥수수농장, 왼쪽; 감자혁명의 시대, 오른쪽)

무조건 따라하기, 무조건 작문쓰기는 끝났는가 :
『누벨 옵세르바퇴르』가 선정한 6대 폭군

2000년 벽두, 김정일 국방위원장은 세계 6대 폭군 중 한 명으로 세계뉴스를 탔다. 『누벨 옵세르바퇴르』는 『렉스프레스』와 더불어 매주 52만 발행의 프랑스 최고 권위 시사주간지이다. 이 잡지는 신년특집호 "21세기를 위한 현실적 유토피아21"을 짜면서 김정일 국방위원장을 세계 6대 폭군 반열에 올렸다. '국경 없는 사법'편에 김정일 위원장 외에 이라크의 사담 후세인 대통령, 르완다의 테오네스트 바고소라 전 국방장관, 전 크메르 루주 지도자 키우 삼판, 유고슬라비아 대통령 슬로보단 밀로셰비치, 세르비아의 라도반 카라지치 전 대통령도 보인다. 이들은 모두 반인류 범죄자로 2048년 9월 15일 국제사법재판소에 기소된다는 시나리오이다. 게다가 이 6명의 '국제적 범죄자들'이 목에 범죄용의자용 번호표를 걸고 나란히 서 있는 합성사진도 실렸는데, 김정일 위원장은 순번이 높아 기호 2번이다.

  2048년까지 김 위원장이 살아 있을까 하는 의문은 차치하고, 일단 이 기사는 대단한 진실을 품고 있다. 한반도 북쪽의 '영도자'에 대한 서방언론의 사고 단면을 제대로 보여준다는 점에서, '충분히' 사실적이다. 지극히 합리적이라는 서구의 언론이 자국

문제를 벗어나서 제3세계로 눈을 돌리면 지극히 편파적일 수 있음을 보여주는 대목이다.

그로부터 불과 6개월여. 평양 순안공항에는 그 '학살자'가 대한민국의 김대중 대통령을 마중하러¹ 나타났다. 이를 서방언론은 '눈부신 외출'이라고 표현하였다. 그 학살자는 "동방예의지국을 자랑하고파서 인민들이 많이 나왔습니다"라고 환영인파를 소개하면서 "공산주의자도 도덕이 있고 우리는 같은 민족이다"라는 재미있는 이야기도 남겼다. 이렇게 '수수께끼의 지도자' '은둔의 지도자' 김정일 국방위원장은 전세계에 '첫선'을 보였다. 그리고 그는 항변도 잊지 않았으며 언론매체들은 그의 항변을 잊지 않고 실었다. "저 구라파 사람들은 나보고 은둔생활한다고 하는데, 김대통령이 오셔서 제가 은둔에서 해방됐다고…."(6월 14일 오후 2차 정상회담에서)

정상회담 직후에 전 세계가 주목하는 가운데 오키나와에서 열린 주요 8개국(G8) 정상회담에서, 회담에 참석도 하지 않았으면서 가장 많이 거론된 사람이 김정일 위원장이었다. 회담 직전에 평양을 거쳐왔던 러시아 대통령 푸틴은 그를 "유연하게 대화를 이끌어 어떠한 문제라

도 논의가 가능했다"고 극찬을 아끼지 않아 김 위
원장의 세계무대 등장을 더욱 화려하게 장식해 주
었다. 이렇게 김정일 위원장은 정상회담을 계기로
가히 '김정일 신드롬'을 불러일으키면서 국제사회
에 화려하게 데뷔(?)하였다. 불과 몇 개월 사이
에 왜 이런 일이 벌어졌을까.

북쪽문화를 읽는 방식에서 늘 문제가 되는 것
은 '따라하기'란 생각을 저버릴 수 없다. 매카시
즘의 열풍에 힘입은 눈치보기와 '덩달이 시리
즈'가 연출되곤 했다. 분단교육 체제는, 북쪽에
관한 판단은 '무조건 따라하기'가 세상사는 지
혜이자 생존본능의 기술임을 가르친다. "반공이
국시가 아니다"라는 한마디로 국회의원이 잡혀
가는 마당에, 모두들 자기 판단력을 잃거나 잃은
것처럼 위장하고 살 수밖에 없었다. 독자적인 판
단력의 부재는 '야만의 문화'를 방치하게끔 만들
었으며, 북쪽정보에 관한 한 그저 사회교육 체제
가 요구하는 '무조건 따라하기'를 몸소 실천하는
매너리즘적인 반복일 뿐이었다.

70년대 초부터 10년간 노동당 중앙위원회 부부
장을 지내면서 김 위원장의 측근으로 활동했으나
국정원의 보호로 바깥세상에는 제대로 알려지지 않
았던 신경완 같은 인물은, 누차 남쪽사회의 김정일관이 대단히

현지지도에 나선 선상의 부자. 김 주석은 죽었으나 유훈통치로 이어진다.

잘못되었음을 지적한 바 있다. 북쪽이 아무리 바보 같은 나라라 하더라도 30대 초반 나이에 국가지도자의 후계자로 선출된 것은 다 그만한 이유가 있다는 논리이다. 그러나 이 같은 고급정보들이 정부정책에 반영된 적은 거의 없었다. 오히려 황장엽류의 '괴팍한 권력만능주의자' 따위가 받아들여졌다.[5] 그나마 천만다행은 정상회담 이전에 김정일에 대한 재평가를 시도한 인물이 김대중 대통령 자신이란 점이다. 1999년 3월 24일 통일부 국정개혁보고회의에서 김 대통령은 이렇게 말한다.

국가나 당보다 김정일이 모든 것을 결정한다는 점에서 김정일을 제대로 연구해야 한다. 과거 정권은 김정일을 형편없고 능력 없는 사람으로 설명했지만 김일성이 죽은 뒤에도 정권을 제대로 장악해 나가는 것을 볼 때 똑바로 연구할 필요가 있다. 북한을 냉철히 연구해 강점은 강점대로 약점은 약점대로 인정해야 한다.

김 위원장의 사고의 깊이를 잘 드러내주는 대목 하나가 있다. 정상회담중에 김 위원장은 재미있는 수수께끼를 던졌다. 2000년 6월 14일 김 대통령이 주최한 목란관 만찬장의 헤드 테이블 맞은편 벽에 대형 '해 사진'이 걸려 있었다. 김 위원장이 느닷없이 남쪽 장관들에게 물었다. "이것 하나 물어봐야겠어. 저게 해뜨는 장면 같소, 아니면 지는 장면 같소."

남쪽 수행원들은 사진을 보아도 아리송하기만 했다. 김 위원장은 "전에 카터 대통령이 왔을 때도 물어봤어요. 만찬이 끝나기 전까지 대답하시오"라고 말했다. 만찬이 한창 무르익자 김 위원장은 다시 사진 이야기를 꺼냈다. "왜 대답이 없어요? 장관나리들 대답해 봐요."

박지원 문화부장관이 나섰다. "해뜨는 사진입니다. 민족의 미래를 밝히기 위한 해가 떠오르는 장면입니다."

그러자 김 위원장으로부터 전혀 뜻밖의 응수가 나왔다. "아침에 해뜰 때 들어와서 술 마시다가 저녁에 해질 때 보면 또 저 장면입니다."

말하자면 사물은 모두 상대적이라는 뜻을 내포한 대답이기도 하다.

이쯤에서 이야기를 북쪽문화 속의 일상적인 생활문화로 돌리기로 한다. 일상생활에서는 '무조건 따라하기'가 어떻게 관철되고 있을까.

　예전에 『연합뉴스』로 나오기 전에 『내외통신』이란 이름으로 발표되던 주간소식지가 있었다. 일종의 관급으로 북쪽기사들을 주석을 붙여 가공하여 공급하였는데, 이것은 고스란히 일간지를 비롯한 언론매체를 통해 독자들에게 다시 공급되었다.[6] 언론인들이 스스로 만든 보도준칙[7] 등과는 무관하게 독자들은 일정한 시각으로 재단되어 공급되는 기사를 읽으면서 '따라하기'를 실천할 수밖에 없었다. '저질 화장품으로 얼굴 망치는 여성들'이란 단순한 항목을 하나 선택하여 살펴보자.

　북한여성들은 화장품을 사용할 기회가 거의 없다. 극심한 생활고로 화장은 아예 일종의 사치로 치부되고 있다. …이러한 상황이지만 북한여성들도 일부는 화장 부작용에 시달리고 있다. 주범은 저질 화장품이다. 최근 귀순자의 증언을 보면, 평양 등 주요 도시에 사는 북한여성들은 자신의 의사와는 관계없이 의무적으로 화장을 해야 할 경우가 있다. 김일성·김정일 생일 등 주요 국경일 행사 참석 때이다. 이때 사용한 저질 화장품이 부작용을 낳고 있는 것이다. 결론은, 이처럼 얼굴에 흉터를 남긴 여성들은 "수령님 얼굴 한 번 보러 갔다가 내 얼굴만 망쳤다고"고 한탄하고 있다.[8]

　북쪽 화장품의 질이 어떤지는 나로서는 잘 모르겠지만, 분명

밝은 표정의 포도농장
여성농민. 화장품 때문
에 얼굴을 망쳤을까.

한 사실은 평양·신의주 등지에서 크림과 로션, 립스틱 등속이
다양하게 생산되고 있다는 것이다. 평양 살결물, 모란 살결물 등
이 대표적인 상품으로 알려져 있다. 신의주 경공업공장의 경우
를 한번 살펴보자.

　인체에 아무런 해독작용도 하지 않고 각종 피부병에 치료효과가
　클 뿐만 아니라 피부미용 효과도 다른 나라 화장품보다 뛰어나 그
　수요가 날을 따라 더욱 늘어나고 있다.[9]

북쪽의 잡지에 실린 이 기사는 날조란 말인가. 앞의 김정일 국방위원장의 극명한 사례에서 드러나듯이, 사태를 읽는 정확도 면에서 남북은 새로운 독해법을 준비해야 한다. '무조건 따라하기'에서 벗어나 민족의 삶을 진정으로 걱정하는 '주체적으로 행동하기'가 절실히 필요한 것이다.

또 남북의 화해협력을 위하여 양측이 반드시 지켜야 할 원칙 하나도 이쯤에서 거론해야 할 것으로 보인다. 한마디로, 대중을 우매하게 무조건 따라하게끔 유도하는 '작문쓰기'는 그만두자는 것이다. 그 동안 남쪽에는 이른바 '북한전문가' 집단이 존재해 왔고, 북에는 노련하다고 하는 '남조선전문가' 집단이 존재했다. 일부 방송인이나 기자들도 이 범주에 속한다. 그러나 지금의 시점에서 돌이켜보면, 낯뜨거우리만큼 '작문쓰기'가 통용되고 있었다. 일상적인 꼬투리잡기는 다반사이고, 감정이 격해져서 쓴 글들을 보면 작문 차원이 아니라 선동 수위다. 지난 과거까지 거슬러 올라가서 반성을 요구하지는 않는다 하더라도, 앞으로라도 잘해야 하지 않을까. 과즉물탄개(過則勿憚改)라 하였다. 잘못을 깨닫거든 고치기를 꺼리지 말고 즉시 고치라는 뜻이니 불필요한 '주석달기' '훈수두기' '교묘하게 왜곡하기' 등의 농단을 앞으로는 그만두도록 하자. 이에 '작문쓰기'와 '진실 파악하기'의 행간읽기를 네번째 독해법으로 추가한다.

독해법 다섯

심각한 오해 : 누가 벗어야 하는가

김대중정권이 처음 들어섰을 때, 한동안 '햇볕정책'으로 시끄러
웠다. 나중에는 '포용정책'으로 이름이 바뀌었지만 북쪽은 이를
계속 공격하였다. 1999년 10월 7일, 당 기관지『로동신문』논평
은 "대북 포용정책을 당장 휴지통에 처넣고 민족자주, 남북화해
로 방향을 전환하는 것이 좋을 것"이라면서 "대북 포용정책의 본
질은 북을 어디어디로 유도하여 북침통일을 이룩하려는 것"이라
고 혹평을 서슴지 않았다. 그리고 1999년 11월 11일, 조국평화통
일위원회 서기국은 중앙방송을 통하여 "누가 벗어야 하는가"란
제목으로 햇볕정책을 다시 한 번 논하였다.

　　우리나라의 통일문제는 북과 남의 동족끼리 서로 먹고 먹히우는
　　문제가 아니며 상대방의 옷을 벗길 내기나 하는 문제도 아니다. 그
　　것은 어디까지나 민족 내부문제로서 민족적 단합을 실현하는 문제
　　이다. …그럼에도 불구하고 햇볕정책이 추구하는 것과 같이 서로
　　상대방의 옷을 벗길 내기를 한다면 세계의 면전에서 우리 민족의
　　도덕성이 어떻게 되고 체면이 무엇이 되겠는가. 옷을 벗길 내기를
　　한다는 햇볕정책은 결국 동족 사이의 전쟁이 아니면 영구분열의 치
　　욕밖에 가져올 것이 없다. (『연합뉴스』1999. 11. 18에서 재인용)

북측은 "소가 웃다 꾸레미 터질 일이다"고 하면서 햇볕논리는 "본질에 있어서 대결의 논리이며 낡은 시대의 냉전논리"라고 선언하였다. 반공이든 햇볕이든 대결은 자멸의 길임을 주장하면서 "누가 벗어야 하는가" 하고 되물었다. "만일 남조선 당국자의 말대로 그들의 대북정책이 남의 옷을 벗기려는 것이 아니라면 구태여 길손의 외투를 벗겼다는 우화 이야기를 갖다 붙인 햇볕정책이라는 간판을 내걸 필요가 있겠는가?"

남쪽에서 제기한 햇볕정책 혹은 포용정책이 꼭 북에서 이해한 것처럼 나쁜 의도였을까. 그렇지는 않다. 김대중정권이 등장하고부터 일관된 입장으로 추진되었으며, 이러한 결과물로서 남북정상회담이라는 실마리도 풀려나온 것이 아닐까. 그럼에도 불구하고 햇볕과 포용을 둘러싼 북의 오해는 이상과 같았다.

정상회담 이후에 북에서는 남쪽사회 내부의 문제와 관련하여, 좀더 구체적으로 거론한다면 한나라당의 대북관에 대하여 이회창 총재를 공격하거나 YS를 비판하였다. 이회창 총재의 대북관에 문제가 있고, 조문파동에서 보여준 대로 YS의 '천방지축'에 대해서는 굳이 재론할 필요가 없을 것이다. 그러나 북의 공식적인 언론이 보여준 이 같은 공격은 오히려 사태를 어렵게 만들 수도 있다. 포용정책과 햇볕정책 역시 김대중정부의 일관된 노력의 소산이며 남남협력이라는 어려운 과제 속에서 추진되고 있음을 북쪽이 이해한다면, 쌍방간에 오해를 불러일으킬 논쟁은 피하는 것이 상책이란 판단이 선다.

심각한 오해는 늘 생길 수 있는 법. 어려운 경제적 여건, 사회주의 몰락에 따른 위기의식이 팽배한 북의 입장에서 바라보면, 당연히 "누가 벗어야 하는가"라는 되물음이 나올 법하다. 그러나 남쪽 입장에서는 "누가 누구를 벗기려 하겠는가"라고 항변이 나올 수 있는 것이다.

이와 같은 뜨거운 논쟁에도 불구하고 남북은 불과 몇 달 사이에 두 정상이 평양의 같은 테이블에서 만났다. 따라서 오해는 늘 존재할 수 있으며, 그 사태해결은 모든 싸움이 그렇듯이 상대마다 이유가 있는 법임을 사려 깊게 지켜볼 일이다.

북쪽문화를 '개방'시켜야 한다는 주장을 문화인들이 많이 한다.

'간고분투 자력갱생' 구호아래 춤판을 벌이는 황해제철연합기업소 근로자들. 과연 먹고 먹히는 일방적 승부가 가능할까.

여기서 과연 북쪽은 개방문화인가, 폐쇄문화인가 하는 문제가 제기될 수 있다. 물론 북쪽문화는 폐쇄적이다. 그에 비해 남쪽은 개방적이다. 그러나 이 폐쇄와 개방의 의미를, 남북관계에서 면밀히 검토해 보면 반드시 그렇지도 않다. 북쪽에서는 〈사랑의 미로〉같은 남쪽노래가 널리 불리고 있는데, 과연 남쪽에서는 북쪽노래를 한 곡이라도 제대로 부를 수 있는 사람이 그리 많을까. 북쪽에서는 꼭 필요한 사람에게는 정보를 준다. 가령 작가들에게는 정기적으로 서방영화를 보여준다거나 필요한 남쪽의 책을 공개한다. 물론 '꼭 필요한 사람'이라는 단서가 붙는다. 또 『로동신문』에는 늘 남쪽사정이 일정한 지면을 장식하여 대충 남쪽의 동향을 알고 있다. 반면에 남쪽신문이 북쪽의 동향을 고정 지면으로 알리는 경우는 지극히 드물다. 남북만의 문제를 놓고 본다면, 어디가 개방적이겠는가. 이처럼 개방이냐, 폐쇄냐 하는 문제도 상대방의 잣대를 중심으로 해서 바라보아야 제대로 보이는 것이다.

남북이 '낮은 연방제'와 '국가연합제'에 합의하였다는 것은 상호체제의 일정한 거리유지와 완충장치를 마련한 것으로 볼 수 있다. 그야말로 누가 누구를 먹고, 먹히는 관계는 더 이상 남북관계에서 불필요할 뿐더러 가능하지도 않다. 바야흐로 국면은 포용정책의 범주를 훌쩍 뛰어넘었다. 한반도 문제의 해법을 둘러싼 새로운 국면이 시작되었다고 보는 것이 정확할 것이다. 오해를 피하고 상대방의 입장에서 거리를 두고 넓은 이해심으로 지켜볼 필요가 있음을 나의 독해법 다섯번째에 첨부하였다.

민족역량의 재검토 : 큰 그림을 그릴 역량이 있는가

남북이 다름을 애써 강조하는 이들은 시시콜콜한 문제까지도 신경을 쓰곤 한다. 남측의 코미디 프로는 과장된 북쪽 사투리를 애써 구사하면서 단순한 사건들을 복잡다단한 정치적인 술어로 외화시키곤 한다. 북에서 며느리가 시어머니에게 '시어머니동무'라고 부른다고 코믹화하는데, 정작 북쪽에서 어느 며느리든 시어머니를 이렇게 부르면 필시 '쫓겨날 것'이 분명하다. 북에서도 당회의 등에서 동무라고 부르는 경우는 있어도, 사석에서는 대개 '형' '형님' '선생' 등으로 부른다.

민족역량의 큰 그림은 작은 그림부터 잘 그려내야 한다. 지금부터 하늘 무너짐을 걱정하였다는 중국 기(杞)나라 사람들의 기우(杞憂)가 우리에게도 만연해 있음을 공박하고자 한다.

작은 그림조차 못 그리는 이들이 어떤 일괄타결 방식으로 큰 그림을 잘 그릴 수 있다는 믿음은 하나의 가상현실일 뿐이다. 지금도 여전히 전철을 타면, 붉은 도마뱀꼬리가 그려져 있고 "잘 보면 보입니다"는 구호가 씌어진 표어가 눈에 띈다. 무엇이 보인다는 말일까. 얘기인즉슨, 숨어 있는 간첩을 찾아서 신고하라는 것인데, '간첩 5만 명'이 암약하고 있다는 황장엽류의 발언을 신뢰하는 탓일까. 이런 지엽적인 문제도 해결하지 못하고 어떻게 큰 민족역량을 논할 수 있을 것인가. 몇 가지, 아주 지엽적일 수 있는 사례를 예로 들어 분석해 본다.

우선, 국립국어연구원과 한국어문진흥회가 공동 주관한 '북한 주민이 모르는 남한 외래어 조사' 결과, 남쪽에서 통용되는 외래어 가운데 북쪽주민이 모르는 단어가 8284개로 집계되었다. 또 다음과 같이 남쪽의 외래어는 영어의 미국식 발음 편향성을 보이고, 북쪽은 러시아식 발음에 편향되어 있는 것으로 나타났다고 한다.

남한 : 뉴스, 다이아몬드, 모델, 뮤지컬, 미니스커트, 콘돔…

금수산기념궁전 앞에는 연일 '수령'을 찾는 발걸음이 모여든다. 이같은 정서를 모르고서 북한이해는 불가능하다. 김 주석 사망이후 '조문파동'은 심각한 오해를 불러일으켰다.

북한 : 바레(발레), 마라손(마라톤), 로씨야(러시아), 가이라 (카이로), 베콘(베이컨), 메히꼬(멕시코), 미찐(마이신), 레루 (레일), 딸라(달러)…

하나, 남쪽사람과 북쪽사람이 만날 때, 통역을 쓸까. 통역을 쓸 정도가 아니라면, 일단 문제는 없다고 큰 그림을 그려두자.

둘, 남쪽에서 통용되는 외래어 중 북쪽주민이 모르는 단어가 8284개로 집계되었다는 것은 오히려 천만다행 아닐까. 남쪽에서 지나치게 외래어를 많이 쓰기 때문에 비롯된 문제일 수 있다. 1999년 12월 23일, 통일농구대회를 위해 서울에 온 농구팀의 이름이 '우뢰' '회오리'임을 주목한다. 우뢰와 함께 북쪽농구의 양대 산맥인 압록강체육단 소속의 북 최초의 여자 프로농구팀 이름은 '태풍'이다. 그리고 이들과 경기를 치른 남쪽 현대의 남성팀 이름은 다이넷(공룡), 여성팀은 현대산업개발(회사명)이다. 우뢰와 태풍이 어디 이상할 게 있는가. 얼마 전까지 우리나라를 덮친 태풍의 이름은 엘리, 사라 등 외국어 일색이었다. 그러나 지금은 국제적 합의로 순서를 정하여 각국에서 제시한 명칭을 쓰기로 했는데, 한반도는 '기러기'와 '개미'를 제시하였다. 태풍 '기러기'는 역시 그 동안 익숙해 있던 '사라'보다 오히려 낯설다. 이 낯섬은 습관의 결과이며 언어의 묘한 교육적 결과임을 깨닫는다면, 외래어 마구잡이 쓰기는 오히려 남쪽이 자중을 해야 할 문제이다.

셋, 북쪽의 러시아식, 남쪽의 미국식은 당연한 결과다. '문명개화'와 '선진문물'의 수입선이 이 나라들이었으니, 외래어도 묻혀 들어온 것은 자명한 이치이다.

천진난만하게 눈싸움을
즐기는 평양의 어린이들.
사소한 오해조차 없어지
려면 남북이 '동심'으로
돌아가야 하지 않을까.

넷, 말이란 서로 만나 어울려 살면서 이리저리 쓰다 보면, 통합도 되고 분해도 되는 법이다. 심각한 문제로 확대해석할 필요는 없을 터이다. 더구나 침소봉대하여 특정 말을 찾아내서 이질화를 확대재생산한 측면도 많다. 가령 북에서는 아이스크림을 결코 '얼음보숭이'라고 부르지는 않는다. 그 누가 '얼음보숭이'를 지어냈는지, 그것이 궁금하다.

이제 결론은 나온다. 통일과정에서부터 외래어 등을 통합할 수 있는 남북 언어교류 협력을 꾸준히 확대하여 공동 연구와 사업을 실시함으로써 어떤 통합의 이정표를 세울 수 있을 것이다. '큰 그림'에서 출발해야 한다.

다음으로, 북쪽에는 운전대가 오른쪽에 있는 것과 왼쪽에 있는 자동차가 다 다닌다. 운전대가 오른쪽인 일본차를 많이 수입한다는 것을 고려할 때는 당연한 결과이지만, 문제는 북쪽의 자동차 통행방향이 일본과 반대로 우측통행이라는 점이다. 그런데 어떤 사람이 이 문제를 얘기하면서 스스로 결론짓기를, "통일은 어찌 되었건간에 혼란 같다"고 했다. 혹시 우리는 이 같은 사소한 문제를 가지고 침소봉대하여 통일이 되면 마치 혼란이라도 오는 것처럼 기우하는 것은 아닐까. 이토록 작은 것도 혼란이라면 어떻게 통일의 '큰 혼란'을 맞을 것인가. 통일은 혼란이 아니라 북측에서 자주 쓰는 말을 빌린다면, '민족적 사변'인 듯싶다.

아무튼 걱정할 필요는 없다. 북쪽에는 워낙 차가 적을 뿐더러 운전사들이 익숙하게 양쪽 핸들을 다루고 있으니까.

하나, 남이나 북 모두 우측통행을 취하고 있으니 다행이다. 통일에서 우측통행과 좌측통행 가지고 고민할 필요는 없다.

둘, 지금은 교통량이 적어서 문제가 없지만 자동차가 어차피 늘어날 것이기 때문에 북쪽 스스로 어떤 통일이 필요한 순간이 자연스레 올 것이다.

셋, 그래도 걱정이 되면 남쪽차를 많이 보내거나 현지에 공장을 지으면 동질성은 쉽게 회복된다. 태평양자동차주식회사의 합작사업 같은 것이 시작되고 있음은 그러한 가능성이 현실적으로 가까워졌다는 것을 의미한다.

넷, 따라서 운전대의 차이 같은 것은 분명히 이질적이지만 결국 사소한 '해프닝'에 불과하다.

이와 같이 시시콜콜한 문제조차도 상호간에 심각한 차이가 있는 것으로 받아들여질 수 있다. 그러나 통일문화의 '큰 그림'으로 그려본다면, 그야말로 '별것도 아닌 문제'에 지나지 않는다.

그러니 시시콜콜한 문제로 시비붙지 말고 작은 그림부터 제대로 그리자. 남북관계는 결코 어느 한쪽의 시혜적인 측면은 없다는 것이 정답이다. 큰 그림은 민족 전체의 운명을 놓고 그려내는 것이다. 큰 그림의 하나로 남북의 에너지 문제를 들어보겠다.

북쪽의 절박한 에너지 사정은 세상이 다 아는 이야기이다. 에스컬레이터는커녕 공장이 돌아가질 못한다. 국가 기간시설 투자에서도 전기문제가 가장 심각한 지경이다. 그런 가운데 2000년 5월 28일 제주 서귀포시 KAL호텔에서 동북아시아 천연가스관 국제포럼의 '이르쿠츠크 총회에 관한 중간 조정회의'가 열렸다. 동북아시아 천연가스 개발은 한국과 중국, 러시아, 몽골이 공동으로 러시아 이르쿠츠크시 북쪽의 코빅틴스크 가스전을 개발해서 장장 4115킬로미터의 관을 통해 참가국에 천연가스를 안정적으로 공급하기 위한 총사업비 220~280억 달러의 대규모 사업이다. 처음에는 중국을 통해 남한으로 연결하는 해저연결 방안이 제시되었으나, 이에 북한은 한반도를 관통하는 가스관을 북한·중국·시베리아를 모두 고려해 '에이치(H)'자형으로 연결한다는 구상을 갖고 있다. 이렇게 되면 북쪽은 에너지원을 확보하는 것은 물론이고 사회기반시설 확충 또한 자연스럽게 이루어지게 되는 것이다.

어느 언론은, 이 사업이 결국 '북한만을 이롭게 할 것'이라 하였다. 가스관이 어찌 북쪽만 이롭게 할 것인가. 물론 북으로서는 21세기의 에너지원 확보를 뛰어넘어 절체절명의 사업이다. 그러나 석유 한 방울, 1입방미터의 천연가스도 나지 않는 남쪽의 에

너지원은 그토록 자신만만하고 항구적인 것일까.

한 가지 예를 더 들어본다면 사태는 분명해진다. 남북의 끊겨진 철도를 복원하여 중국횡단철도(TCR), 몽골횡단철도(TMGR), 만주횡단철도(TMR), 시베리아횡단철도(TSR)와 잇는다는 야심만만한 한반도 동맥의 복원이 북측만 이롭게 하는 몽상일까. 유엔 산하 아시아태평양경제사회위원회(ESCAP)에서 이미 1996년에 아시아 횡단철도 구축을 위해 한반도 횡단철도를 복원하는 데 최우선적으로 노력한다는 결의안을 채택한 바 있음을 기억하자.

민족역량의 재검토라는 것은, 이 같은 문제를 바라보는 데 있어서 장기적인 비전을 그려내야 한다는 뜻이다. 남북의 협력은 민족의 미래를 위한 투자이자, 남북 모두의 생존을 위한 전략이란 점을 분명히 해야 한다. 통일은 작은 그림 제대로 그리기에서부터 큰 그림까지 통 크게 그리는 작업이다. 북쪽이 만든 '조선천연가스연구회'의 컨설턴트 직함을 갖고 있는 금강산국제그룹 박경윤 회장의 짤막한 한마디를 귀담아들을 필요가 있을 것이다.

"천연가스관 북쪽 통과는 남북이 함께 사는 길입니다."

같은 것도 많다 : 일란성쌍둥이,
새마을운동과 천리마운동

지금부터 펼치는 논리는 사실 매우 조심스럽게 접근해야 할 담론이다. 새마을운동과 천리마운동을 같은 격에 놓고 논한다는 발상 자체가 위험할 수 있기 때문이다. 이런 위험부담을 잘 알면서도 양자의 비교를 통해 남북의 이상스러우리만큼 비슷한 친연성을 찾고자 한다.

『연합뉴스』가 연재하는 "서울과 평양 사이"를 읽다가 새마을노래와 천리마선구자를 비교한 글이 눈에 띄었다. 2000년의 평양은 제2천리마대진군으로 강성대국을 건설할 것을 연일 외치고 있다. 50, 60년대의 천리마운동을 재현하려는 운동이다. 당시에 등장한 인기가요 천리마 선구자의 노래 〈우리는 천리마 타고 달린다〉는 지금도 인기가 높다. "백두의 정기는 넘치고"로 시작하는 이 노래는 "폭풍도 우뢰도 사나운 격랑도 우리의 앞길을 막을 자 없다네"의 후렴구에 이르면 마치 군가를 듣고 있는 듯하다. 정연식 기자 왈,

　　북한의 이들 노래는 지난 70년대에 남한에서 활발히 전개됐던 새
　마을운동을 확산시키기 위해 나온 새마을노래와 유사점을 가지고

있다. 북한의 이들 경제선동가와 새마
을노래는 근로의욕 고취를 통해 당
시 시대의 전개하던 사회, 또는 노
력경쟁 운동을 확산시키기 위해 정
책적으로 보급한 노래들이다. (『연합
뉴스』, 1999. 11. 25)

북한문화의 트레이드마
크와 같은 천리마 동상

　다음은 함북 출신으로 작가동맹 중앙위
원을 역임한 정서촌의 시 〈시대에 대한 생
각〉이다.

　　…마치 아득한 옛말과도 같다
　　초가집을 놓고
　　함석과 기와집을 이야기하던 일은
　　…가슴을 놀래우던 큰 집도
　　…이제는 흔히 있는 보통 일로 되었구나

　남에서 과거에는 새마을운동, 21세기에는
제2건국운동 등으로 국민의식개혁운동을
독려하고 있다면, 북에서는 강성대국론이
힘을 얻는다. 양자가 함의하는 본질적인
뜻과 차원은 다를지라도 남북 공히 거
대담론으로 몰고 가는 사회분위기

는 똑같다.

북쪽의 월간잡지 『조선』은 2000년 벽두에 "전환의 해의 자강도"라는 특집화보로 '랑림의 새마을'을 실었다. 낭림군 읍형동농장의 월상마을에 새마을이라는 이름을 붙인 것이다. 자체적으로 세운 수력발전소로 광열과 난방을 하고, 마을에는 농업과학기술지식 선전실도 있다고 소개하고 있다. 방북하였던 강문규 새마을운동중앙협의회장은 북쪽이 새마을운동에서 어떤 암시를 받은 것으로 판단하고 있는 것 같다. 북이 농업위기를 맞으면서 남의 새마을운동에 관심을 갖기 시작하였다는 것이다. 또 90년대 초반에는 북의 천리마운동과 비교 검토를 끝내고 '북한식 새마을운동'을 나름대로 정립하는 단계에 들어갔다고 본다. 이에 대한 대응으로 실제로 남쪽의 새마을운동중앙협의회는 한농업지원사업 및 북한돕기운동을 펼치고 있으며 다수의 새마을일꾼들이 이미 북한을 다녀오기도 했다.

물론 새마을운동과 천리마운동을 동격에 올려놓고 단정짓는 발언이나 생각은 위험할 수 있다.[10] 그 누구도 양자가 비슷하다고는 생각하지 않는다. 탄생배경이나 사회적 환경, 목적하는 바 등이 모두 달랐기 때문이다. 무엇보다 박정희가 관제적 새마을운동을 하나의 정치적인 목적, 즉 정권연장의 수단으로 활용한 측면도 강하다. 그럼에도 불구하고 이 리포트에서는 양자의 뿌리에 짙게 깔린 동질성을 눈여겨보고자 한다.

나는 남북문화가 공히 거대한 조직담론에 의존하는 '슈퍼 콤플렉스'에 젖어 있다고 생각한다. 남과 북만큼 민족이니 역사니 하

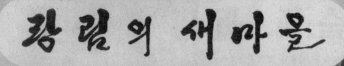

탐림의 새마을

는 단어가 자주 등
장하는 사회도 많지 않다. 하지만 통
일을 이루지 못하고 있다는 현실은 어쩌면 가장 반민족적이거나
반역사적인 행보를 걷는 아이러니가 아닌가. 이런 점에서 남북
은 모두 거대목표를 정해 두고 내달리는 '전시사회 체제'에 머물
러 있다. 분단의 비극이 아닐 수 없다.

북한에도 새마을운동
이 시작되었는가(자강
도 낭림마을을 소개한
2000년의 「조선」 잡
지)

　남쪽 내부로 눈길을 돌려본다. 우리는 지난 100여 년 동안 큰
것 콤플렉스에 시달려왔다. 우리문화의 원형은 본디 작은 것이
었다. 그러나 어느 결에 '동양 최대 불상' '세계 최대 불상' 식으로
수식어 '최대'가 붙지 않으면 성에 차지 않는 문화로 급변하였다.

'슈퍼'마저도 부족하여 울트라, 초극, 최상극 따위의 용량을 극대화한 '지상 최대의 쇼'가 하루가 멀다 하고 벌어진다. 왜 큰 것만 찾는 것일까.

'큰 것만이 좋다'는 생각은 자본 중심적인 발상이다. 큰 것에의 경도는 자본의 효율성과 생산성에서 비롯된다. 작은 것은 상품가치가 없다. 유전인자를 조작한 슈퍼콩이 세계를 엄습한다. 건강문제가 전혀 입증되지 않은 슈퍼콩이 일으킬 문제는 우선순위에서 내몰림당한다. 작지만 이 땅에서 알맞게 살아온 오랜 토종들이, 작은 것이란 이름 때문에 크고 생산량 높은 수입종자로 교체되었다. 그럼에도 사람들은 토종이 더 맛있고 건강에도 좋다는 생각에는 변함이 없다. 결국 생산량이 많은 수입종자는 토종에 비해 값이 싸다. 값이 싼 대신 무차별적인 양으로 시장을 휩쓴다. 그 결과 토종은 자신의 땅을 거의 상실하였다. 대다수 민중은 거대자본에 철저하게 노출되어 버린 셈이다. 우리 문화의 먹이사슬이 와해된 상태다.

우리 사회의 중심 사고는 오로지 큰 것만을 노리고 있는데, 이 또한 군사문화적인 발상이며, 반(反)시민문화적 발상이다. 우리의 집문화는 원래 초가삼간이라는 말이 웅변해 주듯 자그마한 공간이었다. 그러나 어느덧 거대 콤플렉스에서 벗어나질 못하고 있다.

북쪽의 사회주의 문화 역시 '큰 것 중심주의' 문화풍토다. 거대 조형물, 거대 건축군 등에서 볼 수 있듯이 '인민대중의 영웅성'을 강조하고, 사회주의의 위력을 드러내는 문화적 양태는 물론 사회주의 문화의 일반적인 양태이기도 하다. 그러나 남북이 어떤 '열광적인 미학'에 압도당하고 있다고 판단된다.

오늘의 북쪽은 고난의 행군을 거듭하면서 사회주의 강성대국을 강조하고 있다. 강성대국을 부르짖음으로써 한껏 내부통합을 기하고 대내외적으로 발전을 도모하고자 하는 나름의 입지를 충분히 이해하면서도, 결국 그 담론 역시 남쪽과 비록 사정은 다르지만 동일한 거대담론의 포로임을 부인할 수 없다.

거대담론의 중시는 결국 중앙집중화와 획일화를 의미하게 된다. 엄밀하게 말하면 거대 지향은 다양성을 거부하는 일종의 극단적인 문화적 콤플렉스라고 할 수도 있다. 남북의 언어정책에서 이른바 사투리를 말살하려는 시도가 엿보이는 점이 그 한 예이다. 사투리는 '지방색'으로서 토착문화의 근거라고 할 수 있다. 서울말을 표준어로 삼아온 이남은 말할 것도 없고 이북도 사투리를 '거칠고 촌스러운 것'으로 간주한다. 문화어로서 평양말을 중심에 두고 있다. 특히 함경도 사투리가, 말이 빠르고 말의 높낮이가 고르지 못함을 꼬집는 글이 많이 발표되고 있다. 함경도말, 평안도말, 전라도말, 경상도말 각각 자기 지역색을 골고루 간직한 것이 오히려 아름답지 않은가.

그래서 결론은 하나, 남북은 큰 것에 관한 한 '일란성쌍둥이'라는 것이다. 반세기 넘게 제각각 살아왔음에도 관료주의적 · 권위주의적 문화풍토가 어쩌면 그렇게 똑같을까![11]

별첨으로 사족을 붙여본다. 남북이 이같이 중앙집중화된 사회임에도 불구하고 희망이 전혀 없는 것은 아니다. 남쪽의 경우,

두말할 것도 없이 시민운동이야말로 이런 획일화를 방지하는 소금 같은 것이다. 북쪽의 군중노선도 소금 역할을 할 수 있을 것이다. 예를 들면 악기개량의 경우 같은 것이다. 1999년 9월에 평양에서는 전국악기품평회가 열렸다. 내각문화성 설비국이 주최하는 악기품평회에는 평양과 각 시·도·군 악기공장과 각 공장 생필품직장 그리고 개인이 만든 악기가 출품되었다. 민족현악기, 민족타악기, 민족죽악기 등 전통악기와 양악기 등인데, 중요한 것은 개인이 만든 악기도 출품되었다는 점이다. 악기는 전문적인 공장에서 생산된다는 것이 우리식의 통념인데, 개인의 창발성에 기초한 악기제작을 군중 차원에서 전개하는 이런 사례에서 북쪽사회를 지탱하는 소금이 생생하게 남아 있음을 감지한다. 참으로 다행이 아닐 수 없다.

"윗물이 맑아야 아랫물이 맑다"는 말이 있지만 무조건 위에서 끌고만 간다고 사회가 제대로 굴러가지는 않는다. 남북의 어떤 운동도 나름의 필연성이 있겠지만, 제일 중요한 것은 진정으로 밑의 백성들이 자주적으로 움직일 수 있는 진실된 모범창출이다. 관료주의 부패와의 싸움에서는 남북이 한결같이 예외 없음인 것을 어찌하겠는가!

숨은 그림 찾기 : 드러냄과 감춤의 오묘함

남쪽의 코레콤과 북쪽의 아태위원회는 '2000년 평화친선음악회'
를 공동 주최하였다. 클린턴의 이복동생 로저 클린턴이 나섰기
에 세계의 주목을 받았다. 재미있는 것은 조선중앙방송이 12월 6
일 목란관 만찬을 보도하면서, 남측 공연단의 참석 여부는 공개
하지 않았다는 사실이다. 분명히 패티김, 태진아, 최진희, 설운
도, 젝스키스, 핑클 등이 참석했을 텐데 명단이 공개되지 않았다.
　남쪽사람들이 북에 가서 공연한 내용은 남쪽언론을 통해 비교
적 자세히 공개되었다. 그래서 인터넷에 오른 팬들의 글에도 "오
빠들의 모습이 북한의 학생들에게도 알려져서 기뻐요"라는 시각
이 나오고 만다. 그렇지만 결코 북한공연이 방송을 통해 북쪽대
중들에게 소개된 적은 없다. 드러냄과 감춤이 연출되는 사회임
을 남쪽의 대중들이 모를 수밖에 없는 미묘한 대목이다.
　역사적인 남북정상회담의 생생한 모습이 우리에게는 그대로
공개되었다. 그러나 북쪽방송에서는 아주 일부만 비춰졌을 뿐이
다. 공식적인 공개는 했지만, 시시콜콜한 장면들은 대부분 공개
되지 않았다. '초청'이냐 '요청'이냐는 문맥도 정리할 필요가 있다.
남측이 발표한 4·8합의문에는 "김정일 국방위원장의 '초청'에
따라 김대중 대통령이 평양을 방문한다"고 되어 있다. 반면에 북

조선옷으로 꾸민 신부
차림새

측이 발표한 합의문에는 "김대중 대통령의 '요청'에 따라 김대중 대통령이 평양을 방문한다"로 되어 있다. '초청'과 '요청'의 간극을 잘 읽어야 한다. 이 같은 드러냄과 감춤은 남북문화 이해의 열쇠이기도 하다.

남쪽의 대중가수들이 북쪽대중에게 공중파를 통하여 소개되지 않은 측면은 여러 가지로 해석이 가능하지만, 무엇보다 자본주의 문화에 대한 그들의 대응원칙이기도 하다. 2000년 벽두에 평양방송은 남쪽의 여자중고등학교에서 흡연율이 증가한 것은 개방정책의 결과라고 비난했다. 방송은 미국식 양키 문화와 일본 사무라이 문화가 침투한 나라에서 민족성이 사라져가고 특히 청년들이 극도로 타락, 변질해 가고 있는 것은 잘 알려진 사실임에도 불구하고 남쪽당국이 퇴폐문화가 들어오도록 문을 열어놓았다고 목소리를 높였다(『연합뉴스』, 2000. 2. 10). 나아가 '해괴망측한 옷차림과 머리단장' 등으로 세상을 아연실색케 하는 여성들도 있다고 비난했다. 이런 방송을 눈여겨본다면, 1999년 12월 핑클 등의 오색찬란한 머리색깔을 그들이 어떻게 받아들였을지는 자명하다. 그 공연을 본 사람들이 평양시내에서도 당성이 강하여 흔들림이 없는 '열성분자'들로 제한되었던 것도 당명한 이치이다. 『로동신문』에는 이런 기사도 자주 실린다.

여성들의 옷차림례절은 언어례절 못지않게 중요하다. 무릎
이 드러난 짧은 치마나 보기 흉한 치마바지, 무늬나 색깔이
보기 흉한 치마바지, 무늬나 색깔이 지나치게 조잡하고 알락
달락한 옷을 입는 것은 우리식이 아닐 뿐더러 사람들에게
불쾌감을 주는 비도덕적 행위이기도 하다. 언제나 옷차
림을 단정하고 깨끗하며, 현대적 미감에 맞으면서도
사회주의적 생활양식에 맞게 옷을 검박하고 세련되게
차려입는 것은 조선여성들의 고상한 례의도덕이 된다.
…날씨가 무덥다고 옷섶을 풀어헤친다거나 속옷을 제대
로 잘 갖추어 입지 못하는 것은 다 여성다운 례절이 없
는 행동으로 된다. (『로동신문』, '조선여성의 고상한 례
의범절', 1999. 5. 27)

정갈한 여름철 치마저
고리

북쪽에서도 미국 만화영화 〈톰과 제리〉가 방영
되었다. 아무리 힘이 약해도 머리만 잘 쓰면 힘센
자를 얼마든지 이길 수 있다는 점에서 큰 인기를
끌었다. 초강대국과 싸우는 자신들의 처지를 반영
한 듯하다. 그러나 막상 이 만화영화가 미국산임을 아
는 북쪽의 대중은 드물다. 〈우둔한 고양이와 꾀 많은 생쥐〉
로, 대사를 거의 삭제한 채 번안하였기 때문이다.
 1998년 8월 31일, 북쪽은 함북 화대군 무수단리에서 자
체의 힘과 기술로 첫 '인공위성' 광명성 1호를 발사하였다. 그
로부터 꼭 1년 뒤인 1999년 8월 31일, 이북의 조선평양방송은

'우주강국'을 주장하면서 "우리 조국의 과학기술자들은 자체로 만든 위성을 자체의 다단계 운반로켓으로 단번에 궤도에 진입시켰다"고 발표하였다. 이어서 "우리 인민들은 위성발사국의 긍지를 간직하였기에 식량난도 웃으며 타개하고 경제적 난관도 용기백배하여 뚫고 나간다"고 선언하였다.

2000년의 시점에서 일본은 여전히 미사일이라고 주장하고 있어 뜨거운 쟁점이 되고 있다. 한미 양국은 3단계 추진방식의 로켓을 이용해 소형 인공위성을 지구궤도에 진입시키려다 실패한 사건으로 간주하고 있다. 논란은 끝나지 않는다. 그러나 지구궤도에 진입시키려다 실패하였다는 한미 양국의 관측이 아마 맞을 것이다. 일본의 지나친 호들갑에는 북의 발사행위를 미사일로 간주함으로써 이를 대북정책의 기조로 삼으려는 의도가 묻어난다. 그러나 북쪽은 여전히 인공위성을 궤도에 진입시켜서 지금도 돌고 있다고 강변하고 있다. 또 북쪽인민은 이를 철석같이 믿고 있다.

북쪽당국이 인민을 속이고 있는 것인가. 현상적으로는 그렇다. 강성대국을 지향하는 내부결속 문제와 관료주의적 사회분위기가 이 같은 현상을 빚고 있는 것으로 보인다. 1983년 10월에 신상옥 감독과 최은희가 비밀녹화했다는 김정일 위원장 육성에 다음 같은 대목이 등장한다.

그러니까 이거 우리 낙후한 것을, 낙후하다는 것을 우리가 인정해야 합니다. …그런데 이거 감히 내가 말해야지 다른 사람들이 말하게 되면 다른 사람들은 이 사람들은 왜 자기 것에 대해서 그렇게 만족하지 못해. 너 사대주의 아닌가. 이렇게 답변이 붙으니까….

번연히 알면서도 제대로 말하지 못하는 사회적 분위기를 잘 말해 준다. 이와 같이 감춤과 드러냄은 북쪽문화 읽기의 독해법에서 상당히 중요하다. 북쪽의 감춤과 드러냄의 수준이 '오묘한 경지'에 이르러 있다고 말할 수도 있다. 하지만 그 사회 자체로는 감춤이 있을지언정, 이를 다중을 속여서 우민으로 내모는 고도의 계산된 행동으로만 치부해서는 사태의 실상이 잘 보이지 않는다. 체제를 이끌어나가는 나름의 국가정책적 입장이 드러나는 지점이다.[12] 그러나 남쪽사회 입장에서 볼 때는 그 감춤과 드러냄이 그저 오묘할 수밖에 없는 것이다.

반대로, 남쪽사회 역시 감춤과 드러냄이 오묘한 경지라고 생각할 수밖에 없다. 다원화되고 민주화되었다고는 하지만, 국가권력이나 자본에 의하여 은폐·엄폐되어 이루어지는 온갖 비밀의 진실들이 한 번이라도 제대로 드러난 적이 있었던가.[13] 사법부조차도 늘 국가권력과 자본의 편에서 비밀을 정당화시켜 주는 방파제 역할을 해왔으니, 우리 역시 감춤과 드러냄의 오묘한 작동시계에서 자유로울 수가 없는 노릇이다.

변하지 않는 것은 없다 : 누구나 배울 수 있는
WINDOWS 95

북쪽도 변하고 있다. 너무도 당연한 이 사실을 남쪽사람들은 인
정하려고 들지 않는다. 세상에 변하지 않는 것은 없다. 변화하지
않는 문화도 없다. 변하지 않는 것은 오직 사람들의 고정관념뿐
이다. 컴퓨터 문화를 예로 들어보자.

'순진한' 대학 1년생이 나에게 물었다. "북한에도 컴퓨터가 있
어요"라는 단순질문법을 해결하고 난 다음에 다시 묻는다. "북한
에도 쓸 만한 소프트웨어가 개발되어 있나요?" 2000년 6월의 방
북단에게 보여준 북쪽의 컴퓨터 기술 중에는 음성인식 시스템이
있었다. 마이크로 책을 읽으면 그 구절이 그대로 화면에 등장했
다. 노래를 부르자 화상에 반영되었다. 뛰어난 지문인식 시스템
도 공개되었다.

조선콤퓨터쎈터가 개발한 소프트웨어 기술 수준은 상당하며,
일부 기술은 세계적 수준이다. 집체적으로 연구하고 우수한 인
재를 한곳에 다량 확보하고 있는 점 등을 고려한다면, 쉽게 풀릴
문제다.

개인오락으로 남쪽의 아이들이 많이 즐기는 전자오락이 등장
한 것도 큰 변화다. 1991년에 만경대학생소년궁전에 처음으로

전자오락실이 개관된 이래로 각 중소도시에서도 손쉽게 오락실을 구경할 수 있다. 태권도를 소재로 한 격투기게임 등 전자오락이 큰 인기다. 평양 등 주요 도시에는 개인경영의 소규모 전자오락실이 등장하여 한 게임당 1~3원씩 받고 있다. 심야시간대에는 영업을 하지 않는 대신에 게임팩 대여사업을 한다. 중국산 수입 오락기의 가격이 폭락하면서 손쉽게 들여와 영업을 하고 있는 것이다. 당연히 청소년들의 관심은 폭발적이다.

오늘의 북쪽학생들에게 가장 인기 있는 여가는 역시 컴퓨터이다. 윈도즈, 마이크로소프트, 빌 게이츠 등도 보통명사가 되었다. 컴퓨터는 강성대국 건설에서 매우 중요하다. 고등중학생들은 2학년 때부터 컴퓨터 수업을 받는다. 1999년 11월 4일에는 김일성종합대학에 종합대학으로서는 최초로 컴퓨터과학대학이 설치

우수 인재가 모여든다
는 김일성대학의 수업

되었다. 현재 북에는 김일성종합대학, 김책공업종합대학, 리과대학, 평양전자계산기단과대학 등에 컴퓨터 관련학과가 있으며 평양프로그램학원, 평양정보쎈터, 조선콤퓨터쎈터 등이 있다.

2000년 1월 고등교육도서 출판사에서는 『누구나 배울 수 있는 WINDOWS 95』와 프로그래밍 언어서적인 『비주얼C』 같은 컴퓨터 관련서적 20여 종을 제작하였다. 1999년 8월에는 2만여 명의 대학생들이 참가하여 컴퓨터 프로그램 · 기계설계 두 분야로 지방경연을 거쳐 8월 13일부터 중앙경연을 치르기도 했다. 조선콤퓨터쎈터가 개발한 일부 소프트웨어 기술은 세계적인 수준이다.

그렇다면 북쪽의 컴퓨터 실력은 어느 정도일까. 1999년 8월 31일 미 버클리 소재 캘리포니아대 우주과학연구소는, 1999년 5월부터 시작한 세계 최대 초대형 전파망원경으로 외계신호를 수집 · 분석하여 외계 생명체를 찾는 연구에 조선민주주의인민공화국 네티즌 123명이 참가해서 인터넷을 통해 771개의 분석결과를 내놓았다고 밝혔다. 이에 앞서 1999년 3월에 미 국방부는 조선민주주의인민공화국이 미 국방부를 비롯한 미군 인터넷을 가장 많이 이용했으며, 특히 미 육군의 웹사이트를 집중적으로 조회한 것으로 나타났다고 밝힌 바 있다(『연합뉴스』 1178호). 또 컴퓨터 사용중 손쉽게 영어단어를 찾아볼 수 있는 영조(英朝) 전자대사전 프로그램을 컴퓨터 전공자가 아닌 김일성종합대학 외국어문학부 영어문학강좌 교수들이 개발해 눈길을 끌 정도로 소프트웨어 개발노력도 확산되고 있다.[14]

평양체육관에 설치되어 있는 'ATAE.SAMSUNG'이라는 브랜드

학생들에게 선박설계 원리를 가르치는 김일성상 계관인 김책공업종합대학의 김동신 교수

가 새겨진 가로 9.5미터, 세로 6.2미터의 이북 최초의 대형 컬러 전광판은 바로 북쪽의 컴퓨터 바람을 잘 웅변해 준다.

90년대 들어서부터 남쪽문화계에 몰아닥친 가장 큰 변화라면 역시 사이버문화를 들 수 있을 것이다. 세계적인 현상에서 남쪽은 예외가 아니며, 북쪽 역시 정도의 차이는 있으나 예외일 수 없다. 강성대국 건설의 제1선으로서 북한식 사이버공간이 창출되고 있다. 그러나 앞의 대학 초년생이 나에게 물었듯이, 지금까지 남쪽의 일반적인 인식은 '북한에도 소프트웨어가?'라는 반응의 수준이었다.

새로운 문화인 컴퓨터분야에서만 변화가 감지되는가. 그렇지는 않다. 심형래가 신지식인으로 선정되었으며, 그는 〈용가리〉를 어린이들에게 선사하였다. 영화평의 호불호와 무관하게 〈용가리〉는 외국에도 수출되었다. 〈용가리〉에 앞서 미국의 〈쥬라기공원〉이 전세계를 강타한 바 있다. 그렇지만 〈용가리〉에 훨씬 앞서 일찍이 북쪽에 〈불가사리〉가 있었다는 것을 남쪽사람들은 뒤늦게 알았다. 〈불가사리〉는 일본으로 수출되어 많은 관객을 모았으며, 2000년에 와서 남쪽에서도 방영되었다.

이 같은 사례들은 '변화'라는 단어를 붙일 만한 것도 못 된다. 지극히 자연스런 추세일 뿐이다. 1999년에 북쪽은 시멘트를 전혀 쓰지 않고 진흙과 모래만 사용한 기와를 생산하였다고 발표하였다(『로동신문』, 1999. 9. 24). 아예 김정일 총비서가 방문하여 "이제는 시멘트 기와와 결별할 때!"라고 썼다. 기와 생산공정은 원료배합, 분쇄, 혼사, 숙성소지(반죽상태의 진흙덩어리) 분쇄, 성형, 건조, 소성으로 이루어졌다. 가만히 보면, 전래 옛 기와를 만들던 기술을 현대화시킨 것에 불과함을 알 수 있다. 이 작은 기왓장 사례가 사소한 것 같지만, 김정일 위원장까지 방문할 정도라면 그 작은 변화로 말미암아 시멘트가 부족한 사회에서 장차 기와지붕이

컴퓨터산업은 '강성대국'이 강조하는 최대 과제의 하나

옛 기와의 법고창신으로 나아감을 감지하게 된다.

　남이나 북이나 나름의 법칙과 논리를 가지고 살아가고 있을 뿐이다. 유독 남쪽에만 있는 것이 북쪽에는 전혀 없다는 가설이나, 북쪽에는 있는데 남쪽에는 전혀 없다는 식의 고정관념이 더 문제인 것이다. 없는 것은 없는 대로의 현실이며, 있는 것은 있는 대로의 현실문화인 것이다. 변화를 인정하지 않고 변화를 두려워하는 고정관념이 쌍방에 존재하는 한, 남북문화의 이해는 한결 어려워질 터이다. 그래서 '변화를 인정하자'는 화두를 또 하나의 남북문화 독해법으로 이끌어낸다.

속도전의 변증법 : 놀기 좋아하는 사람들

북쪽의 동해안 고성항이 준공되었다. 연인원 8만 5천여 명(남측 2
만 8991명, 북측 5만 6500명)의 공사 인력과 장비를 투입하여 남
북합작 최초의 토목공사이다. 막말로 토목공사는 '노가다판'이다.
건설 초기에 양측은 사소한 문제 가지고도 조금씩 마찰을 빚었다.
남측은 아침 7시부터 오후 6시까지 근무하는 데 비해, 북측은 아
침 8시 30분에서 오후 5시까지로 남측의 근로시간이 더 길었다.
또 휴일노동에 익숙한 우리와 달리 휴일에는 반드시 쉬어야 한다
는 북측의 주장이 맞서 갈등도 있었지만, 결국은 북측이 양보하
여 남쪽식으로 일을 했다. 북쪽 '노가다판'의 노동자들이 남쪽보
다 훨씬 강도 높은 노동을 '강요'당하고 있는 것으로 배워온 우리
의 선입견이 허물어지는 순간이 아닐 수 없다. 과연 그들은 '뼈빠
지게' 일만 하는 노예일까.

북쪽사람들은 대체로 딱딱해 보이는 외모와 달리 어디서나 신
바람 나게 놀기를 좋아한다. 휴일만 되면 '청룡열차' 등 현대식 어
린이 놀이시설이 갖춰진 평양 대성산유원지는 인파로 법석거린
다. 놀이 나온 사람들은 노래를 시키면 처음에는 미적거리다가도
'발동'이 걸리면 하나같이 춤도 잘 추고 노래도 잘한다. 기타나 아
코디언을 가져온 사람들은 재치 있게 웃기는 동료 사회자를 앞세

워 노래자랑과 춤판을 벌이는가 하면, 또 한쪽에서는 장기나 윷놀이, 주패놀이에 열중해 있다. 노래자랑의 경우, 처음 나온 사람이 노래를 부른 후 다음 차례를 지명하는 식인데 남녀 할 것 없이 사양하는 법은 거의 없다. 노래자랑이 시들해지면 금방 춤판으로 이어지곤 한다. 당국이 보급한 무도를 학교에서 익힌 탓인지 춤 못 추는 사람이 드물다.

북에도 낚시 애호협회 회원이 급증하는 등 낚시가 인기를 끌고 있다. 그런데 막상 남쪽사람들의 인상에는 '과연 북쪽사람들이 한가롭게 낚시질이나 하러 다닐까' 하는 의문이 박여 있다.

바둑도 널리 보급되어 있다. 예전에는 바둑이 북에서 '시간이 많이 걸리는 비생산적인 오락경기'로 비판되어 보기 힘들었다. 그러다 1989년 무렵 본격화하기 시작하여 이제는 대단히 인기 있는 종목이다. 1989년 국가바둑협회가 구성되었으며, 국제바둑

술 한잔을 걸치며 숯불오리고기를 먹으면서 5·1절을 즐기는 순박한 표정의 북한 청년들

협회에 가입하고 평양시 청춘거리에 바둑회관도 건립되면서 그 열기가 더해 가고 있다. 세계적 규모의 바둑대회에 선수도 파견하고 있다. 거액이 걸린 국제기전도 잇따라 창설되고 있어 가히 국가적 차원에서 지원하는 감을 준다. 1990년 창설된 바둑대회는 고단급(4급 이상)과 저단급(3단 이하)으로 운영되고 있으며, 1993년에는 북쪽 바둑의 1인자인 문영삼을 비롯해 유망주 8명을 선발하여 중국에 바둑유학을 보냈다. 바둑의 메카는 만경대학생소년궁전의 바둑소조이다. 리봉일, 최명선, 최은아 등이 이곳 출신으로 중국유학파들이다. 최고 기수는 1978년 함흥에서 태어난 문영삼으로, 10세에 바둑돌을 쥐기 시작하여 1993년 전국바둑대회에서 우승, 1997년 세계 아마추어 바둑선수권대회에서 3위를 차지했다. 국가체육위원회에서 '두뇌스포츠'로 육성하고 있기 때문에 앞으로 더욱 늘어날 전망이다.

북쪽에도 당연히 스타가 존재한다. 다만 남쪽식의 스타 개념이 없을 따름이다. 남쪽의 대중예술이 대개의 경우 스타를 중심으로 이루어지고 있다면, 북쪽사회에서도 여가생활에서 스타의 존재를 빼놓을 수 없다. 〈휘파람〉을 부른 전혜영, 영화주제가의 여왕이라는 최삼숙 같은 가수들을 꼽을 수 있다.

〈휘파람〉의 전혜영(28세)은 보천보전자경음악단 소속이지만 솔로가수로도 활동한다. 〈아무도 몰라〉〈꽃파는 처녀〉〈나는 생각해〉〈김정일화〉〈별 보러 가자〉〈밀영(密營)의 달아〉〈흰 눈이 내리네〉〈처녀시절〉 등 많은 곡을 냈는데 민요나 가요 외에도 중국, 러시아 등의 외국노래를 잘 부른다. 키 160센티에 가냘픈 몸매로,

목란관 연회장에서 펼쳐
진 화려한 외빈 공연

1991년 10월에 북쪽가수로는 최고의 명예인 인민배우 호칭을 받
은 그는 어렸을 적부터 유명했다. 왕재산악단의 전속가수인 염청
도 전혜영 못지않게 인기를 끌고 있다. 1996년 인민배우가 된 그
는 지난 1991년 중국공연 때 새타령으로 관중을 매료시키기도 했
다. 혁명가극 〈피바다〉의 주인공 초청미(43세)는 인기 있는 성악
가수로 팬레터(공연축하 성과편지)를 많이 받는다. 모란봉교예단
소속의 김광석·동석·영석 3형제 마술사도 큰 인기다. 마술에
입문하여 10여 년 동안 〈칼 찌르기〉〈물과 불 속의 조화〉〈보물함〉
등 수백 편의 작품을 창조하였다.

한마디로 북쪽사람들은 노는 것을 즐긴다. 북쪽사회에서 틈만

나면 '속도전'을 부르짖는 이면에는 속도전을 내는 방식으로 일을 '이악스럽게 달라붙어 완료하자'는 독촉성 주문 이외에도 태만과 비능률도 존재한다는 사실을 역설적으로 보여주는 것이다. 그런데 '이악스럽게 달라붙는 일 방식'에서는 결코 자본주의 생존방식을 넘어설 수 없을 것이다. 독일 통일과정에서 서독과 동독 주민의 관계를 살펴보면 알 수 있듯이, 생존경쟁이라는 변수에서는 결코 사회주의권이 자본주의권을 능가할 수 없다.

이렇듯 북쪽의 사회주의가 부르짖는 '속도전'과는 차원이 다르지만, 남쪽 자본주의의 속도전을 한번 점검해 보자. 자본의 효율성은 시간의 빠름을 요구한다. 속도가 얼마나 큰 파괴력을 지니고 있는지는 '전격전'이란 개념이 잘 대변해 준다. 빠름만이 가치 있는 것으로 간주되는 곳에서 느림은 경시된다. 속도는 창조력이 될 뿐 아니라 동시에 사회를 파괴하는 폭력이 된다. 점점 가속이 붙으면서 세심함, 부드러움, 사려 깊음, 생각 그리고 다른 많은 소중한 것들이 사라져 버린다.

속도의 문화와 미학은 자본주의에는 걸맞은 논리일지 모르나, 사람과 환경에는 지극히 적대적이다. 속도는 타인과 환경에 대한 희생이 전제되지 않으면 얻어질 수 없다.[15] 오늘날 유럽사회에서 20세기가 밀어붙인 빠름에 대한 신화를 거부하려는 뒤늦은 반성이 쏟아져 나옴은 그럴 만한 시기에 이르렀음을 반증한다. 21세기 과학기술의 새로운 가치와 윤리를 모색하는 1999년 6월의 부다페스트 '세계과학회의'의 주제도, 20세기 후반의 과학의 진보가 이루어낸 보건·식량·통신 등에서의 혁명적 변화에도 불구하고 20세기의 과학이 오로지 속도숭배에만 빠져서 신뢰와 윤리 측면에서 난관에 봉착하고 있음을 고백하고 있다.

즉각, 즉시, 금방, 곧바로, 지체 없이, 빨리빨리, 얼른얼른, 빠르게, 좀더 빠르게, 아주 빠르게, 대단히 빠르게, 말할 수 없이 빠르게, 숨가쁘도록, 죽기살기로… 근대화를 핑계로 천년을 이어져 온 초가집 전통을 불과 몇 년 만에 '싹쓸이'하였으며, 88고속도로 건설은 강압적 사회의 건설분위기 속에서 매장문화재 유적 조사조차 하지 않은 채 수천 년 동안 보존되어 온 문화유산을 일사천리로 밀어버렸다. 강남 곳곳이 백제문화의 터전이었으나 강남신도시 건설로 아파트숲에 잠겨버렸다. 이처럼 '빠름'이 인간과 사회 평가의 척도가 되어 있는 남쪽현실에서 북쪽의 속도전을 비판하는 시각이 과연 정당할까.

남북문화의 미래는 쌍방이 '문명'이라고 예찬해 왔던 것을 상당 부분 포기하고 조금은 불편한 삶을 살겠다는 용기, '야생의 사고'가 필요하다고 생각한다.[16] 서구 중심과는 전혀 다른 문명관을 발견하듯이, 쌍방의 오류 속에서 새로운 희망을 판독해야 하고 생동감 넘치는 새로운 통일문화 형성으로 새 출발해야 한다.

휘파람

전혜영이 부른 최고의 인기가요 〈휘파람〉의 악보

주

1) 메리 더글러스, 『순수와 위험』, 유제분 · 이훈상 옮김, 현대미학사, 1997.

2) 류열은 고대 한국어에는 받침소리가 없었다고 가정하고, 모든 고유명사 이 두자료를 현대 일본어처럼 풀어내려 한 '대담하고 충격적인 연구결과'를 이 책에 담고 있다. 예컨대 각종 기록에 '平壤' 또는 '平壌' 등으로 나타나는 평양은 원래 우리의 고유 발음이 '부루나' 혹은 '바라나'였던 것을 한자로 옮긴 것으로 보고 있다. '平'을 벌판의 옛말인 '벌'에 대한 뜻새김으로 보면서도 옛 한국어에는 받침소리가 없었으므로 결코 '불내/발내'라고 하지 않고 '부루내/바라내'로 읽었다는 주장이다.

3) 『연합뉴스』, 2000. 1. 13.

4) 한경구 외, 『낯선 곳에서 나를 만나다』, 일조각, 1998, 3~28쪽.

5) 김정일에 대한 연구로는, 『현대 북한의 지도자 — 김일성과 김정일』(서대숙), 『김정일의 생각읽기』(이주철), 『곁에서 본 김정일』(정창현), 『나는 역사의 진리를 보았다』(황장엽) 등을 꼽을 수 있을 것이다. 1994년 김 주석 사망 직후에 『인간 김정일, 수령 김정일 — 그의 시대와 북한사회』(이찬행)라는 연구서가 출간된 바 있다.

6) 현재의 『연합뉴스』는 북쪽관련 정보를 매우 객관적으로 싣고자 하는 노력을 보여주고 있어 고무적이다.

7) 언론 3단체 "평화통일과 남북 화해 · 협력을 위한 보도 · 제작 준칙"(1995. 8. 15)

8) 『내외통신』 1010호, 1996. 6. 20.

9) 『등대』, 1993년 3호.

10) 김일성대학 교수 출신인 대외경제연구원 조명철 연구위원은 "우리가 새마을운동을 시작한 70년대와 북한의 현 경제상황이 비슷한 것은 사실이다. 그러나 현재까지 새마을운동의 추진방식 등이 북한정책에 구체적으로 반영된 적은 없다"고 말했다(『주간 동아』, 2000. 6. 22).

11) 나로서는 전면 동의할 수 없는 견해이기는 하지만, 임지현 같은 이는 아예

다음과 같이 말하기도 한다. "새마을운동에 대한 김정일의 높은 평가가 별반 새삼스러울 것도 없다. 한국적 혹은 우리식이라는 수식을 벗기면 10월유신과 주체사상이 실은 민족주의의 동일한 권력담론으로 짜여져 있다는 것이 분명히 드러난다."(임지현, 「전지구적 근대성과 민족주의」, 『역사문제연구』 4호, 역사비평사, 2000, 40쪽)

12) 2000년 7월 남북장관급회담에 나온 전금철 등의 실명이 알려진 것과 다름이 판명되었다. 이는 체제를 나름대로 방어하기 위한 대남관계에서의 보안문제 와도 깊은 관련이 있다.

13) 과거 남한의 권위주의 정권에서 그 얼마나 많이 남북과 관련된 진실이 오도 되고 정치적으로 악용되었는지를 생각해 보자. 가령 금강산댐을 짓는다면서 코흘리개의 돼지저금통까지 내놓게 했던 조작된 신화들을 돌이켜보자.

14) 약 30만 개의 영어 단어와 어휘, 성구와 속담이 자모 순서로 기록되어 있으 며, 정치 · 경제 · 문화 · 군사 · 역사 용어는 물론 최신 경제용어도 포함되어 있다. 남쪽의 '한글과컴퓨터'에서 만든 한글 워드프로세서 프로그램의 영어사 전과 비슷하다.

15) 주강현, 『우리문화 21세기』, 한겨레신문사, 1999.

16) 레비-스트로스, 『야생의 사고』, 안정남 옮김, 한길사, 1996.

제2장

전통, 문화적 헤게모니, 우리식사회주의

개고기와 단고기 문화의 상대적 거리

2000년이 다가오는 20세기의 마지막 불타는 여름을 중앙아시아 우즈베키스탄 타슈켄트 외곽의 옛 사회주의 집단농장에서 보냈다.[1] 타슈켄트 시내에서 동쪽 대로를 따라 들어오는 길목에 검문소가 있고, 우회전하여 2킬로미터쯤 가면 폴리토젤 콜호즈의 센트랄 구역 입구에 도착한다. 폴리토젤 콜호즈는 4개의 지역구인 우차스토크로 나뉘는데 중심지인 센트랄과 고뮤니즘, 인터내셔널, 카바르단으로 구성된다. 그중에서도 센트랄은 번화한 곳으로 이름난 구역이다. 물론 이 지역들은 20년대만 해도 갈밭으로 뒤덮인 불모의 늪지대였으나, 중앙아시아로 강제 이주당한 고려인들이 개척한 농촌이다. 1999년 8월 11일, 20세기의 마지막 개

젊은 처녀들도 개고기를
일상적으로 먹는다(우즈
베키스탄 폴리토젤 콜호
즈).

기일식을 콜호즈에서 맞이하였다.

"우리 고려인들은 개가 해 뜯어먹는 날이라 부르지요."

그날 저녁 개자이집에서 아락소주에 곁들여 기어코 개자이(개
고기)를 먹었다. 센트랄에만도 개자이집이 세 군데. 고려인 고위
일랴가 가족노동으로 경영하는 개자이집에서 고려인인 젊고 예
쁜 최스베타(71년생), 윤발랴(68년생)를 만났다. 개장 두 그릇을
거뜬히 비운다. 이곳에서는 젊은 처자들끼리 와서 '개자이' 회식
하는 것이 일상적이다. 원래 개고기를 먹지 않던 우즈베크인들
까지 개자이를 먹는다.

탕이 150~200숨, 개회(껍질 없이 살코기만 야채와 볶은 요
리) 250숨. 마늘, 된장, 후추, 산초, 조미료, 검은깨를 작은 종지
에 내놓는다. 먼저 개회를 먹고 개장에 밥 말아먹으면서 마무리
한다. 우즈베크인들은 밥 대신 빵을 먹으며 탕을 마신다. 장국이

제2차 남북장관급회담
(2000년 8월)에서 공식메
뉴로 단고기 집단회식을
하였다.

아니라 맑은 국물이다. 된장을 쓰지 않고, 모든 음식에 들어가는
강한 냄새의 민투리오(행초)를 빼놓고는 우리와 같다. 멀리 원동
에서 중앙아시아로 끌려오면서도 개고기문화만큼은 포기하지
않았다. 민족문화의 '장기 지속성'을 보여주는 대목이다.

　사실 따지고 보면 쇠고기, 돼지고기, 말고기, 양고기, 개고기,
염소고기, 닭고기, 오리고기… 모든 고기가 그저 고기일 뿐이다.
멀리 중앙아시아 시골에서 개장을 먹으면서 잠시 떠나온 한국을
떠올렸다. 그해 여름에는 개고기가 식품인가 아닌가를 놓고 국
회에서까지 비화되고 있었다. 최스베타에게 1999년 여름 한국에
서의 개고기 논쟁을 들려주었더니, 이해를 못한다. 윤발랴는 덧
붙인다. "개자이가 어때서요?"

　함경도를 거쳐 원동까지, 원동에서 중앙아시아까지 한민족의
유구한 민족음식이 전파되었다. 김치나 개자이 문화에서 천년을

뛰어넘는 문화적 연속성을 확인하면서, 후룩후룩 마지막 국물 한 방울까지 들이마셨다. 불타는 여름, 외국 농촌에서의 힘든 학술답사를 여느 외국에서보다 쉽게 견뎌낼 수 있었음은 세 번씩이나 먹은 개고기 덕분이었다고 확대해석도 해보았다.

개고기가 도대체 왜 남쪽에서만 문제가 될까. 아무리 선의로 해석한다고 하더라도 우리가 수천 년 먹어온 음식을 프랑스의 여배우 브리지트 바르도 같은 외국인에게 간섭과 수모까지 받아가면서 음지에서 먹어야 한다는 현실은 못마땅한 정도가 아니라 분노심까지 일어난다.

"프랑스 법원은 이슬람 축제에서 양을 죽이는 행위를 비난한 배우 브리지트 바르도에게 '인종차별, 증오, 인종간 폭력'을 조장한 혐의로 유죄판결을 내려 벌금 2만 프랑을 선고했다. …인종차별 반대단체들은 바르도가 이 책에서 이슬람교 금식기간인 라마단의 마지막을 축하하는 '아이드-엘-케비르' 축제를 위해 양을 죽이는 풍습을 비난했다는 이유로 소송을 냈다. 이슬람교도들의 축제용 희생양까지 문제삼는 바르도는 근본적으로 서구 우월주의자이며, 프랑스에서 개고기문화를 비난하는 이들의 대부분이 타인종과의 차별을 주장하는 극우주의자들이다. 인간을 차별하면서 사랑하지 못하는 것들이 어떻게 개의 사랑을 정당화시킬 수 있는 것일까. 또한 그러한 인종차별적 이데올로기에 전염된 우리의 정체성은 또한 무엇인가." 프랑스에 거주하는 홍세화가 쓴 글의 한 대목이다.

나는 자주는 못 먹더라도 서너 번은 개고기를 먹으면서 여름나기를 한다. 나에게는 개고기가 그야말로 '천국의 음식' 같다. 심지어 『우리 문화의 수수께끼』를 쓰면서 개고기론을 당당히 전개한 바도 있다. 그로 인하여 많은 공격을 받은 바도 있으며, 아마 지금 이 순간 이 글을 읽는 이들 중에서도 내가 개고기 예찬론자라는 사실 하나만으로도 비판적으로 돌아설 수 있음을 잘알고 있다. 그럼에도 불구하고 나의 개고기문화에 대한 확신은 일종의 '양심범' 수준으로 민족문화에 대한 자긍심과 확신, 더 나아가 세계문화 이해에서 다원주의적 관점에 입각한 것임을 분명히 하고 싶다.

남쪽에서는 푸대접받는 개고기가 북쪽에서는 어떠한가. 북쪽에서는 개고기를 대중적인 음식으로 치고 있거니와, 개고기 요리법에 관한 글이 발표되기도 한다. 전국료리사협회 평양시 창광지회 단고기국집분회 김정희는 이렇게 말하고 있다.

> 예로부터 이름난 우리나라 단고기는 말 그대로 그 맛이 달고 영양가가 높을 뿐 아니라 소화흡수가 잘되여 사람들의 건강에 대단히 좋다. (「단고기국을 맛있게 끓이려면」, 『조선료리』 1993년 2호)

북쪽에서 단고기라 부르는 개고기문화가 문화적 헤게모니를 가지고 있다는 당당한 증거이다. 문화적 헤게모니란 아주 단순하게 정리할 수 있다. 우리는 먹긴 먹는데 온갖 비난과 압박 속에서 먹어야 하고, 북쪽은 당당하게 공식적인 회식자리에서 먹는다는 것이다. 이처럼 남쪽과 북쪽 사이에는 현격한 문화의 차이가 존재한다.

　남과 북의 문화가 이질화되어 있다는 주장이 높은데, 통일문화 형성에서 개고기의 예가 보여주듯 민족문화가 어떤 문화적 헤게 모니를 장악하고 있는가 하는 '중심 잣대'가 필요한 대목이 아닐 까. 이질화 논쟁에서 이 부분은 분명히 하고 넘어가야 한다. 민족 을 중심에 놓고 사고하는 작풍이 일종의 수구주의 혹은 '구닥다 리'로 내몰리는 현실을 중심 잣대로 놓아서는 남북문화의 정당한 평가가 이루어지지 않는다. 참고로 북쪽의 만찬에서 제시되는 개 고기메뉴를 보면 그 다채로움의 면모를 엿볼 수 있으리라.

단고기국밥 5원	단고기무침 5원	등심뼈료리 5원
발족료리 5원	갈비료리 3원	내장합성료리 3원
밸랭채 2원	위무침 2원	알쌈 2원
약산적 2원	밸조림 2원	단고기튀기 2원
단고기보쌈 2원	껍질랭채 2원	오이깍두기 50전
마늘고추장 1원		

계 : 45원 50전 (가격은 수년 전 기준임)

문화적 헤게모니, 어디에 있는가

민족분단 이후, 남북이 헤어져 살아온 지 반백년이 넘었다. 같은 민족이 내부교류도 없이 50년 이상을 독립적으로 살아온 것 자체만으로도 세계사에 유래가 없을 정도이다. 그렇지만 엄혹하게 격리된 조건 속에서도 전통문화적인 특성은 여전히 살아 있다. 각각의 생활 속에 전통문화적인 측면이 어느 정도 전승되고 있는가 하는 문제는 바로 향후 내부통합의 공통분모 확보란 측면에서도 중요한 기준치가 된다. 상이한 체제에서 살아왔음에도 불구하고 여전히 공통적인 문화적 전통성이 이어지고 있다면 민족사적 견지에서 보더라도 여간 다행스런 일이 아니다. 가령 연변의 동포들이 같은 한글과 민족풍습을 전승시키고 있음으로 해서, 상이한 조건에서 살아왔음에도 불구하고 여전히 민족적 공통성을 확보하고 있는 점과 같은 이치다.

그 동안은 북쪽사회의 이질화를 강조하면서, 북쪽사회에 온존해 있는 전통문화적인 요소들은 애써 간과되어 왔다고 본다. 북쪽사회가 남쪽사회 같은 개방사회가 아닌 이상 필연적으로 전통적인 요소가 많을 터인데도 정작 문제를 보는 시각은 정반대였다.

돌이켜보면 일제 식민지의 특징은 두말할 것 없이 반(半)봉건 상태에서 일정하게 전통문화를 온존시키면서 식민화를 선택적으로 수행하는 것이었다. 따라서 분단과 동시에 사회주의 체제로 넘어간 북한의 조건에서 전통적인 문화요소가 다수 온존하였음은 주지의 사실이다. 북쪽사람들이 보여주는 문화적인 '촌티'가 사실은 남쪽사람들의 변해버린 미감에서 촉발되는 관점이라는 측면도 인정해야 한다. 그래서 어떤 면에서는 북쪽문화 안에 지독스러울 정도의 전통성이 내재되어 있는 측면을 예의 주시하고자 한다.[2]

정확하게 말한다면, 북쪽에서는 '전통문화'라는 말 자체를 쓰지 않는다. 보다 포괄적인 민족문화 혹은 민족적 양식, 민족문화유산, 민족생활풍습 같은 용례를 쓰고 있다. 북쪽에서는 전통문화라는 말이 함의하는 복고주의적 경향을 경계한다. 따라서 문화전통 혹은 민속전통이라는 말은 사용하지만 전통문화란 말은 쓰지 않는다. 그러함에도 북쪽에도 남쪽식의 전통문화적인 개념이 존재하고 있으며, 실체도 존재한다. 단순하게 '존재'하는 차원

봉산 탈춤. 빠른 속도감이 느껴지는 민속무용으로 변화시켰다.

을 넘어, 어떤 면에서는 복고적이기까지 하다. 복고주의를 거부한다는 슬로건을 내세우고 있음에도 복고적 기풍이 엿보이는 것을 부인할 수 없다.

전통은 북쪽사회에서 대단히 중요한 개념이다. 혁명전통, 항일유격대 전통으로부터 출발하여 모든 것이 전통으로 논의된다. 북쪽에서 전통은 실생활 단위의 실천적 '모범 따라 배우기'에서부터 당의 기본노선으로까지 이어진다. 그렇기 때문에 북쪽문화를 논하면서 전통이란 측면을 무시하면, 북쪽문화사를 이해하는데 논리적인 일관성에서부터 혼란이 초래된다.

그러나 그 동안 북쪽문화를 연구하는 이들 다수, 좀더 정확하게 말하여 대부분의 사회과학자들은 모든 전통문화에 대한 불필요한 편견을 간직한 '근대화론자'들이기도 하다. 전통의 본질적 속성을 가지고 방대한 책을 서술한 바 있는 케임브리지 대학의 에드워드 쉴즈 교수는 이를 간단명료하게 '전통에 대한 사회과학의 우매함'이라고 갈파한 바 있는데, 북한문화 이해방식에서도 생각되는 점이 많을 것이다.

현대의 사회과학은 헬라-로마의 고대로 소급해야 하고, 전통을 갖고 있으나 계몽주의 전통에 의존하여 왔다. 계몽주의로부터 전통에 대한 회의적 태도와 전통을 중요시하지 않는 사회 개념을 전수했다. 실질적으로 사회과학자는 전통에 관해 아무 말도 하지 않는다. 요즈음 사회과학에서 팽배하고 있는 견해는 전통이 비현세적 개념에 감추어져 손실된 사회구조의 한 측면이라는 것이다. 사회과

북한문화연구는 일상문
화연구로 전환되어야 한
다(평양시내 어린이들의
줄넘기놀이).

학자들은 '역사적 요소'로 되돌아가면서 할 수 있는 설명적 개요에
서 전통을 누락시키며 전통과 대면하기를 꺼린다. 이렇게 하여 그
들은 전통을 하나의 잉여부분으로 취급하며 지적 장애물로 보면서
제쳐놓고 만다. 그러나 전통의 탁월성과 그의 심오한 영향력은 너
무 크기 때문에 전적으로 무시할 수 없다. 사회과학자들이 전통을
등한시하게 된 원인과 이유는 다양하다. 어떤 것은 사회과학자들이
발전시킨 문화의 일반적 취향 때문이다. 진보적 견해를 갖고 있는
사회과학자들은 전통이 퇴보와 극보수성과 연관되고 있기 때문에
증오했다. 그들은 현대사회가 전통 없는 상태에서 '이해 관심'과 '권
력'에 따른 행동으로 지배된다는 천박한 견해를 따르며 때로는 과잉
동조했다. 그러나 역사가나 인류학자들도 전통에 대해 깊이 생각한
것은 아니다. 현대로 접어들면 들수록 그들은 전통의 영향력을 더
욱 적게 느끼고 현대 사회과학의 용어사용의 과오를 답습하게 되었

다. 따라서 신념 · 관행 · 제도의 영역을 담고 있는 전통은 여타의 것들로 용해되어 버렸다.[3]

쉴즈의 분석틀은 북쪽문화를 분석하는 데도 유효하다. 북한은 충분히 전통적인 사회로 여겨지기 때문이다. 본 리포트는 북쪽 문화의 지형도를 지극히 전통적인 사회로 규정지으면서 논지를 펴고 있다. 물론 북쪽을 '전통적인 사회'로 규정짓는 함의는 훨씬 복잡한 설명이 뒤따른다. 북쪽에서의 전통적인 요인을 분석하기 전에, 그 전제로서 문화에서의 전통적인 요인이란 무엇일까.

일상성과 보편성

북쪽문화 속의 전통적 요인을 찾는다면 그 기준은 어디에 두어야 할까. 두말할 것도 없이 일상성과 보편성을 두루 갖춘 문화에 초점을 두어야 한다. 평양감사가 거처하던 평양성답게 평양에는 1급 지방관아의 격에 어울리는 관속(官俗)이 존재했다. 개성의 양반집에서 향유되던 수준 높은 귀족적 문화도 존재했다. 그러나 이들 문화는 아무래도 보편적인 대중의 수준에서는 역시 격이 높다. 귀족주의적이고 봉건성이 강한 상층문화적인 전통논의는 본 리포트에서는 논외로 친다. 따라서 보편적인 일반대중이 향유하던 전통, 즉 민속문화 따위가 논의의 중심을 이루어야 한다.

그래서 민족 생활문화가 중요하다. 민족 생활문화는 일상의 생활문화로서 일상성, 보편성에 입각한다. 민족문화의 포괄범주가 애매할 정도로 크다면, 생활문화는 민족적 특성을 간직한 보편적인 일상의 문화를 포괄한다. 민족 생활문화는 문화적 본질상 지극히 계층 편향적인 문화를 일정 정도 배제함으로써 오히려 남북의 보편적 문화정서로 획득될 수 있는 분야다. 남북의 문화 가운데서 보편성과 일상성이란 각도에서 이어져온 측면이 있는가를 유심히 바라보아야 한다.

당대성과 현재성

북이나 남이나 명절을 기해 성묘를 다니고 차례도 지낸다. 남북에 공히 남아 있는 문화유산이다. 그러나 전통적이라고 하여 100년 전의 명절풍습이 똑같을 수는 없으며, 남북의 명절풍습이 같

실내수영장. 평양시에는 일부나마 이 같은 수영장이 존재한다.

을 수도 없다. 도시집중으로 인한 인구이동의 결과, 명절날에는 엄청난 인구이동이 수반되고 자본주의식 백화점 세일이 붐을 이루는 것이 남의 명절풍습이다. 북의 명절에도 차례는 존재하지만, 유교식의 엄숙함과 제도적 형식을 요구하는 틀은 상당히 변모하였다. 어떤 민족 생활문화도 시대에 따라 변화·발전한다는 점이 중요하다.

　시대가 변화하면 그 어떤 문화도 변하게 마련. 전통이라고 규정한 가치규범은 시대의 변화에 따라서 필연적으로 변화하며 절대불변은 없다. 더욱이 해방 이후 줄곧 사회주의 사회를 건설해 온 북쪽의 사회적 조건에서 과거 사회의 규범들이 그대로 온존할 수는 없는 것이다. 마찬가지로 자본주의 발전경로를 걸어온 남쪽 사회에서도 역시 과거 사회에서와 같은 규범의 민족 생활문화는

북한의 사회주의문화 속에서 다양한 현대적 문화도 포함된다(드럼치는 김형직사범대학의 여학생, 1999년 뻬이징에서).

이미 자기 자리를 잃은 지 오래다. 전승이 이루어진 어떤 민족 생활문화도 현재적인 의미를 지닌다.

그러나 민족 생활문화가 복고적인 취향만 지닌 것은 아니다. 음식문화에서 여전히 과거에 먹던 김치와 밥을 즐기고 숟가락과 젓가락 문화를 향유한다고 하여, 아무도 이를 복고적인 문화로 보지 않는다. 일단 생활 속에서 전승이 이루어지고 있는 민족 생활문화는 극히 현실적이고 당시대적이란 점이 망각되어서는 안 된다. 따라서 민족 생활문화에서 당대성의 인정은 대단히 중요한 관점이다. 변화된 조건의 같음과 다름을 상호 인정해야 한다.

우성과 열성

북에서 민요가 대중가요로 자리잡을 수 있음은, 민요가 문화적 헤게모니를 장악하고 있다는 측면으로 이해될 수 있다. 남에도 민요가 없는 것은 아니지만 방송에서 방영될 때는 주로 명절날 뿐이다. 추석이나 설날에 잠깐 '끼워 팔기'로 민요가수를 등장시키다가 명절이 끝나면 깨끗이 사라지는 현실이다. 아무리 다중이 뭐라 해도 나는 민요를 즐길 뿐더러 매우 사랑한다. 우리 것이라 사랑하는 것이 아니라 민요의 장쾌한 선율과 흥겨움이 가져다주는 삶의 즐거움 때문이다. 그러나 남쪽방송의 황금시간대는 역시 10대 취향의 대중가요들이다. 그렇다면 북에서 문화적 헤게모니를 지니고 있는 민요는 남북통합이란 측면에서 소중한 문화로 인정되어야 하지 않을까.

그러나 북에서는 당산제 등을 미신타파라는 이름으로 청산하였다. 협동농장이 건설되면서 마을공동체의 마을 단위 지역성이 강한 풍물도 통합적인 풍물가락으로 변했다. 남에서는 마을공동체 문화의 일환으로 줄다리기, 당산제 따위가 더러 이어지고 있다. 이 같은 공동체 문화는 남쪽문화의 상황에서 민족문화의 저수지 혹은 외래문화에 대한 어떤 문화적 방파제로서 기능한다. '미신타파' 등이 갖는 근대 지상주의적 모순이 내포하는 문제점을 이 자리에서 시시콜콜 재론할 필요는 없다고 본다. 남쪽의 풍부한 이들 민족 생활문화는 현재로서는 북쪽에는 없는 것으로서 통일문화 형성에서 중요한 역할을 담당해야 한다.

　이상의 민요와 당산제가 남북에서 각기 다른 처지인 점을 통하여, 남북문화는 난형난제임을 알 수 있다. 분명한 사실은 분단의 엄혹한 조건 속에서도 살아남은 민족 생활문화의 요소들은 문화적 우성(優性)으로서 그 생명력이 면면히 이어질 것이라는 전망이다. 따라서 서로에 공통적으로 살아남은 문화적 우성은 통합과정에서 중요한 촉매역할을 해낼 수 있다. 이는 문화적 헤게모니의 문제와 직결된다.

　다른 측면에서, 남북이 각자의 처지에 따라 도태시킨 문화적 열성이라고 하여 통합과정에서 무시되어서는 안 된다. 사회주의와 자본주의라는 대립적 배경 속에서 이루어진 문화적 열성이라고 하더라도 통합과정에서 문화적 우성으로 자리바꿈이 가능하기 때문이다.

　남에는 종묘제례악 같은 특별한 궁중음악이 이어진다. 종묘와 더불어 유네스코가 정한 세계 문화유산으로 지정된 바 있다. 귀족주의적 입장에서 청산의 대상일까. 그렇지는 않다. 그 자체 민족음악의 보고로 인정된다. 북에서 새롭게 창조한 민족가극 같은 예술형식은 통일 이후에 청산되어야 하는가. 두말할 것도 없이 이어나가야 한다.

통일은 양자의 장점을 살리면서 분단 반백년의 성과물들을 대승적으로 이어나가는 방식이어야 한다. 어느 일방의 시각만 가지고는 통일은 어렵다. 문화적 헤게모니의 열성과 우성을 두루 살펴보면서 통합논의를 전개해야 마땅하다.

문화정치성

북한의 문화가 지나칠 정도로 정치적이라고 주장하는 이들이 많다. 맞는 말이다. 그런 소리를 들을 때마다 떠오르는 것은, 그렇다면 남쪽의 문화는 정치적이지 않다는 전제인가 하는 의문이다. 남쪽의 문화도 분명히 정치적이다. 자본주의적 삶을 충분히 반영하고 있다는 의미에서 정치성을 내포한다. 가령 섹슈얼 문화는 몸을 담론으로 다루고 있어 비정치적일 것 같지만, 그만큼 정치적인 문화도 없다는 생각이다. 즉 어떤 문화든 정치적 의미를 지닌다.

가장 탈정치적인 것으로 보이는 민족 생활문화적인 요소도 실상 정치적인 측면을 은폐하는 채로 존재하는 경우가 많다. 더욱이 북쪽사회처럼 어떤 목표치를 세워두고 인간적·사회적 개조를 추진해 온 사회에서 민족 생활문화라고 예외는 아니다. 민속

모든 문화는 '문화정치
적' 이다. 광장에서의
집단가무조차 문화정책
적 결과물이다.

놀이에 대한 보존 · 전승이 이루어지는 가운데 과거의 굿이나 무
당 같은 신적 요소들을 일절 엄금한 데서 보듯이, 전승과 보존도
선별적으로 이루어져 왔다.

　남쪽의 경우, 60년대까지는 민족문화에 대한 방관적 입장을
취하다가 70년대부터 적극적인 개입하여 '민족문화의 중흥'을 부
르짖으면서 관속(官俗)에 가까운 문예부흥책을 펼쳤다.[4] 오늘날
남쪽의 민족 생활문화는 정부의 지원과 보조로 연명해 가는 신
세라고 혹평할 수도 있다. 민족문화가 생활 속에서 살아 움직인
다는 측면에서는 남쪽이 훨씬 관제적이다. 문화재청이 하는 사
업내용의 총목록을 살펴보면 더 분명해진다.

돌이켜보면 남북은 공히 정치적 동기에서 문화전통을 '이용'해온 측면이 강하다.[5] 북에서도 혁명전통의 강화 속에서 민족문화의 위상을 주체적 입장으로 정리한 것이니, 남북이 공히 문화에서 정치성을 강하게 띠고 있다고 판단된다.

앞의 '일상성과 통일성'은 남북 문화통합의 방향이 일상적이고 보편적인 생활문화로부터 시작되어야 함을 의미한다. 남북의 특수한 조건에서 배태된 문화보다도 민족사의 보편성에 입각한 민족 생활문화가 통일문화 형성의 절대적인 기준치로 제시되어야 함을 뜻한다.

'당대성과 현재성'은 민족 생활문화에서조차 남북의 변화된 조건을 유연하게 받아들이는 조건 아래서 통합의 근거가 마련될 수 있음을 뜻한다.

'우성과 열성'은 남북의 상이한 조건에서도 살아남은 민족 생활문화는 고스란히 통합과정에서 별 문제 없이 수용될 수 있음을 뜻한다. 그러나 남북의 상이한 체제로 인하여 약화·소멸되어 버린 민족 생활문화를 일정 정도 복원해야 할 필요성을 제기한다. 가령 남쪽에서는 잘 전승된 민족 생활문화가 북쪽에서는 단절을 겪었고, 반대현상도 존재한다. 단절의 이유가 민족사적 견지에서 타당하다면 문제가 없으나, 어느 일방의 이데올로기적 희생물로서 문화적 멸종을 가져왔다면 의당 통합과정에서 복원되어야 마땅하다.

앞의 '문화정치성'은 현실적으로 존재하는 어떤 민족 생활문화도 정치적인 문제와 무관할 수 없음을 뜻한다. 따라서 이 문제는 민족의 통합방향, 즉 통일 민족국가의 체제 성격이 어떠한 방식으로 전개될 것인가에 따라서 규정될 전망이다.

오늘날 북에서 면면히 이어지는 전통문화적인 요소들이 있다면, 이들은 문화적 우성으로서 변화·발전된 사회적 조건에 부합되게 적응되어 온 것으로 간주하여 마땅하다. 동시에 오늘의 북쪽사회에서 이루어지고 있는 어떤 전통적인 요소들도 지극히 '현실적'인 문화임을 말해 준다. 현실적이기에 북쪽사회의 문화건설 방략과 일치되게 나타나고 있으며, 실생활 곳곳에서 널리 보편화되고 있다.

민족문화, 제 대접받는가

북쪽에 전통적인 요소가 강한 이유는 무엇일까. 민족적 형식을 강조하는 사회분위기 때문일까. 단서를 찾기 위해서는 조금 시기를 위로 소급해 보아야 한다. 오늘날 북쪽생활에 전통적인 요인이 있다면, 일제시대부터 그리고 해방과 동시에 이북지역에 사회주의가 건설되기 시작했다는 점을 무시할 수 없다.

해방 당시에 남북의 문화구조는 식민지반봉건 골격의 정치적 기반을 벗어날 수 없었다. 일본 제국주의는 민족적인 것을 거세시켜 나가면서도 전통적인 골격의 잔해를 일정하게 온존시킴으로써 정체화(停滯化) 작업을 추구하였다. 전통적인 골격을 그대로 두었던 것은 결코 민족적인 풍습을 그대로 온존시키려는 의도에서가 아니라 고도의 식민지 착취를 해나가는 가운데 민중생활의 수준을 식민지반봉건의 낮은 수준으로 정체화시켜 나가려는 의도에서 비롯되었다. 일제는 다음과 같은 선별적 방식을 취하였다.

억압책 : 민족적인 애국심을 불러일으킬 만한 것의 금지와 청산
(사례) 민족심을 고양시킬 수 있는 대동놀이 등을 법으로 엄금함.[6]
호도책 : 민족적인 것 중에서 선별하여 왜곡시켜 나감
(사례) 유사종교법 · 무녀채취법 따위를 통하여 민족종교를 통제하

면서 교묘하게 파행의 길로 유도함.[7]

　방관책 : 봉건적인 유산은 그대로 방치하여 존속시킴

　(사례) 점복 · 기복 행위 따위의 사회성이 약한 문화는 방치시킴.

　따라서 해방이 되면서 북쪽사회에서는 앞의 '억압책'으로 인한
것들을 다시 불러일으키는 문제와 '호도책'으로 인한 것들을 사
회주의 건설에 맞게 바꾸어나가는 방식이 가장 중요한 일로 요
구되었다. 물론 '방관책'은 청산절차를 밟았다. 즉 북한의 해방
직후 역사는 반제반봉건 투쟁시기로 정리된다.[8] 대표적인 예를
나열해 본다.

의생활의 경우

복식생활에서 일제 말기에는 몸뻬 따위의 전시복(戰時服)이 유행
하였다. 그러나 여전히 남녀를 불문하고 조선옷 차림이 일상복이었
다. 양복이 있었으나 어디까지나 부유층과 식자층에서 주로 많이
입는 옷이었고 대다수 사람들은 조선옷을 입고 살았다. 이는 공장
에서 옷을 대량생산하는 방식이 아니라 개개인이 직접 만들어 입는
것을 의미하였고, 옷이 상품화 단계에 미치지 못함을 의미하였다.
군수산업으로서의 피복공장은 대대적으로 건설하였으나 민중의 의
생활만큼은 극도로 빈약한 조건에 묶어두었던 것이다. 따라서 해방
이 되자마자 북쪽의 의생활은 일제 잔재를 청산하는 가운데 전통적
인 조선옷을 그대로 입는 방향으로 이루어질 수밖에 없었다.

거리를 지나가는 붉은 치
마에 연두빛 저고리차림
의 여학생들

음악생활의 경우

일제는 일본식 엥카를 보급하여 민족음악에 대처하려고 하였다. 그
리하여 일본식 엥카는 해방 이후에도 여전히 강력한 음악적 권위를
지니고 이어졌다. 반면에 대다수 농민대중들은 여전히 전승민요의
강력한 지지자였고, 실제로 구연자(口演者)였다. 따라서 해방이 되
자 북쪽 음악계가 재빨리 착수한 사업이 대중의 구체적인 생활 속
에 전승되고 있는 민족음악적 요소인 민요 따위의 발굴과 전승 사
업이었다.[9] 동시에 일본식 음악의 청산이 이루어졌다. 서구적 음악
전통이 도입되기는 하였으나 이는 어디까지나 민족적인 입장에서
받아들이는 방식이었다.

일제 식민지문화의 잔재 청산이라는 시대적 과제는 동시에 사

회주의적 애국주의로 나아감을 의미하였다. 사회주의 제도의 우월성을 높이고 사회주의 제도 자체와 인민에 대한 사랑을 전제로 하는 사회주의 애국주의는 자기 조국과 민족에 대한 사랑에서 표현된다고 한다. 일찍이 이는 "조선인민은 조선혁명을 해야 하며 조선땅에서 사회주의, 공산주의를 건설해야 한다"는 김 주석의 말로 요약되었다. 나아가 "조선의 역사와 문화, 조선사람의 생활감정과 풍습을 고려하지 않고서는 조선혁명을 성과적으로 수행할 수 없다"는 말에서 엿보이듯 자신을 잘 알아함이 강조되었다. 일제 식민지 청산이란 과제와 맞물리면서 애국주의를 고양시키고자 하는 노력도 가시화되었다. 특히 사회주의 애국주의는 한국전쟁을 거치면서 더욱 요구되었다. 사회주의 애국주의는 곧바로 전통적인 문화규범이 면면히 이어져야 함을 강조하는 것이다.

식민지 잔재의 청산은 바로 민족적 전통성을 회복하였다는 논리와 통한다. 이 점은 북쪽정권이 누누이 내외적으로 선전하고 있는 대목이기도 하다. 생활에서 식민잔재인 왜색풍이 사라진 것만으로도 전통성을 확보하는 데 토대를 마련한 것으로 보인다. 해방되던 시기의 북쪽지역 전통문화적 요소들의 일반적 처지는 다음과 같이 정리될 수 있을 것이다.

해방되고서 남북이 분단되었던 초기였고, 북쪽에서는 아직 반제반봉건 투쟁기로 설정되었던 시기인 만큼 예전의 전래 봉건적 풍습들이 각 마을단위 생활 속에서 온존하고 있었다. 가령 명절이나 놀이, 의식주 생활, 농기구 등의 민속자료들이 여전히

'살아 있는 민속'으로 자리잡고 있었다. 따라서 전통문화의 현실적 조건은 전래의 삶에서 크게 벗어나지 않았던 것으로 보인다. 그러나 1947년 이후의 사회주의 혁명단계로의 이행은 북쪽의 농촌 곳곳에 낡은 사상과 생활관습에 대한 청산을 요구받게 된 것으로 보인다. 특히 토지개혁 실시는 농촌사회 내부의 질적인 변화를 의미하였다. 그럼에도 여전히 북쪽지역 곳곳에는 전통문화적인 유산들이 남아 있었고 그만큼 문화적 전통성이 강했던 시기다.[10]

이 같은 문화적 조건을 감안할 때, 해방과 동시에 북쪽사회가 사회주의 건설로 접어들었음은 생활에서 전통적인 요인들이 그대로 연속될 수 있는 가능성을 열어놓았다. 전통적인 요인이 강한 상태에서 '닫힌 사회'로 나아갔으니, 오늘날까지 전통적인 요소가 강하게 남아 있는 근거를 만들어주었던 것이다.

당시 소련과 미국을 정점으로 한 냉전구조는 자본주의 문화와 사회주의 문화 자체의 냉전도 의미하였다. 따라서 북쪽에 들어온 문화란 대개 소련식, 중국식, 그 밖에 동유럽의 문화들이 거의 전부였다. 당연한 논리지만 미국식 대중문화 따위는 전혀 들어올 수가 없었다. 미국식 대중문화가 들어올 수 없었다는 것은 문화구조에서 전통적인 요인이 그대로 존속할 수 있는 지지기반을 의미하였다.

대개 현대자본주의의 대중문화가 지닌 엄청난 대중 장악력을 고려할 때, 북쪽문화는 어떤 면에서는 '온실 속의 화초'로서 잘 자라온 셈이다. 전통문화는 문화 창조자와 수요자가 일치하는 경우가 많기에, 대중이 오로지 '상품화된 객체'로 서 있기를 요구하는 자본주의 대중문화와는 질적으로 다른 것이다. 새롭게 외국에서 곧바로 이입되는 대중문화가 없이 해방 이후의 문화적 연속성이 그대로 지속되었다는 사실은 그 자체만으로도 문화적 전통성이 이어지는 결과가 되었다.

그람시는 일찍이 자본주의 대중문화 구조에서 민속문화가 지니는 성격을 공식부분과 비공식부분으로 갈라서 고찰한 바 있다.[11] 그가 주창하는 민속에 대한 패러다임을 차용해 본다면, 북쪽사회에서의 전통문화는 공식적 부분을 대중문화가 장악하는 자본주의식 시장문화 논리와는 다른 길을 걷게 되었다. 가령 자본주의 사회에서는 민요 같은 전래음악 양식은 결코 문화적인 헤게모니를 장악할 수 없었다. 남쪽의 문화적 헤게모니는 팝송이나 뽕짝 등의 외래적 대중문화에 내주게 되었다. 반면에 북쪽에서는 민요가 음악의 중심이 됨으로써 오히려 문화 헤게모니에서 공식부분으로 들어가는 방식을 취하였다.

물론 북쪽이 아무리 민족적 문화전통을 옹호한다고는 하였지만, 시행착오도 많았다. 벌써 오래 전의 일. 소설가 황석영이 북쪽을 다녀온 '죄'로 외국에서 떠돌 당시에 국내에 보낸 글 중에서 북쪽문화를 '신식'으로 평가하고, 이남은 자본주의식이라고 평가한 대목이 떠오른다. 북의 문화전통은 현대적 미감을 표방한 신식에 기초한다. 현대적 미감을 강조하여 현대화시키는 것은 당연한 일이기도 하였으나, 문화 관료주의적 병폐도 적지 않았다. 상당히 많은 착오가 생겼다. 많은 편향을 거치면서 민족 중심의 문화관을 성립시키게 된 것이다. 즉 북쪽정권은 창건 초기부터 정치와 문화의 관계에 대한 인식과 중심―주변의 문화적 관계를 역전시키려는 일종의 탈식민 담론(post-colonial discourse)을 많은 시행착오를 거치면서 완성해 간 셈이다.[12]

민요를 중심으로 북쪽문화의 문화적 헤게모니를 분석해 본다. 사람에 따라서는 북쪽만이 아니라 남쪽에도 민요가 많다는 주장이 있다. 그러나 10% 정도는 맞지만 많이 틀린 답이다. 이남의 농촌에서는 지금도 겨우 노인층을 중심으로 이어지고 있는 노동요, 신세요 등이 민요발굴이란 이름으로 다수 발굴되고 있다. 민요학자들이 중심이 된 구비문학 연구자들의 주요 연구항목에서 민요는 빠지지 않는다. MBC 같은 방송국에서는 민요를 방송국 차원에서 답사한 결과를 책으로도 펴냈으며, 공중파로 실어보낸다. 이남에도 민요가 살아 있다는 증거이다.

그러나 남쪽에서 민요는 문화적 헤게모니와 무관하다. 남쪽의 방송국 황금시간대에 민요가 등장하는 경우란 없다. 명절이 오면 김세레나 같은 옛날 가수들, 아니면 경기민요창을 하는 문화재가 등장하여 한두 곡조 뽑고는 퇴장한다. 명절이 끝나면 언제 그랬냐 싶을 정도로 민요는 사라진다. FM 등에서 민요를 방송하는 경우가 있어도 대개 많은 사람들이 '잠들 만한 시간'에 내보낸다. 민요 접대하는 방식이 일반적으로 이와 같다. 따라서 '남쪽에도 똑같이 민요가 있다'는 항변은 잘못된 것이다. 문제의 핵심은 문화적 헤게모니다. 북쪽에서의 민요는 분명히 문화적 헤게모니를 쥐고 있다. 이 점이 중요하다!

민요에 노래의 문화적 헤게모니를 준 북쪽의 문화사는 민족사적 견지에서 볼 때 반가운 일이다. 통일이란 대전제 속에서 미래의 민족음악의 존립근거를 마련해 주고 있다는 큰 그림으로 바라보아야 하지 않을까. 노래는 결국 정서의 문제이다. 노래의 정서가 민족적인 민요에 바탕을 두고 있으며 대중적으로 불려진다는 점은 민족정서의 지속과 전승이라는 점에서 높이 평가해도 무방하지 않을까.

우리식사회주의의 우리식문화와 민족제일주의

'우리식사회주의!' '우리식으로 살자!' '우리식사회주의는 필승불패이다!' '조선민족제일주의!' '민족적 형식과 사회주의적 내용!'

이 같은 다양한 슬로건은 북쪽의 문화관을 잘 웅변해 준다. 이들 슬로건은 바로 북쪽의 '우리식사회주의'가 나아가는 어제와 오늘을 잘 말해 주고 있으며, '우리식사회주의'의 생활양식도 바로 이들 슬로건과 잘 부합된다.

'우리식'이란 바로 "조선의 혁명은 조선땅에서 조선사람이 하는 것이다"는 혁명전통 이론에서 나왔다. '우리식'을 유별나게 강조함으로써 '조선사람의 구미에 맞는 문화'를 건설해 왔다고 주장한다. 요약하여, 문화에서도 민족제일주의 전통이 뿌리내린 '우리식'이 관철되고 있다. '조선사람의 구미에 맞는 문화'란 바로 민족적 전통성을 지니고 있는 문화를 의미하므로 북한 문화정책에서 전통적인 요인을 찾아보기란 어려운 일이 아니다. 아주 자그마한 실례를 하나 들어보자.

근년에 북한에서는 민속놀이 '내나라 돌아보기'가 인기다. 명승지를 그린 도표를 놓고 주사위를 던져서 출발점으로 돌아오는 겨루기 놀이인데, 전래의 람승도놀이에서 기원한다. 무소속 대변지 『통일신보』(1999. 10. 9)에 의하면, 지도에 이북의 각 도소재지와 주요 도시를 그려놓고 평양을 출발하여 전국 나들이를 하고 난 다음에 빨리 돌아오는 놀이방식이다. 주사위 육면체에는 각 점의 수에 따라 걷기(1), 자전거(2), 자동차(3), 기차(4), 비행기(5), 배(6)를 표시하였다. 일제 강점기에 끊긴 놀이를 "광복 후에도 람승도놀이는 우리나라의 현실을 반영하여 여러 가지 답사놀이로 개량해 놀게 됐다"고 말한다.[13] 이런 자그마한 민속놀이에서조차 우리식 전통이 고수되고 있음을 알 수 있다.

백두산으로 밀영을 찾아나선 대학생들의 '고난의 행군'

'우리식'은 주체사상의 민족문화 건설방략에서 출발한다. 이쯤에서 주체사상에서 바라보는 민족문화에 대한 관점을 원론적 수준에서 다시 들추어볼 필요가 있다. 주체사상의 민족문화관은 "민족을 특징짓는 중요한 표징은 문화이며, 민족의 발전은 바로 문화의 발전으로 이루어진다"로 요약된다. 사회주의 문화건설 이론은 주체의 혁명이론의 중요 구성부분이다. 문화건설 이론은 주체 혁명이론의 분야별 이론인 인간개조 이론과 사회개조 이론의 중요한 내용을 이루며, 주체의 혁명이론이 담고 있는 사회주의 혁명론, 공산주의 건설 이론의 중요한 내용을 이룬다. 따라서 민족문화 유산을 비판적으로 계승 · 발전시킴은 새로운 사회주의적 민족문화를 발전시키는 데 중요한 의의를 가진다고 보면서, 세계혁명이 승리하려면 아직 멀었고 나라와 민족의 한계가 남아 있는 조건에서는 민족문화의 좋은 전통을 옳게 살려나감이 매우 중요한 문제라고 간주한다. 사회역사적 및 자연지리적 조건, 사람들의 체질, 감정과 취미, 생활풍습 등에서 서로 구별되는 것만큼 자기의 민족적 특성에 맞는 문명을 건설하여야 민족을 문명화하는 사업에 참답게 이바지할 수 있다고 본다.[14]

'자기의 민족적 특성'이란 대목은 북한의 문화건설에서 중요한 관점이다. 누가 무어라고 하든지간에 자기의 특성을 살려야 한다는 방도가 제시된다. 사회주의 문화건설의 방략은 바로 주체적인 문화건설을 의미하는 것이다. 그러나 시대와 사회의 발전에 따라서 인민들의 미감도 발전하고 문화의 내용도 발전하는 만큼, 민족적 형식은 새로운 시대의 요구와 혁명과 건설의 이익

에 맞게 개조되고 혁신되어야 한다. 결국 민족문화 유산을
비판적으로 계승 · 발전시키기 위해서는 과거의 문화유산 가
운데서 진보적이고 인민적인 것과 낡고 반동적인 것을 옳게
갈라내어 낡고 반동적인 것은 버리고 진보적이고 인민적인
것을 살려야 한다는 것이다. 이는 민족문화를 비판적으로,
올바로 계승 · 발전시키려면 민족허무주의와 복고주의를
철저히 극복하여야 함을 의미한다.

이상은 주체사상의 관점에서 바라본 민족문화 건설에 관
한 기본 입장이다. 따라서 자기식의 민족문화에의 강조는
'우리식사회주의의 우리식문화'라는 귀결점으로 완결되었
다. 이제 '우리식'에 대한 내용 검증을 해야 할 차례이다.

우리식사회주의가 유난히 강조되는 이면에는 오늘날 북
쪽사회가 처한 국제적 현실과도 무관할 수 없다. 20여 년
전 1980년 10월 6차당대회 사업총화보고에서 김 주석은
"우리식대로 해야 혁명과 건설을 곧바로 승리의 한길로
전진시킬 수 있다"고 강조하였다. 80년대 후반으로 오면
서 국제사회주의 운동의 전면적 후퇴와 더불어 우
리식사회주의에 강조점을 더 강하게 찍었던 것
이다. 당 기관지 『근로자』는 「우리식대로 살아
나가는 것은 우리 당이 일관하게 견지하고 있
는 전략적 방침」이란 글을 전제하였다.[15] 그리
고 김정일 위원장은 1992년 1월 3일 노동당중
앙위 책임일꾼들과의 담화문 「사회주의 건설

평양을 상징하는 주체사상탑

우리식사회주의 슬로건
이 곳곳에 붙어 있다.

의 역사적 교훈과 우리 당의 총노선」에서 "우리 인민은 자신이
선택하고 자체의 힘으로 개척하여 온 사회주의 위업의 정당성과
그 정도에 대하여 확고부동한 신심을 가지고 있다"고 하여 자신
의 선택과 자체의 힘을 강조하였다. 사회주의 위업을 확고히 고
수하고 승리의 방향으로 전진시켜 나가는 것은 인류의 운명이라
고 하면서 우리식사회주의의 우월성을 지켜나갈 것을 거듭 강조
하고 「우리식사회주의는 필승불패이다」 같은 문건이 사회주의
해체 이후에 속속 발표된 바 있다.

　「우리식사회주의는 필승불패이다」는 90년대 이래로 2000년대
에 이르기까지 북쪽의 '우리식문화'를 이해하는 데 매우 중요한
의미를 지닌다. 여기서 약술된 '인민대중 중심의 우리식사회주의'
라는 개념규정은 김정일시대의 북쪽문화를 규정짓는 기본노선이
기도 하다. 사실 북쪽에서 '우리식'을 맨 처음 등장시킨 이는 김정

일 위원장 자신이다.

1978년 12월 당중앙위원회 책임간부협의회에서 김 위원장은 이렇게 말한다. "우리식대로 살아나가자. 바로 이것이 오늘 우리 당이 중요하게 내세우고 있는 전략적 구호이다." 그리고 1989년 당이론지『근로자』10월호에「우리식대로 살아나가는 것은 우리 당이 일관하게 견지하고 있는 전략적 방침」이라는 제목의 글도 썼으며, 1991년 5월에는「인민대중 중심의 우리식사회주의는 필승불패이다」는 글을 발표하였다. 1994년 11월에는「사회주의는 과학이다」라는 글을 통하여 우리식사회주의를 이론화하였다.

우리식의 강조는 분명히 동유럽권의 붕괴조짐과 맞물리면서 강화된 측면이 있다. 90년대 후반, 경제난이 가중되면서 우리식의 강조는 더욱 강해지는 감이 있다. 생활풍습에서도 90년대 들어오면서 이전보다 더욱 '조선적인 것'을 강조하고 그 뿌리와 현재적 당위성을 강조하고 있다. 더욱이 개방이라는 전환을 시도하면서 '바람은 들어오게 하나 모기장은 친다'는 원칙이 서 있으므로 모기장 역할을 할 수 있는 '우리식'의 입장이 더욱 강해질 수밖에 없다. '필승불패'에서 거론한바, "조금이라도 사상교양 사업을 약화시키면 부르주아 자유화 바람이 들어올 수 있다"는 대목이 그것이다. "제국주의의 사상문화적 침투를 배격하자"는『로동신문』과『근로자』의 공동논설(1999. 6. 1)을 보자.

제국주의의 사상문화적 침투는 세계제패전략의 중요한 수단이다.
역사적으로 볼 때 제국주의자들의 지배주의적 책동은 주로 2가지

방향에서 진행되었다. 하나는 다른 나라를 군사경제적으로 침략하는 것이고, 다른 하나는 사상문화적 침투의 방법으로 와해시키는 것이다. 전자는 과도적인 힘의 논리에 기초한 것이라면, 후자는 내부와해전략에 기초한 것이다. 여기에서 제국주의자들이 가장 큰 기대를 거는 것이 다른 나라들에 대한 사상문화적 침투이다. …나라와 민족에게는 역사적으로 형성된 고유한 민족성이 있다. 민족성에는 민족자주정신과 민족문화전통이 체현되어 있으며 그것은 나라와 민족의 귀중한 재부로 된다. 민족성을 파괴하는 것은 곧 민족을 말살하는 악독한 행위이다. 제국주의자들은 지금 국적 없는 문화를 주장하면서 민족성이 현시대에 와서는 거추장스러운 지팡이춤이 되었다고 떠들고 있다.

"인류의 문화는 매개 민족이 창조한 문화의 집합체이지 그 어떤 특정한 나라와 민족만이 창조하는 것이 아니다"는 주장이다. 세계화 논쟁에 대한 북쪽문화의 대응방식이기도 하다. 다음은 남북정상회담이 끝난 직후의 노동당 기관지 『로동신문』(2000. 6. 29)의 논설이다.

나라와 민족마다 실정이 다르고 도덕과 정서도 같지 않은 만큼 맞지도 않는 남의 식, 특히 서방식을 무작정 받아들인다면 온 나라가 골병이 들고 난장판이 되고 만다.

또 조선작가동맹의 김명익 시인이 발표한 시 〈조선사람들〉을

보면, 최근에 북쪽에 진출한 코카콜라를 놓고서 고민하는 모습
이 잘 드러난다.

> 우리는 이렇게 허리띠를 조이면서도
> 서양의 코카콜라는 얻어마시지 않았다
> 시뻘건 흙탕물을 마실지언정
> 제 나라 물을 마시었다

김정일 위원장이 아예 "우리는 코카콜라를 먹일 것이 아니라
백두산 들쭉단물을 먹여야 한다"고 강조한 데서 외세문화에 대
한 대응전략이 엿보인다. 북쪽문화의 향후 전망은 내부적 요인
과 국제적 환경이 맞물리면서 더욱 '우리식'의 강조로 나아갈 예
정이다. 또한 '우리식'은 민족제일주의와 상통한다.

> 조선민족제일주의를 높이 발양시키는 데서 혁명전통을 빛나게
> 계승하고 민족적 전통을 살려나가는 것이 중요합니다. 민족성은
> 민족이 계승하는 전통에 체현되며 그에 기초하여 높이 발양됩니다.
> 따라서 전통을 무시하는 것은 결국 민족성을 무시하는 것으로 됩
> 니다.[16]

우리식사회주의의 현대적 미감

김일성 주석 사후의 6년간 당보·군보·청년보 공동사설 형식을
통하여 발표된 '공동사설'을 단계별로 추적해 보면 2000년으로
올수록 일정한 변화가 포착된다. 경제문제에서 일정 정도 자신
감을 얻은 북한은 '당 창건 55돌을 맞는 올해를 천리마 대고조의
불길 속에 자랑찬 승리의 해로 빛내이자'란 제목으로, "김정일
두리에 굳게 뭉쳐 새해 총진군을 다그쳐나가자"고 하면서 다음
을 제시한다.

- 강성대국 건설의 3대 기둥으로 사상·총대·과학기술 중시
- 혁명적 영군체계와 군풍을 확립할 것과 관병일치와 군민일
  치 확립하자
- 최단기간에 과학기술을 세계적 수준으로 끌어올려 강성대
  국 건설을 다그치자
- 조국통일 3대헌장, 민족대단결 5대방침 관철
- 반제·자주의 혁명적 기치를 높이 들고 자주위업과 사회주
  의 위업 완수에 주력하자

공동사설의 요체는 '강성대국론'이다. 신년 공동사설 전문에 다
음과 같이 강성대국 건설에서 '우리식'이 필수임을 전제로 하고

있다.

　우리식사회주의는 주체성과 민족성이 구현된 애국애족의 사회주
의이다. 우리는 누가 무어라 하든 조선민족제일주의를 높이 들고
제정신을 가지고 우리식대로 살아나가야 한다. 제국주의자들의 세
계화 책동을 짓부수고 우리식의 정치체제, 우리식의 경제구조, 우
리식의 생활양식을 고수하여야 한다. 교육, 보건, 문학예술, 체육을
비롯한 모든 분야에서 주체를 세우기 위한 투쟁을 심화시키며 강성
대국 건설의 요구에 맞게 새로운 전환을 이룩하여야 한다.

　강성대국 문화건설에서 기본 방략은 우리식의 현대적 미감이
다. 시대가 변하면 생활양식이 변하고 풍습도 변하게 마련이어서,

강성대국 주요 과제의
하나는 혁명적 영군체계

새로운 사회에 걸맞게 전래 풍습도 낡은 것은 버리고 선진적인 것은 이어받는 식으로 변화·발전을 거듭해야 한다는 입장을 북쪽문화는 견지하고 있다. 현대적 미감이 유별나게 강조되는 이면에는 개방과 전환이라는 오늘날 북쪽 사회주의의 진로와 밀접한 관계가 놓여 있다.

80년대부터 발표된 다양한 문건을 면밀하게 분석해 볼 때, 북쪽문화가 '우리식'에 기초할 수밖에 없는 현실적인 기반 위에 서 있음은 분명하다. 그러나 아무리 우리식을 강조한다고 해도 문제의 핵심은 우리식에만 있는 것이 아니라 '현대적 미감'에 있다. 현대적 미감의 강조는 역설적으로 현대적 미감이 약하다는 반증이 아닐까.

북쪽사회 내부에서 받아들이는 현대적 미감과 세계적 수준에서의 현대적 미감은 엄연한 차이가 있다. 가령 패션을 예로 들어보자. 제1세계 중심의 패션이 제3세계까지 휩쓰는 패션의 세계화 시대에 북쪽의 패션은 이와 무관하다. 북쪽이라는 공동체사회 내부에서는 문제가 없을 수도 있고, 주체사상의 문화관이 자기식인 이상 자기식으로 산다는 데 문제가 될 것도 없다. 그러나 북쪽이 외화벌이를 해야 하고 봉제가공 산업을 통하여 수출을 늘려야 한다는 현실적인 문제를 대입시킨다면, 사태는 달라진다.

어쩌면 이 예는 극단적인 것일 수도 있다. 그러나 현실은 엄연히 현실이다. 제국주의 문화를 거부한다는 차원에서의 자주적인 문화건설 이론은 문제가 될 것이 없지만, 그러한 귀결점이 고립이란 차원으로 내려앉는다면 북쪽 자체의 국익에도 도움이 될 것이 없다. 북쪽으로서는 자주성을 옹호하기 위한 우리식 문화관과 '자본주의 포위공략'으로 받아들이고 있는 세계화의 병존이라는 이중적 환경 속에서 '고난의 행군'을 계속하고 있는 것이다.

그러나 여기서 북쪽의 '우리식'에 대하여 시시비비를 거론할 필요는 없을 것이다. 통일문화 형성이란 실사구시적인 측면에서 크게 접근할 필요가 있다. 한 번쯤 생각해 보자. 북쪽이 이룩한 우리식문화의 내용 중에서 민족문화의 장래와 부합될 만한 타당한 것들이 있다면 과감하게 받아들여 통일문화의 토대로 삼아야 하지 않을까. 가령 북쪽에서 이룩한 많은 건축군 가운데 인민문화궁전 같은 높은 층수의 기와집 양식은 우리식이면서도 나름의 세련된 민족조형 양식을 보여주는 현대적 미감에 입각하고 있다.

조선식 건축물에서 중요한 것은 색조이다. 인민대학습당은 지붕색을 청기와로 하며 단청도 점잖다. 밑으로부터 우로 올라가면서 연한 색으로부터 진한 색으로 처리하는 원칙으로 해결하였다. 또한 무늬장식을 옳게 하는 것이 중요하다. 모란꽃, 진달래꽃 무늬 등 자연적 소재와 기하학적 무늬를 옳게 배합하고 양각무늬, 투각무늬, 음각무늬, 색무늬 등 그 장식무늬 형식구성에서도 다양성을 보여주었다.[17]

건축에서도 구태의연한 방식이 아니라 현대적 미감을 지녀야 한다는 명제로 압축된다. 즉 '건축에서 비반복성과 독창성을 살리는 방도'라는 이름으로 김정일 위원장에 의해 제시되었다는 '비반

현대적 미감이 돋보이는
만수대예술극장의 야경

복성과 독창성의 원칙'은 북쪽 현대건축에서 현대적 미감을 살리
는 데 매우 중요한 과제로 제기되고 있다. 건축을 비반복적으로
특색 있게 창조해야 한다는 이론은 "건축의 본질적 특성과 사명
에 대한 가장 올바른 해명에 기초하고 있는 독창적이며 과학적인
이론으로서 건축 창조사업에서 혁명적 전환을 이룩하게 하는 중
요한 담보의 하나"로 평가되고 있다.[18]

    필자의 눈에는 그래도 자주성과 현대성 사이의 균형을 가장 잘

드러낸 분야는 건축예술 분야로 보였다. 100m 이상의 폭을 가지고 곧장 뻗어나간 새로 건설된 평양시 광복거리에는 다양한 형식의 현대식 건물들이 여러 가지의 지붕형태나 벽 구성을 보여주고 있다. 서구의 '탈현대'나 '신현대' 건축양식처럼 복잡하지 않으면서도 전통과 현대를 새롭게 결합하려는 의도가 확실히 드러나 보였다.[19]

이 같은 점은 향후 통일시대의 민족적 건축군을 현대적 미감으로 짓는 데서 토대가 될 것이 분명하다. 왜냐하면 남쪽사회에서는 민족건축군을 그런 방식으로 제대로 지어본 전례가 없기 때문이다. 마찬가지로 남쪽의 문화정책과 문화인프라 중에서 민족문화의 유구한 연속성을 보장하는 것이 있다면 과감하게 통일문화의 토대로 삼아야 함은 당연한 자세가 아닐까.

이처럼 북쪽문화의 우리식과 현대적 미감은 북쪽문화를 읽는 중요한 두 가지 화두이다. 따라서 우리식과 현대적 미감의 변화 추이를 유심히 지켜보고 이에 대한 남쪽에서의 대응전략을 마련하는 것은 통일문화 전략을 공동으로 모색하는 데 중요한 과제로 나설 수밖에 없다. 여기서 현대적 미감과 신식주의의 변별성 문제를 거론해야 할 것이다. 언뜻 신식주의와 현대적 미감은 같은 것으로 여기기 쉬우나, 북쪽은 이를 명확하게 구분하고자 한다.

북쪽은 정권담당 초기에 지나친 '신식주의'에 빠졌던 것으로 보인다. 북쪽문화계의 모든 곳에서 소련식이 선호되는 방식으로 나아갔다. 즉 소련식·중국식 사회주의권 문화는 어떤 방식으로든지 북쪽사회 문화에 영향을 주었다. 이는 전통문화가 신식으로만 흐를 전망을 보여주었으나, 반(反)종파투쟁을 비롯한 당 내부투쟁을 거치면서 문화에서도 주체노선 확립이 이루어진다. 이는 소련식, 중국식 따위의 문화가 비판의 대상이 됨을 의미한다. 오죽하면 70년대 벽두에 김 주석 자신이 다음과 같은 말을 던지고 있다.

최근에 와서 일부 편협한 사람들에 의하여 민족문화유산을 다루는 데서 일련의 편향이 나타나고 있습니다. 문화예술 부문의 일부 일군들은 봉건유교 사상을 반대한다고 하면서 유구한 력사를 통하여 우리 인민이 창조한 민족문화유산을 덮어놓고 나쁜 것으로 보고 있으며 오랜 옛날부터 전해 내려오면서 인민들이 즐기던 춤도 추지 못하게 하고 노래도 부르지 못하게 하고 있습니다. 이것은 우리 일군들이 민족문화유산에 대한 옳은 인식을 가지고 있지 못한 데서 나온 하나의 편향입니다.[20]

가령 문화성의 일꾼들이 사당춤을 옛날 절간에서 추던 춤이라 하면서 못 추게 한 일 등을 지적하였다. 사당춤은 일정한 형식을 갖춘 작품이 아니라 즉흥적이면서도 재치 있는 동작으로 엮어진 소박하면서도 아름다운 춤가락과 민족적 홍취가 풍만한 춤임을 지적하면서, 비판하였다. 김 주석이 발언한 내용들을 요약해 보면, 당시 북쪽사회에 많은 편향이 존재하였음을 알 수 있다.

"옛날 춤동작이라고 하여 무턱대고 버려서는 안 됩니다. 춤동작

하나를 얻기가 쉬운 것이 아닙니다. 비록 옛날에 궁중이나 절간에서 추던 춤이라고 하여도 그것은 수백 수천 년의 기나긴 세월이 흐르는 과정에서 완성된 귀중한 유산입니다."

"우리는 정다산을 비롯한 실학파들을 사실과 맞지 않게 지나치게 과장하여 력사를 왜곡하는 것을 반대하는 것이지 실학파를 력사에서 무시하려는 것이 아닙니다."

"지금 일부 일군들은 다른 나라 작품을 수정주의적 작품이요, 뭐요 하면서 보지 못하게 하고 있습니다. 내가 언제인가 어느 한 일군에게 데까메론이라는 책을 보았는가고 물었는데 그는 『데까메론』이라는 이름조차 모른다고 하였습니다. 그래서 문학예술 부문을 지도하면서 세계문학선집도 읽어야 한다고 말해 주었습니다."

여전히 북쪽문화에는 어떤 '신식주의'가 엄존하고 있다. 민족문화를 강조하면서도 봉건잔재적 제한성이 있다 하여 정작 탈춤 등은 연구는 하되 보급은 하지 않는다거나 줄다리기, 마을굿 따위를 미신적 속성이 있다고 하여 일절 박멸시켜 버린 것 등이다. 이를 소설가 황석영은 아예 '북한식 신식주의'의 오류였다고 비판한 바도 있다.

신식주의와는 별도로 북쪽문화에도 일정한 보수성이 존재함을 감지하게 된다. 그 보수성은 문화적 관료주의라고도 할 만한 것이다. 유일사상에 입각한 주체의 문예이론이 통일된 사회주의 생활을 이끌어낸다는 점에서는 필연적인 것이지만 자칫 관료주의화·보수화할 수도 있는 것이다. 시대가 변하면 문화도 변한다는 평범한 논리가 들어맞지 않을 수도 있는 것이다. 가령 북쪽의 문학예술에서 유별나게 강조하고 있는 부분이 실생활에서는 이루어지지 않아 현실과 이상의 괴리감이 생기는 경우도 많다. 그리하여 현대적 미감이란 말이 김정일 총비서에 의하여 누누이 강조되고 있거니와, 이는 반대급부로 현대적 미감에 뒤떨어진 문화가 대다수 존재한다는 것을 역설적으로 강조하는 것이기도 하다. 우리식은 신식주의가 아니라, 현대적 미감을 획득함으로써 자기 힘을 발휘할 것이란 점이다.

신식주의와 현대적 미감이 분명히 다르다는 문예정책적 입장은 북쪽의 전자음악단에서 잘 드러난다. 북쪽에서 이루어지고 있는 음악의 변화에서 가장 두드러진 측면은 아마 전자음악단의 출현일 것이다. '부패하고 부르주아적 제국주의 음악'이라고 비판해 마지않던 음악일 수도 있는 전자음악을 받아들이는 추이를 세심하게 검토할 필요가 있다. 북쪽에서는 전자음악도 '우리식'으로 받아들이고 있는 것이다. 80년대 들어오면 매우 구체적으로 우리식 경음악에 대한 창작문제가 거론된다.

민요를 소재로 하는 것은 우리 경음악을 확고한 민족적 바탕 위에서 건설하기 위한 중요한 담보로 된다. 다른 모든 예술과 함께 경음악도 민족적인 것을 바탕으로 해야 하며 인민들의 취미와 정서에 맞게 발전시킬 수 있어야 하며 그래야 그들이 쉽게 이해하고 즐길 수 있다.[21]

전자음악을 받아들이는 데서도 "절대로 남의 풍에 놀거나 남의 뒤꼬리를 따를 것이 아니라 그것의 우점과 특성을 최대한으로 살려 인민들이 즐겨하고 혁명에 필요한 참다운 예술, 우리식의 독창적인 전자음악을 창조해야 한다"고 강조한다. 그리하여 1985년 6월 5일에 전자음악을 전문으로 하는 보천보전자경음악단이 등장한 것이다. 보천보악단은 전문기량을 갖춘 연주가, 가수, 작곡가로 구성된 북쪽 최초의 현대판 팝앙상블이라고 할 수 있다. 신디사이저 같은 전자악기뿐 아니라 양악기와 전통악기를 혼용하며, 음악효과를 극대화하기 위해서 성악·무용의 전속 배우와 합창단도 두고 있다.

'우리식전자음악'의 기본 특징은 "자주성을 지향하는 현시대의 요구와 인민대중의 생활감정에 맞는 진실로 아름답고 고상한 혁명적이며 인민적인 음악"이라는 데 있다. 전자음악이 시대의 지향에 맞는, 주체적이며 혁명적인 음악으로 되는 것은 선율이 철저히 민족적 바탕 위에서 이루어짐을 의미한다. 노래란 민족의 넋이고 숨결이므로 어느 나라의 어떤 음악이든지 민족적 선율을 바탕으로 해야 된다는 것이다. 보천보경음악단의 공연이 대중들에게 높이 평가받는 것도 민족적 바탕에 기초를 둔 뛰어난 예술적 형상수법에서 기인한다고 본다.

"민족적 향취와 조선음악의 감미로운 향기가 그윽하게 풍기는 새로운 조선식 전자음악"을 지향해야 하며, 가능한 한 "민족적 정서가 넘쳐나는 아름답고 유순한 선율과 민족적 흥취를 돋우는 조선장단을 적극 살려 쓰면서 전자악기들의 이용에서 될수록 민족적 색갈에 가까운 음색을 골라 쓰고 악기편성에 새납과 꽹과리 같은 민족 타악기도 효과 있게 넣어 거기에서 우리의 맛, 조선맛이 두드러지게 하고 있다”고 평가되고 있다. 민족장단을 독특하게 살리고 다양하게 변화시키는 일이 중요한 반면에, 옛 티가 나지 않게 현대적 미감을 살려야 함을 강조한다.[22]

사회주의 대가정의 사회주의적 미풍양속

학자에 따라서는 북쪽사회를 '중세사회의 봉건성이 가장 잘 남은 사회'라고까지 표현하는 이가 있다. 혹자는 '유교적 사회주의'라는 말도 쓴다. 이 같은 견해에 전적으로 동의할 수는 없지만, 북쪽사회에 어떤 전통적인 생활기풍이 면면히 이어짐은 분명하다.

북쪽문화의 문화적 헤게모니에서 중요한 또 하나의 측면이 사회주의 미풍양속이다. 미풍양속이 나름의 문화적 헤게모니를 쥐고 생활 속에서 관철되고 있다는 증거이다. 미풍양속은 북쪽생활에서 매우 중요한 가치규범이며, 생활정서의 중심 개념이다.

북쪽사람들은 실생활에서 조상과 웃어른에 대한 공경심이 매우 강하다는 점을 주목해야 한다. 북쪽사람들의 예의바름과 친절은 그 어느 곳보다 두드러지고, 가정 내 가족관계에서도 여전히 부모를 공경하고 부양해야 한다는 강한 의무감이 살아 있다. 또한 자식에 대한 부모의 사랑 역시 남쪽사회 못지않다. 식생활에서도 윗사람을 존경하고 손님을 후대하며 이웃간에 음식을 나누어 먹으면서 의좋게 사는 풍습, 노인들에게 딴 상을 차려 식사를 대접하는 풍습, 조용하고 단란한 가정적 분위기 속에서 식사하며 부엌세간을 알뜰하고 깨끗이 거두며 규모 있게 정돈하는 풍습, 식량을 절약하면서 소박하게 생활하는 풍습, 식생활을 검소하게 하면서도 계획적으로 다양하게 하는 풍습 등이 이어지고 있다.[23] 이 같은 잠재의식은 성묘를 조상에 대한 최대의 효도로 생각하는 데서 나타나고, 가능한 한 조상의 묘소를 자주 찾기를 희망한다. 부모와 자식, 형제간의 우애도 비록 떨어져 살 경우에도 변함이 없다.

북쪽사회를 생활사적 측면에서 정의한다면, 일종의 '사회주의 대가정'이 아닐까. 대가정에는 어버이가 있게 마련이고, 대가정을 묶는 예의범절이 존재하게 마련이다. 주체사상의 어버이 수령은 대가정의 어른이며, 대가정을 묶는 철학은 사회주의적 미풍양속일 것이다. 즉 사회주의 대가정에서 "하나는 전체를 위하여, 전체는 하나를 위하여"라는 슬로건으로 '사회생명체'를 강조하는 사회가 바로 북쪽사회이다. 따라서 사회생활에서 사회주의적 도덕성을 최대한 강조한다. 북쪽사회에서는 사회주의 미풍양속의 표본으로, 옛 문화의 미풍양속에서 그 전거(典據)를 끌어오고 있다.

국제아동의 해를 기념하는 우표(1979). 부모와 자식 간의 사랑을 강조한다.

선조들이 남긴 귀중한 미풍양속은 사람들에게 높은 긍지와 민족적 자부심을 가지게 하며 조국과 인민에 대한 깊은 사랑을 품게 한다고 본다. 당연히 미풍양속은 민족적 특성을 지니기에 미풍양속을 이어나감은 사회주의 건설에서도 필수적인 요소가 된다. 또한 미풍양속은 사회주의적 도덕과도 깊은 연관을 맺는다. 도덕을 귀중히 여기는 전통은 역사적으로 이루어지고 전통적으로 전해 내려온 것으로, 전래 미풍양속의 내용과 본질을 정확히 알고 그것을 비판적으로 계승·발전시켜 변화된 사회에서의 사회주의적 도덕으로 이어나가야 한다는 것이다.

"사회주의 혁명이 완수된 다음에라도 일정 기간 동안 민족마다 민족적 특성은 남아 있게 마련"이라는 북의 민족문화건설 이론을 인지한다면 북쪽에 민족생활풍습이 면면히 이어지고 있다는 것이 전혀 놀라울 일이 아니다. 이웃간의 상부상조, 웃어른을 섬기고 아랫사람을 아끼는 정신, 손님을 접대하는 방식, 조선사람의 입맛에 맞는 음식, 춤과 노래를 좋아하는 한민족의 심성 등이 여전한 이상, 민족생활의 바탕은 변치 않았다. 그래서 북에서 나온 많은 글들을 보면 '조선사람의 구미에 맞는다'거나 '조선사람의 감정에 맞는다'는 식의 언표가 자주 보인다.

사회주의 도덕관과 미풍양속의 미덕을 인정하는 이들도 전면적으로 비판하는 대목이 하나 있으니, 이른바 페미니즘 시각에서 제기되는 북쪽여성을 둘러싼 담론이 그것이다. 즉 주체의 가정관과 가정생활의 관계이다.

북쪽여성의 일반적 처지를 논한다면, 가사노동의 해방이라는 관점에서 본다면 남쪽여성보다 우위이지만, 실제로 집안에서 여성의 처지는 여전히 여자가 가사노동의 중심이 되고 있다. 남쪽 페미니즘의 시각에서 볼 때, 이러한 것들도 전래 미풍양속이라고 강변한다면 모르되 비판의 대상이 될 수밖에 없는 것이다. 북쪽사회에서 강조하는 미풍양속의 문제는 사회적 생명을 중시하는 특유의 공동체적 분위기에서 자연스러운 것이기도 하다. 그러나 실생활에서 어떤 사회적 봉건성을 잔존시키는 측면도 강하다는 비판이 여성문제에 쏟아진다.

북쪽은 가부장적일까. 다수의 논자들은 가부장제가 북한의 본질적·구조적 성격이거나 사회적 관계를 지배하지는 않기 때문에 북쪽을 가부장 사회로 볼 수 없다는 주장을 펴면서도, 북쪽 스스로 가부장제 사회로 규정될 만한 기초를 제공한다고 보고 있다. 북쪽은 김 주석을 중심으로 한 어버이 수령의 '부성(父性)'을 향하여 수많은 여성들의 '모성(母性)'을 동참시키는 방향으로 여성

'사회주의 대가정의 어머니'로 표본화된 김 주석의 부인 김정숙

정책을 꾸려왔다는 주장이 그것이다. '어버이 수령'과 '어머니 당'[24]이 꾸려 나가는 '사회주의 대가정'이 오늘의 북쪽이다.

경공업에 종사하는 여성근로자들

당을 어머니 당으로 건설한다는 것은 어머니가 자식을 극진히 사랑하고 따뜻이 돌봐주듯이 당을 인민대중의 운명을 책임지고 세심히 보살펴주는 진정한 인민의 향도자로, 보호자로 되게 한다는 것을 의미한다.[25]

따라서 북쪽사회 구조 자체가 가부장적 단서를 제공하고 있다고 믿는 시각이 있다.[26] 수령을 중심으로 한 '유기적 사회생명체' 집단에서의 어버이 수령관이라는 입장에서 수령관 자체가 가부장적 가치관에서 비롯되었다는 지적이다. 혹자는 북한의 새로운 가부장권 출현을 유교적 전통에서 찾았다. 유교주의적 사상과 관습이 북한의 일상생활 속에서 수령관을 세우는 정치적 위계질서로 계속 강화되었다고 주장한다.[27] 북쪽생활에서 '남성은 정사(제사·정치), 여성은 가사'라는 유교주의적 속성이 고스란히 남아 있다고 보는 것이다.

사회로 진출한 여성관리자의 숫자가 남성에 비해 월등히 적은 것도 봉건적 · 수동적 의식에서 비롯된 문제이다.

한달화 동무가 관리위원장으로 농장에 왔을 때, 사람들 속에서는
치마 두른 관리위원장이 왔다고 뒤숭숭했다.(『로동신문』, 1990)

'치마 두른' 여성이 위원장으로 왔다고 '뒤숭숭했다'는 표현은
지극히 가부장적인 문화를 보여준다. 북쪽여성도 결혼하면 반수
가까이는 전업현장을 떠난다는 점에서 보면, 아무래도 여성진급
자 수가 남성에 비해 크게 적을 수밖에 없다. 따라서 전체 중 ·
고위 간부 가운데 여성 구성비가 절대적 · 상대적으로 낮고, 사
회제도 면에서도 여성은 낮은 위치에 놓여 있다. 또한 여성들이

중공업 부문에도 진출한
여성근로자들

모든 직업과 직종에 참여하고 있기는 하지만, 아직은 방직·식료가공·피복 공업 등 경공업과 상업편의봉사 부문, 교육(주로 초등교원) 부문, 문화·보건 부문에 치중되어 있다. 이것들은 설사 그 현실이 현 북쪽사회의 물적 토대를 반영하는 어쩔 수 없는 측면으로 해석한다고 하더라도, 성별분업과 여성의 낮은 지위를 확인해 주는 징표들임에 틀림없다.[28]

가정과 직장을 함께 신경쓰는 '슈퍼우먼'이 요구된다(황해북도 송림산 기슭에 자리잡은 '3대혁명붉은기 공장'인 '3·8닭공장'의 우순선 지배인)

가정에서의 여성들은 역시 '슈퍼우먼' 이 되어야 한다. 가사와 자녀교육이 전적으로 여성의 몫이다. 북쪽의 자녀교육관에는 아버지 역할은 상대적으로 약화되어 있다는 혐의가 짙다. 집안일은 어머니, 바깥일은 아버지라는 우리의 전통적인 성별분업론이 깔려 있다. 또한 북쪽사회에서는 유난히 여성들의 모성을 강조하며, 여성의 아름다움과 여성다움을 강조한다. 지나친 모성의 강조는 여성들 개개인의 개성과 부족함을 인정하지 않는, 완벽함의 강요로 흐를 가능성이 높다. "뭐니뭐니해도 여자는 남편을 잘 만나야 해. 그래서 아들, 딸 낳고 깨가 쏟아지게 사는 게 여자의 행복이야"라는 표현에서 드러나듯이, 남편에게 의존하는 모습이 자주 보인다.

그렇다면 여성의 사회적 진출로 여성해방이 이루어졌다는 주의주장과의 모순은 어떻게 설명할 수 있을까.

가사와 육아의 사회화가 촉진되었음에도 불구하고 가사라는 이중노동이 여전히 북쪽여성들을 얽어매고 있는 것으로 여겨진다.[29] 그래서 김재용 같은 북한문학 연구자는 강복례의 소설 「직장인의 하루」를 분석하면서, '슈퍼우먼 콤플렉스와 국가주의에 포획된 여성의식'이라는 표현을 쓴 바 있다.[30]

남쪽여성이 구조적 소외와 자발적 소외를 감당하고 있다면, 북쪽여성들 역시 다른 의미에서의 구조적 소외와 자발적인 소외를 감당하고 있는 것이다. 사회의 가부장적 요소가 여성의 소외를 부추기고 있는 것으로 판단된다.

통속성과 민족성은 하나

남북 문화교류가 활성화되면서, 남쪽대중들이 시각적으로 쉽게 접할 수 있는 북쪽의 이미지에서 느끼는 첫 인상은 '촌스러움'이다. 지나칠 정도로 차갑게 느껴지는 서구풍의 미니멀리즘에 중독되어 있는 남쪽대중들에게 북쪽문화는 '촌스럽게' 강렬한 이미지를 남기고 있다. 가령 『조선일보』(2000. 6. 15)에서는 이를 아예 '북한 이미지 돌풍'이라고 표현하는데, 사실 정상회담을 전후하여 이런 북한풍 이미지는 젊은층 대상의 광고에서도 넓게 채용되고 있다. 게임 웹진 『게임21』은 "반갑습네다! 게임21의 빛나는 영도 아래 자나깨나 행복합니데!"라는 포스터를 시내 곳곳에 붙였다. 메트로폴리스의 지나치게 자극적인 문화에 포로가 되어 있던 사람들은 갑자기 돌출한 '촌티 나는' 북쪽문화에서 잃어버린 시대의 추억을 되찾기라도 하듯 강렬한 자극을 받고 있는 것이다.

그런데 남쪽에서 '촌티'라고 부르는 이런 이미지의 실체는 디자인의 낙후성에서 비롯되었다기보다는 북쪽문화의 통속성에서 기인하는 측면이 강하다. 북쪽에서 가장 인기 있는 TV프로 가운데 하나는 단연 〈전국노래경연대회〉이다. 지정곡 하나와 자유곡 하나를 부르는 이 대회는 TV 같은 부상을 주어 경쟁이 심하다. 참가자들은 저마다 멋을 내고 나와서 눈요기도 된다. 남쪽에서도 최장수 프로를 꼽으라면 〈전국노래자랑〉이 아닐까. 〈전국노래자랑〉의 본질은 통속성이다. 누구나 가수가 되어 누구나 상도 타고 누구나 '잠깐 스타'가 될 수 있다. 또한 전문가수가 아닌 이들이 부르는 장면을 구경하는 맛 자체가 통속적인 것이다.

　오늘날 북쪽에서 인기 있는 남쪽의 대중가요는 30~40년대의 옛 노래나 이미자류의 뽕짝류다. 〈홍도야 우지 마라〉 〈눈물 젖은 두만강〉 〈신라의 달밤〉 〈낙화유수〉 〈타향살이〉 등 일제하 민족의 설움을 그린 노래들이 비교적 나이 많은 계층에서 선호된다. 특히 〈낙화유수〉나 〈홍도야 우지 마라〉는 북쪽이 심혈을 기울여 만든 영화 〈민족과 운명〉에 삽입되었을 정도다. 요즘 들어서는 〈사랑의 미로〉 〈그때 그 사람〉 〈바람 바람 바람〉 〈첫사랑〉 〈당신은 모르실 꺼야〉 〈이별〉 〈언제라도 갈 테야〉 〈애모〉 등이 잔잔하게 퍼지고 있는바, 아무래도 젊은층은 북에서 정의하는 '계몽기 시대의

만경대의 김 주석 고향집 '이발소그림' 같은 이같은 통속성은 북한문화의 핵심이기도 하다.

옛 노래'보다는 이런 노래들을 선호한다. 동요로는 〈고향의 봄〉
〈과수원길〉〈우리의 소원은 통일〉 등이 널리 불린다. 또 김정일
위원장이 좋아하는 여가수는 이미자 · 김연자 · 은방울자매 · 김
세레나 등, 남자는 조용필 · 남진 · 나훈아로 알려지고 있다.

이들 노래의 특징은 누구나 쉽게 부를 수 있고 곡조와 가사가
분명하다는 점이다. 따라서 남쪽에서 유행하는 랩송 따위는 통
속성이 없는 것으로 간주된다. 그러나 이 같은 '피상적인 통속성'
은 어디까지나 우리가 일반 통념상 부르는 통속성일 뿐이다. 좀
더 본질적인 통속성을 거론하기 위하여 민요를 실례로 해서 분
석해 보자.

북쪽에서의 민요 대중화는 바로 창작에서의 통속성 구현과 관
련이 있다. 민요를 바탕으로 하되 통속성을 살리는 것을 중시한
다. 민족성과 통속성이 유기적으로 결합되는 것을 중시하는 증
거물이 민요다. 당 기관지 『근로자』에까지 다음과 같은 글이 실
릴 정도로 통속성과 민족성의 관련성이 강조되고 있다.

민족성과 통속성은 음악예술이 사상미학적 교양의 기능을 높이
기 위한 중요한 요인이다. 민족적 특성과 현대성, 통속성은 높은 사
상성과 함께 주체적인 노래가 갖추어져야 할 기본 징표이며 노래의
교양적 역할을 담보하는 중요한 요인이다. 노래는 민족적 정서가
흐르면서도 현대적 미감에 맞으며 통속적으로 되어야 대중교양에
적극 이바지할 수 있다. 모든 민족은 사상감정과 심리, 성격, 생활
양식, 언어, 풍속 등에서 자기에게만 고유한 특성을 가지고 있다.

민족적 감정과 정서는 고정 불변한 것이 아니며, 그것은 시대와 사회제도의 변화에 따라 끊임없이 변화·발전한다. 따라서 민요에서 통속성을 부여하는 것은 노래의 인민성과 인식 교양적 기능을 높이기 위한 중요한 요구이며 노래에 담긴 사상적 내용이 아무리 좋더라도 인민들에게 어렵고 까다로운 노래는 사람들을 교양시킬 수가 없다. 그러므로 인민들이 널리 쓰는 말로 가사를 쓰며 유순하면서도 아름다운 선률로 곡을 만들어야 한다.[31]

다음은, 90년대에 '평양출판사 내나라비데오제작소'에서 만든 노래테이프 〈아리랑〉 겉표지에 씌어 있는 레퍼토리이다. 보천보악단의 명가수들이 총동원된 노래들이다. "아리랑/홍타령/진도아리랑/어랑타령/밀양아리랑/군밤타령/그네뛰는처녀/산천가/노들강변/도라지/사발가/옹헤야/풀무타령/풍년가/양산도/돈돌라리/뽕타령…"

이 노래들을 듣고 있노라면 분명 이남에서 듣는 민

누구에게나 쉽게 이해되는 장식성이 강한 보석화(왼쪽)같은 예술양식도 통속성의 하나(단심줄, 오른쪽)

요와는 맛이 다르다. 빠른 템포에 맑은 소리, 관현악합주에 독창과 중창이 어우러진 창법, 드럼 같은 양악 타악기까지 동원한 합주음 그리고 장엄하기까지 한 전주곡 등에서 전혀 다른 음색이 느껴진다.

북쪽민요는 두말할 것도 없이 박제된 '전통문화'가 아닌 살아있는 '대중문화'다. '대중문화'라는 인식이 중요하다. 북쪽민요는 '민요풍의 노래'라고 부르는 신민요를 대거 포함하고 있다. 신민요의 폭은 매우 넓다. 혁명가요로만 알고 있는 노래 중에도 다수의 민요선율이 깔려 있다.[32]

신민요 창작과정에서 통속성과 민족성이 어떻게 구현되어 나가는지 그 과정을 살펴보면 이러하다.

첫째, 옛 가사와 선율을 그대로 두고 그것을 잘 살리는 방향에서 재형상화

대중적이면서도 통속적이고 민족적인 민요인 〈아리랑〉〈도라지〉〈강강수월래〉〈베틀가〉 등은 원형 그대로 불러도 상관없다. 다만 창법과 연주형식, 반주편곡, 악기편성 등만 현대적으로 바꾼다. 어둡고 탁한 소리를 배제하고 고운 소리로 바꾸며 독창이나 제창을 독창, 제창, 중창(2중창·3중창·4중창·5중창·8중창 등), 합창, 독창과 합창, 가야금 독청 등 여러 가지로 바꾸었다. 화성·복성 수법을 비롯하여 규모가 큰 관현악곡 반주도 도입되었다.

둘째, 가사와 선율의 개작을 통한 재형상화

원작의 가사와 선율이 지닌 단점을 극복하여 우수한 점만 살리는 방향으로 형상화하였다. 가사의 봉건성 등은 무엇보다 척결대상이었다. 한문 투가 섞인 〈양산도〉와 〈법성포뱃노래〉의 재작업, 특별한 내용 없는 구음의 반복이었던 〈돈돌라리〉의 가사화, 경기지방 민요인 〈이팔청춘가〉를 개작한 〈맑은 아침의 나라〉, 경상도 지방의 〈성주풀이〉를 개작한 〈풍년을 노래하세〉, 함경도 민요 〈정든 님 가니〉를 바꾼 〈종다리 우니〉, 30년대의 창작품 〈릉라도 실버들〉의 〈대동강 실버들〉로의 개작, 강원도 민요 〈뱃놀이〉를 바꾼 〈바다의 노래〉, 경기도 민요 〈창부타령〉을 바꾼 〈모란봉〉 등이 그것이다.

셋째, 민요풍의 노래 창작이다.

민요풍의 노래란 민요 선율의 특징을 충분히 살려 민족적 정

서와 색채가 진한 우리 시대의 가요를 말한다. 민요풍의 노래는
민요의 조직적 바탕에 기초한 음조이되 장단이 뚜렷하여 민족적
선율과 정서가 잘 나타나고 있다. 김 주석 송가 같은 주체사상
찬양 및 혁명 가요가 다수 포함되는 특징을 보인다.

　김 주석 송가 : 〈김일성 장군님은 우리의 태양〉 〈세월아 가지 말
아〉 〈오직 한마음〉 〈끝없는 이 행복 노래부르네〉 등
　당의 혁명전통 노래 : 〈만경대는 혁명의 요람〉 〈백두산의 만병초〉
〈노래하세 대홍단〉 〈도천리의 5월단오〉 등
　반외세 노래 : 〈매봉산노래〉 〈얼룩소야 어서 가자〉 〈뽕따러 가세〉 등
　노동생활과 조국산천을 표현한 노래 : 〈만풍년의 우리 조국 온 세
상에 자랑하세〉 〈산천가〉 〈소방울소리〉 〈종다리〉 〈천하절승 묘향
산〉 〈금강산을 찾아서〉 등

마지막으로, 민요창법에서의 민족적 통속성이다.
　민족적 품격을 지키면서 현대적인 미감으로 불러야 함이 강조
된다. "민요도 계급사회에서 발생하였던 것처럼 시대적 제한성
을 지니고 있다. 우리는 노동계급적 입장과 현대성의 견지에서
우리 시대 인민의 미감에 맞는 민요 선율을 적극 살리고 맞지 않
는 것은 버려야 한다"는 김정일 위원장의 말이 자주 인용되곤 한
다. 민요를 부르는 방식에 대한 몇 가지 주장들을 살펴보자.

　"전통적 발성법을 논의할 필요가 없습니다. 민족적 선률과 감정

에 맞게 자연스러우면서도 아름다운 소리로 내면 됩니다."

자연스럽고 부드럽게 그리고 곱게 소리를 내는 발성법을 택해야 한다. …민요 자체는 본래부터 아름답고 자연스런 소리였고 누구나 다 부를 수 있는 노래였다. 자연스럽고 아름다운 소리를 얻기 위해서는 발성에서나 노래에서 필요 이상으로 힘을 주지 않고 필요 이상의 욕심을 가지지 않으며 과장하지 않도록 강한 요구를 내세운다. 이는 부단 없는 훈련과 반복훈련에 의한다. 다음으로 기름지고 탄력 있는 소리를 내는 문제가 제기된다. 또한 민요에서 특징적인 굴림새를 개성적으로 살려내려면 지나친 깊은숨으로 내는 소리를 삼가야 한다. 다음으로 어떻게 민족적 선률과 감정에 맞게 발성할 것인가 하는 문제가 제기되는데, 이는 발성에서도 민족적 성격과 노동계급성·인민성 원칙을 견지해야 한다는 것을 의미한다.[33]

민요를 잘 부르는 것은 장단을 잘 타는가, 굴림을 재치 있게 하는가 등의 형상수법에 관한 문제다. 장단은 정서적 흥취와 속도를 가지고 노래의 멋을 표현하는 중요한 형상수단인 탓이다. 여기서 장단의 특성을 잘 살리기 위해서는 장단의 속도를 정확히 보장해야 한다. 다음으로, 굴림을 잘 쓰는 일이다. 굴림은 선율과 결합되어 선율의 색채와 형상적 매력을 돋우어주는 독특한 표현수단이 된다. 굴림을 하는 데서의 편향을 극복하자면, "자기가 형상하려는 민요가 어느 지방민요인가, 어느 지방민요에 기초하여 창작된 민요인가 하는 것을 먼저 료해하고 그 지방민요가 지니는 음조적 특성, 창법에서 굴림이 가지는 특성 등을 연구

하여" 형상에 옳게 적용해야 한다.[34)]

민요는 지극히 대중적인 전자음악으로도 인기를 끌고 있다. 대표적인 전자경음악단인 보천보악단에는 〈휘파람〉의 전혜영뿐 아니라 김광숙, 리경숙, 리분이, 조금화 같은 여가수들이 있는데 모두 20대 여성들로 각기 악기연주에도 뛰어나고 합창곡에도 능하다. 재미있는 것은 하나같이 민요에 능한 프로들이라는 점이다. 남쪽에서는 아무리 창법이 뛰어난 가수라 해도 민요를 부르지 않는 것과 대비된다. 통속성과 민족성이 하나임을 말해 주는 대목이 아닐 수 없다. 민족성과 통속성이 불가분리의 것이란 결론이다.

국어의 예를 들면, 북쪽의 국어생활은 무엇보다 '쉬운 글쓰기'가 생명이다. 아무리 어려운 글도 한글을 완전히 깨친 이들은 읽을 수 있게끔 배려한다. 반면에 남쪽에서는 쉽게 전달되는 통속성이란 '고급스런 예술성'과 대치되는 것으로 판단하는 경향이 강하다. 대중소설과 순수소설을 분리시켜 내고, '이발소 그림'과 예술작품은 엄격히 구분된다.

그러나 엄밀하게 따져서 사이버 시대의 특징은 사이버 공간 나름의 통속성이기도 하다. 남쪽사회에서 널리 수용되고 있는 키치(kitsch)[35)]는 통속성의 또 다른 변주곡이기도 하다. 다만 북의 통속성과 차이가 있다면, 그 통속성이 민족성과 결부되어 있지 않다는 점이다. 민족성과 통속성, 이는 북쪽문화를 읽는 중요한 미학관의 하나가 아닐 수 없다.

주

1) 『우즈벡스탄 한인동포의 생활문화』, 국립민속박물관 학술총서 28, 1999.

2) 주강현, 「북한주민 생활에 나타난 전통문화적 요인 연구」, 『통일문화연구』, 민족통일연구원, 1994.

3) 에드워드 쉴즈, 『전통』, 김병서·신현순 옮김, 민음사, 1992, 18~22쪽.

4) 주강현, 「광복 이후 남북한 풍습의 변화」, 『정신문화연구』 47호, 한국정신문화연구원, 1992.

5) 전효관은 남북한 정치관과 '전통'의 활용에 주목한 바 있다. "남북한의 정치담론은 한편으로 자유민주주의나 사회주의라는 이념적 지향을 갖음에도 불구하고 다른 한편으로 이념이 함의하는 실천과 거리가 있는 내적 경향을 재생산한다. 남북의 정치담론은 각각 자유민주주의나 사회주의라는 것이 함의하는 바를 전통을 활용함으로써 정당화한다."(「남북한 정치담론 비교연구: 의사소통구조와 언어 전략을 중심으로」, 연세대 사회학과 박사논문, 1997, 136쪽)

6) 경찰범처벌규칙(총리령 40호), 폭력행위 등 처벌에 관한 건(조선총독부), 시장규칙(총리령 136호)

7) 김태곤, 「일제가 실시한 조선민간신앙 자료의 문제점」, 『석주선기념민속논총』, 1971, 270~271쪽.

8) 조선로동당중앙위원회 당력사연구소 편, 『조선로동당략사』, 1979.

9) 문종상, 「해방 후 조선음악이 걸어온 길」, 『문화유산』 1960년 4호: 「해방 후 조선음악 창작 개관 (1)(2)」, 『문화유산』 1960년 5/6호: 문하연, 「북청지방 민요들의 특색」, 『문화유산』 1957년 4호.

10) 주강현, 『북한민속학사』, 이론과실천사, 1991.

11) 알베르토 마리아 씨레즈, 「민속에 대한 그람시의 견해」, 『그람시와 혁명전략』, 녹두, 1984, 223~55쪽.

12) 문화정책개발원, 「문화예술 주요 부문별 남북교류 프로그램 연구」, 1999, 10쪽.

13) 『북한사람이 쓴 조선의 민속놀이』, 주강현 해제, 푸른숲, 1999.

14) 박승덕, 『사회주의 문화건설이론』, 사회과학출판사, 1985(도서출판 조국 재 간행), 37쪽.

15) 『근로자』, 1989년 1월호.

16) 김정일, 「조선민족제일주의 정신을 높이 발양시키자 — 조선로동당 중앙위원 회 책임일군들 앞에서 한 연설」, 『친애하는 지도자 김정일 동지의 문헌집』, 조 선로동당출판사, 1992, 251쪽.

17) 함의연, 「민족적 특성과 현대성을 훌륭하게 구현한 건축장식」, 『조선예술』, 1982년 9월호.

18) 황제평, 「친애하는 지도자 동지께서 제시하신 건축에서 비반복성에 관한 독 창적 이론과 그 구현방도」, 『조선건축』, 1991년 4호.

19) 송두율, 「동구의 지성과 북한의 지성」, 『사회평론』, 1991년 9월호.

20) 김일성, 「민족문화유산을 옳은 관점과 립장을 가지고 바로 평가처리할 데 대 하여」, 조선로동당 중앙위원회 선전선동부 일군들과 한 담화, 1970년 3월 4일.

21) 서태석, 「경음악의 특성과 우리식경음악 창작의 몇 가지 문제」, 『조선예술』, 1982년 3월호.

22) 황지철, 앞의 글.

23) 「우리 인민의 식생활풍습」, 『천리마』, 1992년 1월호: 「우리 인민의 전통적인 식생활관습과 예절」, 『조선고고연구』, 1986년 2호.

24) 『전통과 계승 — 위대한 인간, 새로운 문명을 위하여』, 현대사, 1992, 237~ 66쪽.

25) 김정일, 「사회주의는 과학이다」, 1994. 11.

26) 김귀옥 외, 『북한여성들은 어떻게 살고 있을까』, 대동, 1997, 14쪽.

27) 이태영, 『북한여성』, 실천문학사, 1988, 247쪽.

28) 김귀옥 외, 앞의 책, 76쪽.

29) 같은 책, 93~98쪽.

30) 김재용, 『분단구조와 북한문학』, 소명출판사, 2000, 250쪽.

31) 방선영, 「민요를 바탕으로 통속적인 노래를 만드는 것은 우리 당의 일관된 방침」, 『근로자』, 1988년 10호.

32) 『조선의 민속전통』 6권, 과학백과사전출판사, 1995, 236쪽.

33) 최관형, 「민요를 아름답고 유순하게 부르도록」, 『조선예술』, 1980년 5월호.

34) 남창원, 「민요형상에서 찾아본 몇 가지 문제」, 『조선예술』, 1985년 2월호.

35) 김경옥, 「현대패션에 표현된 키치 연구」, 경희대대학원 박사학위논문, 1998.

제3장

민족문화, 남북통합의 원동력

신실크로드에서 꿈꾸는 민족문화의 원형질

한국문화, 조선문화, 고려문화의 연대

경의선 철길이 복원된다. 곧 이어 경원선도 복원될 전망이다. '서울에서 평양까지 택시요금 얼마' 식의 노래가 '운동권'에서 널리 불리던 게 엊그제 같은데, 철마가 달린단다.

개성과 평양을 거쳐 신의주에서 압록강철교를 넘으면 만주의 관문 단동이 나오고 선양을 지나 시베리아 치타에 이른다. 일제시대 독립운동의 거점이기도 했던 이르쿠츠크에서 내리면 웅장한 바이칼 호수가 기다린다. 계속 나아가면 러시아령 옴스크를 거쳐 유럽에 닿는다. 파리까지 하루 반나절이면 갈 수 있다.

이렇게 지도를 펼쳐놓고 철도를 따라 가노라면 그 옛날 실크로

중앙아시아 고려인 처녀들. 세계 어디에나 한민족이 퍼져 있다. (우즈베키스탄 폴리토젤 콜호즈)

드가 '철의 실크로드'로 장엄한 풍경을 연출한다. 이른바 유라시아철도의 동맥이 연결되는 순간이다. 동서문물이 자유롭게 드나들던 실크로드의 영광을 되찾는 '세계사적 사변'이 아닐 수 없다.

문산에서 개성까지 20여 킬로에 불과한 짧은 거리를 잇는다는 남북의 합의만으로도 거대한 대륙을 향한 한민족의 웅지는 날개를 편다. 불과 20여 킬로미터에 55년의 세월이 걸렸으니, 환산하면 1킬로당 33개월, 1미터당 100일이 걸린 셈이다. 통일은 이처럼 더디기만 한 것인가.

그 무엇보다도 '섬'으로 남아 있어 대륙성을 포기하고 '쪼잔하게' 오므라들었던 한반도 남쪽땅의 기(氣)가 살아날 터이지만, 못지않게 기뻐할 사람들이 그 대륙에도 퍼져 있다. 여기서 잠시 해외동포를 생각하자. 통일은 남북만의 환희가 아니다. 어쩌면 소외받고 잊혀진 해외동포들이야말로 통일을 가장 객관적으로 기대하고 바라던 이들일 수 있다. 남쪽의 한국문화, 북쪽의 조선문화, 재외동포들의 고려문화, 이 3자의 연대 속에 한민족문화공동체의 미래가 보일 것이다.

얼마 전 나는 우즈베키스탄 타슈켄트 폴리토젤 콜호즈의 빅토르 교장선생님에게 경의선 복원소식과 함께, 어떤 문화보다도 민족문화의 동질성이 중요함을 절실히 깨닫게 된 나의 생각을 담은 장문의 편지를 썼다. 보름여를 묵으면서 여러 가지로 신세도 졌고 또 그분은 내가 고려인을 이해하는 데 중요한 길잡이가 되어주었다.

1999년의 여름은 정말 뜨거웠습니다. 불타는 정열의 나라, 보석과 여인과 춤이 나그네를 설레게 하는 나라 중앙아시아 타슈켄트의 여름은 그야말로 지상의 모든 것을 불태울 것만 같았지요. 시내를 벗어나 폴리토젤 콜호즈로 가는 길, 사르다리아 강가를 지났지요.

나는 사르다니야 강가에 돌을 던지며 곰곰 생각에 잠겼지요. 도대체 우리에게 아시아대륙이란 무엇인가. 왜 우리는 아시아의 일원이면서도 정작 아시아를 잘 모르고 지내는 것일까. 왜 우리는 고작 일본, 중국 등에만 안주하고 거대한 아시아의 친구들을 모르고 지내는 것일까. 신라에서 당나라 혹은 흉노의 땅을 거쳐서 지중해의 로마에 이르는 장대한 실크로드 동서교류의 추억은 우리에게 '세계로의 열림' 그 자체였습니다. 문을 열고 살았던 이런 우리들이 좀팽이가 되고 말았으니!

김빅토르 교장선생님, 참으로 오랜만입니다. 오늘 비로소 기쁜 소식을 전합니다. 목포에서 서울까지, 서울에서 평양

모국어교과서. 대부분의 3세들은 모국어를 잊고 산다(폴리토젤 중등학교의 교재).

과 신의주까지 그리고 만주를 거쳐 러시아령을 통과하여 중앙아시아까지 곧장 갈 수 있는 육로가 열린다는 기쁜 소식을 누구보다 선생님께 먼저 전하고 싶었습니다. 이 얼마나 가슴 벅찬 소식입니까.

선생님 댁에서 묵으면서 참으로 대접도 잘 받고, 밤마다 포도덩굴 밑에 앉아 진한 '차이'를 마시면서 이야기꽃을 피운 것이 어제 같건만…. 북조선 두 번, 대한민국 한 번 모두 세 번이나 조국을 다녀가 그곳 동포사회에서는 '화려한 경력'의 소유자. 그렇지만 당신은 '한국인' '조선인'이라 자칭하는 법이 일체 없으며, 반드시 '고려사람'을 주장하셨지요.

맞습니다. 조선인도 한국인도 아닌 그 고려사람들이 수십만이나 존재하지요. 이들이야말로 지난 20세기에 우리 역사가 남긴 최대의 '국제적 유산'입니다.

역사는 우연의 소산일까요. 실크로드의 본거지로 한민족이 대거 이주하는 일대 사건이 터졌으니, 1937년 스탈린의 명령서 하나로 원동에서 중앙아시아로 무려 20여만 명의 민족 대엑서더스가 눈 깜짝할 사이에 이루어졌지요. 사르다니아 강가의 억센 갈밭에 뿌려진 그네들은 벼를 심었습니다. 지금은 경작지가 잘 정리된 들판이지만, 그 옛날에는 거친 갈밭과 늪지대였습니다.

절규! 모진 갈밭을 뒤덮고 벼를 심어나갈 때, 그것은 대지에 뿌리박으려는 안간힘이었습니다. 모는 용케도 이삭을 달아주어 하얀 쌀을 낳아주었지요. 고려인들은 첫 쌀밥을 지어 밥그릇에 담으며 첫 제사를 올렸다지요. 밥은 최시형이 내화유기(內化有

氣)라 하였던 하나의 근거였지요. '쌀밥의 정치경제학'은 이렇게 이루어졌습니다.

'천년을 두고서 변치 않는 화두!'

원동에서 가져간 볍씨로 중앙아시아에 벼농사를 선보였습니다. 세계 작물재배사상 처음으로 이곳 메마른 땅에서 선진농법이 이루어졌습니다.

스탈린에 의해 동포들이 중앙아시아로 유랑을 가게 된 일은 분명 잘못된 비극적 사건이었습니다. 그러나 결과적으로 20만이 넘는 그들이 중앙아시아에 뿌리박아 오늘을 살고 있음은 민족사적인 전진기지가 건설된 것으로 적극적으로 사고함이 옳을 것입니다. 적어도 그곳에는 남과 북을 하나로 생각하는, 북도 남도 아닌 고려인이 20만 넘게 살고 있습니다. 나는 대립의 시대에 희망의 근거가 아닐 수 없다고 생각하였습니다.

원동에서 중앙아시아로 끌려왔어도 디딜방아 같은 전통을 잃지 않았다(폴리토젤 콜호즈).

중앙아시아의 고려인들은 여전히 '유민'이란 관점에서 사고합니다. 그러나 그네들은 더 이상 유민이 아닙니다. 3세대까지 뿌리내린 정착민이며, 장보고가 중국땅에 건설하였던 신라방처럼 든든한 재외동포입니다. 유민은 오히려 좌불안석하며 지역싸움만 하는 지금의 우리가 아닌가 싶습니다.

서울의 신유목민이 찾아간 빅토르 교장선생님 동네인 폴리토젤 콜호즈의 토박이들은 오히려 대지에 굳게 뿌리내려 땅과 공기와 세상의 정기로 그득한 정착민의 삶을 살고 있었습니다. 비록 소수민족이지만 고려인들은 타민족과 평화롭게 살면서 민족간의 '우애'가 무엇인지를 몸으로 보여주었습니다. 타민족과 함께 살아나가는 국제주의가 무엇인지를 몸소 체험한 그곳 고려인들은 '천천히' 살아가더군요. 컨베이어 벨트 위에 올라서서 '빠르게 빠르게'를 외치는 우리처럼 살지 않고 아주 천천히 살고 있었습니다. 우리보다 가난은 하지만 마음은 풍족하여 천천히 살아갈 수 있는 힘을 잃지 않은 것이 무척 놀라웠답니다.

그러나 상황이 좋아 보이지는 않았습니다. 화려하던 폴리토젤 콜호즈의 평일은 밤 10시가 넘으면 사실상 모든 것이 종료되어, 80년대 초반까지만 해도 중앙로를 밝혀주었던 가로등마저 꺼져 깜깜절벽으로 변하고 이따금 순찰차 불빛만 휑한 광장을 가로질렀습니다. 화려한 공연이 막을 오르던 콜호즈 문화궁전의 분수대가 물을 뿜어내지 않은 지도 오래 되었다고 하더군요. 콜호즈 임원들은 고백했습니다. "시장경제로의 이행기다. 상황은 현재진행형. 지난 5년간 수많은 실패를 경험했는데, 앞으로 어디로

고향을 그리는 수많은 고려인들이 있다. 공동묘지를 아예 우리식으로 '북망산'이라 부르기도 한다 (폴리토젤 콜호즈).

나가야 할지 솔직히 모르겠다. 그러나 희망은 있다고 본다."

희망은 있는가.

"유럽도, 중국도, 베트남도 가보았다. 결론은 제3의 길이다."

흐루시초프, 브레즈네프 심지어 파키스탄의 아유브 칸이 방문하였을 정도로 구 소련에서도 소문났던 폴리토젤 콜호즈였건만, 농장은 절딴난 상태. 주로 목화를 재배했는데 국제 목화가격이 형편없이 떨어져 삼농사 · 누베(누에) 등도 거의 사라지다 보니, 독립채산제인 콜호즈는 5년 동안이나 적자였다고 하더군요.

그 쉽지 않은 살림살이 가운데서도 나는 본능적으로 구들을 눈여겨보았답니다. 그곳까지 전해진 의연한 문화전통이 또 하나 있으니, 다름아니라 구들문화였습니다. 구들의 따스한 온기야말로 저 멀리 한반도로부터 블라디보스토크로, 다시 시베리아를 거쳐 러시아와 이곳 중앙아시아의 한적한 농촌에까지 이어졌습니다. 참으로 끈질긴 문화의 장기 지속성입니다.

콜호즈의 아침이 밝아오면 국영카페 옆 고목 아래로 노인들이 모여듭니다. 정자나무에 모여 앉듯이 고려인 노인들이 주로 모였습니다. 원동에서 기차에 실려 중앙아시아로 강제이주당할 때 대개 젖먹이 아니면 소년이었던 이들이 노인이 되었습니다. 투박한 함경도 사투리에 실려 남쪽사람을 만나 놓아주지를 않더군요. 눈가의 푹 팬 주름에는 세월에 실려온 한민족의 서글픈 100년이 아로새겨져 있었습니다. 나도 모르게 눈물이 나왔습니다.

그곳의 고려인들은 알려진 것과는 달리 가난했습니다. 하지만 마음만은 풍족하였습니다. 가난하지만 부자인 그들, 부자인 것 같지만 늘 가난한 우리들. 21세기, 세계화의 그늘 속에서 우리는 어떤 제3의 선택을 해야 할까요. 폴리토젤 콜호즈에 머무는 동안 내내 나 자신을 들여다보는 고민에 빠지곤 했습니다.

빅토르 교장선생님의 맏아들 세르게이 김은 전혀 고려말을 몰랐지요. 오히려 러시아인으로 남길 원하더군요. 문제는 세대교체로 인해 그러한 3세대가 21세기의 주역이 될 수밖에 없다는 것입니다. 그 3세대는 모두 전쟁을 겪지 않았으며, 고려인의 뼈아픈 강제이주를 이야기를 통해서만 들어왔지 실제로는 겪지 않았던 세대입니다. 마찬가지로 이북이나 이남의 젊은이들도 전쟁을 이야기로만 들어온 세대입니다. 모두들 강한 역사적 빚에서 비롯된 적대감이란 채무가 약한 세대들이지요. 여기서 오히려 어떤 동질성과 가능성을 발견해 봅니다.

세르게이 김이 고려말을 몰라 대화하는 데 애로를 느끼면서,

새삼 언어공유의 소중함을 깨달았습니다. 하지만 그는 남쪽의 동포를 만났을 때 어떤 숨길 수 없는 애정을 보여주었습니다. 말이 통한다면 더 많은 이야기를 나눌 수 있었는데…. 아무튼 민족문화적 동질성의 문제를 드넓게 인식하는 계기가 되었습니다. 언어가 같고 습관이 같은 민족문화상의 동질성은 단순한 것 이상임을 늘 깨닫게 됩니다.

더불어 개자이와 구들을 생각하면서, 또 한 번 문화적 동질성이 갖는 의미를 곰곰 생각해 보았습니다. 그 동질성의 힘이야말로 평양과 서울, 타슈켄트 등지를 엮어서 마침내 조선인, 한국인, 고려인을 엮는 힘의 구심점이 아닐까 하는 생각을 저버릴 수가 없었습니다. 세계화 시대라는 것을 전면에 내세우면서 '다름'을 애써 강조하는 이들의 논법이 과연 진정한 국제 네트워크의 인식에 기초하고 있는가, 반문하면서 힘의 구심점에 대해서 깊이 생각해 보게 됩니다. 다시 한 번 콜호즈를 방문할 날이 오기를 기다리면서, 그때는 고비사막을 구름 속에서 넘는 비행기가 아니라 철길을 따라서 찾아가기를 희망하며 편지를 접습니다.

자민족 중심주의와 개방적 한민족공동체의 병진전략

1999년 겨울, 평양출판사에서 『라운규와 수난기 영화』(최창호·홍강성 공저)가 출간되었다. 이 책은 우리나라 초기 무성영화와 문화계몽운동, 회령사람 나운규, 〈아리랑〉 이후의 나운규와 수난의 영화들, 〈임자 없는 나룻배〉와 나운규, 무성영화 시기의 변사와 여배우들의 운명 등 9장으로 이루어져 있으며 그외 일제시대 영화연표와 당시 영화인들의 사진 및 영화주제가가 부록으로 실려 있다. 특히 이 책에서는 나운규 평가방식이 돋보이는데, 나운규를 우리나라의 비판적 사실주의 영화예술의 발생과 발전에 공헌한 해방 전의 대표적인 영화예술가이자 영화문학작가, 영화연출가 그리고 재능 있는 배우로 평가하고 있다. 따라서 2000년 여름에 남북합작 영화 1호로 〈아리랑〉이 선택되어 귀추가 주목된다.

왜 아리랑이 남북 모두에게 사랑을 받을까. 두말할 것 없이 공통의 민족정서에 입각해 있기 때문이다. 그러면 통일을 가장 '객관적'으로 기대하고 바라던 해외동포는 어떤 자세로 남북의 문화를 받아들이고 있을까. 남북 어디에도 속하지 않은 그들에게서 민족 중심주의가 과연 무엇인지 배워본다.

새 천년을 맞아 총련 기관지 『조선신보』는 "123명이 뽑은 1900년대 우리 문화 랭킹"이라는 제하로 재일 총련계 동포들이 좋아하는 1900년대 문학·음악·영화 부문의 순위를 발표하였다. 총련계 재일동포라는 '특수한 입장'이 반영되어 있는 설문결과는 남북의 이데올로기를 뛰어넘는 문화관이었다. 소설가는 북측의 조기천(『백두산』)·석윤기(『고난의 행군』), 남측은 황석영(『장길산』)·조정래(『태백산맥』)가 뽑혔다. 시 분야에서 윤동주(「하늘과 바람과 별과 시」)·한용운(〈님의 침묵〉) 등도 10위권에 들어갔다. 객관적 거리를 유지할 수 있는 이들에게는 북의 석윤기 등이나 남의 황석영 등이 다 '한민족 작가'일 뿐이다. 윤동주와 한용운의 작품이 남쪽에서도 가장 인기 있는 고전임은 말할 필요도 없다.

그 동안 이데올로기 잣대로 재단한 사람들, 납북자든 월북자든 모두 다 이데올로기의 희생자일 뿐이다. 이런 점에서, 북쪽이 김일성 주석의 정적이라는 명분으로 몰아낸 한설야의 『승냥이』, 『만경대』 등을 30여 년 만에 문학사에 다시 올리고 한설야를 영화 〈민족과 운명〉(카프작가 편)에서 주인공으로 삼은 점은 타산지석이다.

구 소련령 고려인들에게 추앙받는 작가 조명희(폴리토젤 학교의 교실에서, 1999년 필자 찍음)

연전에 남쪽의 여성문인들이 중국 지린성(吉林) 룽징(龍井)시 비암산 기슭에 강경애문학비 건립을 후원한 사실이 있다. 『강경애선집』 또한 남쪽에서 출간되었는데, 1949년 북의 노동신문사 간행본을 그 저본으로 삼았다.[1)]

『조선신보』는 남쪽의 이런 강경애에 대한 관심을 높게 평가하면서도, 1949년 7월 1일에 이기영 등 카프작가들이 황해도 장연군에 강경애 묘를 만들고 묘비에 그의 유고시 「산딸기」를 새겨넣은 사실이 남쪽에는 알려지지 않아 『강경애선집』에 이 시가 실리지 못한 점을 아쉬워하며 이렇게 쓰고 있다. "반세기가 넘은 분단의 장벽은 한 작가의 작품집을 내놓는 길에서 험난한 가시덤불을 펴놓고 기나긴 시간과 엄청난 에너지를 소모하게 하고 있다. … 남북한 연구가들이 자료와 정보를 자유롭게 교환하고 여성문학 연구의 원활한 활동을 전개해 나갈 밝은 날이 오기를 진심으로 바란다."

이데올로기를 뛰어넘는 공동의 노력이 화합의 장을 열 수 있음을 잘 보여주는 것이라 할 수 있다. 그런 점에서 한국문화예술진흥원에서 남북 작가의 통일문학전집 100여 권을 준비하고 있는 것은 유의미한 일이다. 이데올로기를 뛰어넘어 민족 중심주의를 회복한다면, 남과 북은 이미 통일되어 있는 것이 아닐까.

여기서 민족 중심주의로 문화관의 중심을 세워야 할 필요성이 생긴다. 그 민족 중심주의는 폐쇄성을 의미하는 것도 아니거니와 세계화와 대척관계에 있는 것도 아니다. 민족 중심주의를 주창하면서도 자민족 중심주의의 폐해를 예상하는 것은, 바로 이것이 열강들의 틈바구니 속에서 살아남아야 하는 남북의 현실적 생존전략이기 때문이다.

민족 중심주의라는 말만 나오면 무조건 반발하는 일부 논객들에게 되묻고 싶다. 언제 우리가 민족의 중심을 제대로 세워본 적이 있었던가! 역사가 말해 주고 있다. 오랜 동안 중국에 사대의 예를 취해야 했고(설령 외교적인 측면이었음을 감안한다고 해도), 구한말부터 근대 100년의 갈짓자 행보 속에서 민족 중심주의는 전혀 불가능했음을 벌써 잊었는가!

인터넷에 들어가면 유태인이 개설한 수백 개의 사이트를 만날 수 있다. 유태인들은 백인이건, 흑인이건 10%의 피만 섞여도 같은 유태인으로 간주하는 개방적인 민족관을 과시하고 있다. 기나긴 유랑의 역사가 유태인의 세력을 키우기 위한 전략을 요청한 결과다.

그렇다면 유태인에 버금갈 수도 있는 20세기의 대대적인 엑소

더스를 경험한 우리는 어떤 입장을 보여주고 있는가. 과연 남북은 세계 속의 한민족문화공동체를 가능하게 하는 민족적 역량을 보여줄 수 있을까. 이런 점에서 인류학자 전경수는 재미있는 질문을 던진다.

꼭 10년 전에 우즈베키스탄의 한 시골마을에 있는 면사무소에서 증명서를 받기 위해 기다리고 있는 한 젊은이와 대화를 하였다. 외모로 보기에는 러시아계의 사람인 것 같았는데, 정작 자신의 민족 표시는 '고려인'이라 했다. 할아버지가 고려인이기 때문에 자신은 고려인이라는 것. 할머니는 러시아인이고, 아버지는 고려인과 러시아인의 혼혈이고, 어머니는 우즈베크인과 타타르인의 혼혈이다. 16세에 자신의 민족표시를 선택할 수 있는데, 자신은 고려인을 선택했다고 한다. 이러한 혈통률제도를 선계율(選系律)이라고 한다. 그는 구 소련의 여권을 소지하고 있고 여권의 민족표시 난에 '고려인'

조총련은 과거 권위주의 통치시절에 '조작'된 말이다. 총련이 맞는 말이다. 조선식 춤을 이어가는 총련계 여학생들이 모처럼 평양을 방문하였다.

이라고 되어 있다. 가령 그가 한국의 김포공항에 등장했을 때, 한국의 법무부 출입국관리소에서는 그에 대해서 어떠한 대우를 할 수가 있는가. …한국인이란 용어는 대한민국이라는 나라의 국적을 가진 사람이다. 그 명사는 민족명칭이 아니다. 한인이라는 용어는 한국을 출발지로 한 내국인과 해외동포들을 모두 포함하는 한국측에서 통용되는 말이다. 예를 들어서 재미한인이라는 용어는 한국과 미국의 교포들이 사용하는 말이다. 재백한인은 브라질 교포들, 재아한인은 아르헨티나에 거주하는… 한인동포들을 이르는 단어들이다. 그러나 재일한인이라는 용어는 전혀 사용되지 않고 있다. 그 이유는 일본에서는 이미 북조선의 국적을 갖고 있는 조선인이라는 호칭을 가진 사람들이 상당수 있기 때문이다. 재중한인과 재소한인이라는 용어는 한국의 일부에서 통용되는 신조어다. 중국의 조선족에 대해서 적용하는 재중한인이라는 용어와 구 소련에 거주하는 고려인들에 대해서 사용하는 재소한인이라는 용어는 지극히 자민족 중심주의적일 뿐만 아니라 한반도 중심적인 용어다. 조선족들과 고려인 자신들이 전혀 받아들이지 못하는 용어다.[2]

여기서 결론은 이른바 '한민족공동체'라는 것이 더 이상 정치적 술어로서의 역할만 해서는 안 된다는 것이다. 중국인들이 전 세계를 화인망(華人網)으로 연결함으로써 경제력의 발판을 삼은 사례나 앞의 유태인 사례의 경험을 배워야 한다는 주장이다.

오늘의 남북 대결구조가 요청한 지나칠 정도의 자기방어적인 이데올로기적 잣대에서 벗어나서 해외동포들을 연계한 한민족문화공동체의 건설은 통일시대 민족문화의 역량을 높일 때 비로소 가능해질 것이다. 남과 북 그리고 해외동포 모두가 고민하고 있는 민족주의와 민족문화란 과연 무엇인가에 대한 진지한 성찰이 요구되는 시점이다.

낮은 연방제와 국가연합 시대의 민족문화 전망

단군릉숭배를 통해 본 북쪽 민족주의의 지향점

2000년 4월 29일, 북쪽의 모든 언론들은 일본 정치인들이 야스쿠니 신사를 참배한 데 대해 "일제에 의한 불행과 피해를 입은 아시아 인민들에 대한 모독"이라고 비난하면서, "기어코 침략의 길로 내달린다면 야스쿠니 신사에 있는 망령들과 같은 신세를 면치 못할 것"이라고 경고했다. 이같이 북쪽이 대내외적 민족문제에 관해 남다른 견해를 표명해 온 것은 익히 알고 있는 사실이다.

지금부터 하나의 표본사례로서 논하려는 단군릉 문제는 북쪽의 민족사에 대한 지대한 관심의 폭의 현주소를 알려주는 것이라 할 수 있다. 단군문제는 남북의 문화관에 대한 견해차이와 합일을 얻어낼 수 있는 '뜨거운 감자'의 하나이다. 북쪽의 단군민족통일협의회 대변인은 1999년 말에 하나의 성명을 발표하였다(평양방송 1999. 11).

최근 남조선에서 일부 불순분자들에 의해 우리 민족의 원시조인 단군이 실재한 인물임이 부정되고 초중등학교들에 세워진 단군상이 심히 훼손당하는 사태가 빚어지고 있다. 남조선의 그리스도계의 일부 단체들을 비롯한 몰상식한들이 벌이고 있는 단군 부정행위는 민족의 원시조를 모독하고 민족과 민족의 역사를 부정하는 반민족적 범죄행위이다. …단군이 평양에서 태어나 조선을 세운 민족의 원시조라는 것은 이미 세상에 널리 알려졌고 공인되고 있다. 이러한 단군이 신화적 인물로 왜곡된 것은 일제의 조선민족 말살책동과 사대주의 사가들의 매국배족 행위 때문이었다. …민족의 자주와 대단합을 실현하는 것은 우리 단군민족 모두의 사활적인 문제이다. 단군을 숭상하는 남조선의 민족종단들과 민간단체들은 단군역사와 단군상 수호투쟁을 벌여 인민들에게 민족성을 심어주고 민족의 주체성을 세워야 한다.

왜 이토록 남쪽의 단군문제 인식까지 '거론하고' 나섰을까. 이는 통일문화 형성과정에서 민족문화를 둘러싼 쌍방의 견해차이가 자칫 논쟁을 불러일으킬 수 있음을 예고하는 대목이기도 하다. 2000년 10월에는 평양에서 남북한 학자들이 참가하는 단군을 주제로 한 대규모 학술대회가 열릴 예정이다. 이처럼 단군을 매개로 한 남북의 교류가 세간의 이목을 받을 것으로 보이지만, 사실 남쪽사회에서는 일부 기독교계를 중심으로 우상논쟁이 계속되고 있고 현격한 견해차이가 존재한다. 북쪽의 단군신화 현대화의 제반 양상을 살펴봄으로써 북쪽 민족주의관의 현주소를 점검해 볼 수 있을 것이다.

1993년 10월 2일 북의 사회과학원은 단군이 5011년 전의 실존인물이라고 주장하는 단군왕릉 발굴결과를 발표하여, 남북 역사학계에 비상한 관심을 불러일으켰다. 이 보고에 따르면, 평양시 강동군 강동읍에서 서북쪽으로 조금 떨어진 대박산 동남쪽 기슭에 자리잡고 있는 단군릉을 발굴하는 과정에서 두 사람분에 해당하는 86쪽의 유골과 금동왕관 앞면의 '세움장식' 및 '돌림디' 조각 등이 출토되었으며, 골반뼈를 기초로 감정하는 등 유골분석을 한 결과 남자와 여자의 것임이 확인되어 단군부부가 함께 묻힌 것이 밝혀졌다고 한다.

이어 단군릉 발굴로 단군의 유골이 출토되고 그 연대까지 확증됨으로써 종래 신화적·전설적 인물로 간주되어 온 단군은 실존인물이며 우리 민족의 원시조이자 고조선의 건국시조라는 것이 확인되었다고 결론지으면서, 이를 입증하기 위하여 『위서』『삼국유사』『제왕운기』『고려사』『동국통감』『동국여지승람』『이조실록』『고려사지리지』『팔역지』『영변지』 등 각종 고문서를 인용하기도 했다.

우리식사회주의문화의 역사적 원조는 단군과 고조선, 고구려와 발해, 고려 등이다(왼쪽은 고구려 돌사자, 오른쪽은 발해 돌사자).

오늘의 북쪽에서는 단군의 존재를 확고부동한 실제적인 역사로 승격시키고 있다. 하지만 전에는 단군신앙을 가공의 허구로 아예 무시하여 개천절이란 표현은 물론이고 일체의 기념행사도 하지 않았다. 그러다가 1994년 들어 단군릉을 대대적으로 발굴하면서 단군을 실존인물로 인정하기 시작한 것이다.

유물사관을 제치고 단군을 인정한다는 것은 '계급사관에서 민족사관으로의 회귀'로 해석될 만큼 커다란 태도변화이다. 구체적으로 1994년 1

월 9일에 단군릉 개건을 위해 단군릉복구위원회를 조직하고 개축공사를 추진, 같은 해 10월 11일 준공식을 가진 데 이어 12월 20일에는 단군제를 지냈다. 1993년 10월 3일 개천절 행사의 연설에서 강철원 천도교청우당 부위원장은 이렇게 말했다. "개천절을 기념하는 것은 반만년 역사 속에서 하나의 민족으로 살아온 단군의 후손들인 우리 겨레가 민족의 유구성과 단일성, 주체성을 내외에 힘있게 과시하고 자주와 대단결의 조국통일을 앞당기는 데서 큰 의의를 가진다."

사실 그 동안 북쪽은 민족 정통성을 주장하기 위해 고조선과 고구려, 발해, 고려에 대한 연구와 유적발굴에 총력을 기울여왔다. 고구려 동명왕릉 개축(1993. 5. 14), 고려 태조 왕건릉 복원(94. 2. 1)뿐만 아니라 연해주에서의 발해유적 발굴조사(1993. 5) 등과 접목되면서 나아가 평양이 한민족의 발상지라고 내세운다.

또 단군의 성지라 할 수 있는 구월산을 개발하고 있는데, 원래 구월산에는 문화유산이 많이 산재해 있다. 패엽사, 월정사 같은 고가와 고려청자 가마터, 특히 황해도 5대 산성의 하나였던 구월산성과 단군사 터가 있다. 단군을 추념하기 위해 세워진 단군사 터는 모두 세 곳으로, 제1단군사 터는 주봉인 사황봉 마루에 있는 집터이며 제2

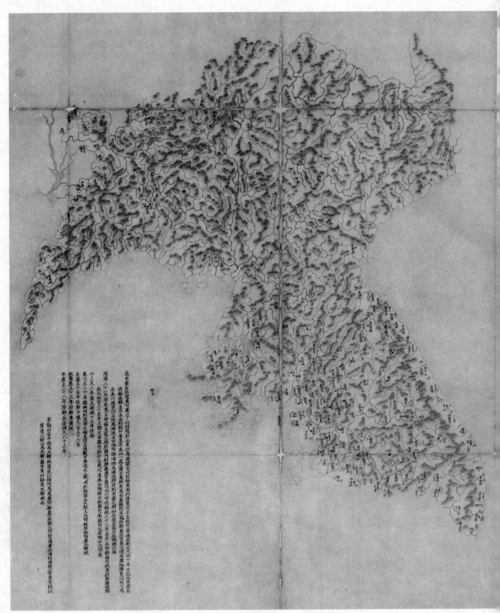

구려연혁도칠폭(高句麗沿革圖七幅, 채색필사본, 19세기, 영남대박물관소장)
삼한에서 고려시대까지의 강역과 주요 도시를 그린 역사지도. 만주의 요양까지 표시하고 있는 것으로 보아 고구려 최전성기 영역을 표시한 것으로 보인다.

단군사 터는 오봉산 줄기인 대중산 동남쪽 돌출부에 사당 축대로 추측되는 터이고 제3단군사 터는 제2단군사 터에서 4킬로 떨어진 곳에 축대만 남아 있다.

북에서는 80년대 후반부터 단군신화의 형성시기(『력사과학』, 1987년 3호), 단군신화에 근사한 원형(『력사과학』, 1987년 4호) 등 단군에 관한 연구가 본격화되었다. 이러한 연구과정에서 1993년에 나온 단군릉 발굴보고는 신화를 구체적인 역사단계로 공인한 결과가 되었다. 단군릉 발굴보고는 남북 공동의 고증작업을 통해서 그 진위 여부가 판명되겠지만, 적어도 다음 몇 가지 점에서 매우 중요한 역사적 의미를 지닌다.

북쪽이 고구려 시조인 동명왕릉을 개축·복원하고 고려의 태조 왕건릉을 복원한 데 이어 단군릉을 발굴한 것은 일견 민족문화 유산을 잘 보존하겠다는 정책에 근거하고 있는 것 같지만 여기에는 다른 이유가 존재한다. 즉 고조선→고구려→고려를 잇는 한민족의 전통성을 가진 적자임을 내세워 북쪽정권이 민족정통성을 가짐을 은연중에 내비치고 있는 것이다.

그러나 적어도 북쪽은 단군이 가상의 인물이 아니라 역사의 실재인물임을 강조함으로써 민족기원과 시조 문제에 대한 나름의 명확한 입장을 정리한 것으로 보인다.

우선, 단군의 무덤이 고구려 양식으로 되어 있는 것은 고구려 시기에 그 무덤을 개축한 사정과 관련이 있다는 점과 단군기적비를 고구함으로써 단군릉의 전통이 일제시대까지 이어졌다는 사실까지도 밝혀냈다. 『강동지』(1935)에는, 갑오경장 이후 단군릉의 수호가 해이해지는 것을 애석하게 생각한 강동군 인사들이 나서서 수호회를 조직하여 각처에서 헌금을 받아 석불을 마련하고 수호전을 건축하였다고 씌어져 있다. 즉 오늘의 단군릉 옆의 기적비는 1936년에 만들어진 것으로서 단군의 정신이 이어져 왔다는 것이다.

그리고 단군은 평양에서 태어난 것으로 보고 있다. 단군이 태어나기 전에는, 오늘의 평양일대는 하늘신을 최고의 신, 조상신으로 숭배한 종족이 동물을 신성한 존재로 믿는 종족을 통합하여 하나의 사회적 집단을 이루고 있었다. 그래서 하늘신을 조상신을 믿는 종족이 이 집단에서 지배적인 지위를 차지하였으며 이 종족의 우두머리가 추장으로 되었다는 것이다. 그 마지막 추장은 『삼국유사』『응제시주』의 '고기(古記)'들에서 전하는 단군설화에서의 환웅인데 환웅은 이웃부락의, 동물을 조상신으로 숭배하며 살고 있던 종족의 우두머리(곰씨족 출신)의 딸과 혼인하여 단군을 낳았다는 것이다.

북쪽은 단군의 출생담을 조상숭배심의 발현이라고 본다. 우리 민족의 원시조이며 민족적 넋의 상징인 단군과 그 사적을 신화적 형식 속에 폭넓게 담은 최초의 건국설화로서, 반만년의 유구한 민족생활에 깊이 뿌리내리고 상이한 계급과 계층들 사이에서 윤색과 보충 과정이 거듭되면서 전승되어 왔다는 것이다. 단군이 신화적 환상 속에서 형상화되었으나, 그는 실재한 역사적 인물로서 고조선 건국시조이며 우리 민족의 원시조이자 상징체라는 주장이다.

이런 단군이 한갓 몽상적인 신화로 전락한 것은 일제 식민지의 단군말살 정책 때문이라는 것이다. 일제는, 단군은 실재인물이 아니고 후세에 조작된 하나의 허황된 신화적 인물이라는 기만적인 '단군신화'론을 조작·유포하였는데, 여기에는 일본의 역사가들이 시기를 달리하면서 대대적으로 참가하였다고 한다. 일제시대의 '조선사편수회'에서 펴낸 방대한 『조선사』에는 단군의 역사가 한 줄도 언급되지 않음으로써 역사와 신화의 분리를 시도하였는가 하면, 이런 단군말살책은 학교교육에서도 이어졌고 대종교를 탄압하면서 단군을 왜곡하였는데, 이렇게 일제에 의해 유포된 단군을 신화적인 인물로 보는 관념이 오늘에까지 이어지고 있다는 것이다.

어떤 신화나 전설이든 현실적·역사적 계기를 뛰어넘어서 발생하거나 형성될 수 없으며 존재할 수도 없다. 신화형성의 물질적 기초는 다름아니라 그 시대의 현실적인 역사일 것이다. 그러므로 신화를 역사에 선행하는, 확고치 않은 사화(史話)로 본다든가 신화를 직접 역사로 대체하는 모험적인 견해들은 모두 역사로부터 고립된 신화의 존재를 인정하는 견해와 함께 신화에 대한 관념론적 해석이라는 주장이다.

1998년 3월에 북쪽은 평양일대의 유적을 '대동강문화'로 명명하면서, "구석기시대 초기로부터 고려시기의 문화 유적유물들이 수만이 드러난 평양을 중심으로 대동강의 중하유역을 포괄하는 광활한 지역이 인류와 고대문명의 발상지, 중심지의 하나였다는 것을 알리는 역사적인 선포로 된다"고 하였다. 또 1999년에 조선중앙역사박물관 학술연구집단은 평양시 은정구역에 있는 옛 토성을 발굴하였는데, 단군조선 시대의 수도성의 북쪽 방위성이라 발표하였다(『민주조선』, 1999. 8. 10). 덕산토성이라고 불리었던 이 토성은 지금까지 고려시대에 축성된 것으로 알려져 있었다. 여기서도 집착에 가까울 정도로 단군문제에 몰두하고 있는 모습을 확인할 수 있다.

북쪽학계의 단군 재해석에 대한 남쪽학계의 입장은 찬반 양론이 이어지고 있다. 문제는 왜 북쪽이 단군을 불러왔는가 하는 것이다. 단군은 늘 역사적으로 당대의 요청에 의해 재해석되곤 했다. 일찍이 고려시대에는 몽고의 침입과 더불어 『제왕운기』 같은 책들이 서술되면서 단군을 재조명하는 작업이 이루어졌으며, 일제시대에도 대종교를 중심으로 단군의 의미를 재조명하였고 실제로 대종교 세력은 만주로 본거지를 옮겨가면서까지 장렬한 항일투쟁을 하여 많은 이들이 목숨을 바쳤다. 그리고 20세기 말에 북쪽에서 또다시 단군을 재해석하기에 이른 것이다. 단군의 실체에 대한 이견이 다양하게 존재하지만, 적어도 우리가 북쪽의 단군 재해석에서 몇 가지 배울 점은 있다고 생각한다.

첫째, 남북이 분단된 상태에서 민족적인 통합의 하나의 구심점으로 단군을 재해석할 수 있는 계기로 삼아야 한다는 점이다. 남북통합이라는 측면에서 단군이라는 민족적 상징성에 대한 합의는 통일에 기여하리라고 본다. 이런 점에서, 지엽적인 생각에 매몰되어 단군의 재해석에 대한 북쪽의 관점을 비판적으로만 보는 태도는 문제가 있다.

둘째, 단군신화를 역사와 완벽하게 분리시키려는 관념성에 대한 비판은 매우 타당하다는 점이다. 단군신화의 역사적 실체를 둘러싼 논쟁과 무관하게, 단군신화를 역사와 분리시키려는 태도에 대해 경종을 울린 것만은 사실이다.

셋째, 단군신화의 재해석은 단순히 한반도 내의 문제로 끝나지 않는다는 점이다. 통일 민족국가 수립에서 동북아시아 전체의 역사관을 재조망하는 방향으로 발전할 수 있기 때문이다. 고조선 나아가 고구려와 발해 문제에 대한 남북의 합의는 동북아시아에서 한민족의 자주성을 재확인하는 중요한 대목이다. 역사관의 재정립은 결코 흘러간 옛 노래 부르기가 아니기 때문이다.

오늘날 남쪽에서는 단군을 둘러싼 논쟁이 불필요할 정도로 지속되고 있으며, 이 순간에도 단군상의 목이 잘리는 사건이 발생하고 있다. 남북이 통일을 향해 나아가는 도정에서 단군에 관한 민족적인 재해석과 단군숭배 의식의 고조는 당연한 추세로 여겨진다. 사실 단군을 오로지 신화로만 간주하고 허황된 날조로 보

단군릉과 더불어 동명왕릉도 북한의 민족주의관을 이해하는 지름길이 될 수 있다.

는 태도는 일제 식민지 시대에 이미 일제에 의해 의도적으로 유포되었던 역사해석과 일맥상통하는 면이 있다.

우리는 북쪽의 단군 재해석 과정을 지켜보면서, 민족사적 입장에서 큰 그림을 그려야 할 것이다. 큰 그림은 남한이라는 작은 틀에서 보아서는 아니 되며, 만주를 포괄하는 넓은 차원에서의 민족의 원초적인 출발을 재점검하는 데서 출발해야 한다. 중국의 '눈치'를 보느라고 만주벌판의 고구려와 발해 유적조차 제 목소리를 못 내고, 일본의 '눈치'를 보느라고 독도문제조차도 회피하는 것이 과연 민족사의 큰 그림일까. 혹은 독도문제를 '시끄럽게' 거론하는 것은 국수주의이며, 공식적으로 거론조차 않는 것은 열려진 세계화일까. 시대가 단군을 부르고, 단군이 시대의 요청에 부응하고 있는 시기에 우리가 살고 있음을 분명히 해야 할 터이다.

남북의 민족적 삶이 자주성을 지켜나가기 어려운 조건임을 감
안할 때, 백번 김구 선생이 「나의 소원」에서 부르짖었던 그 자주
성에 대한 외침은 한 줄도 변한 것이 없다. 우리는 아직 자주적
인 민족국가를 수립하지 못하였기 때문이다.

네 소원이 무엇이냐 하고 하느님이 물으시면 나는 서슴지 않고
"내 소원은 대한독립이요" 하고 대답할 것이다. 그 다음 소원은 무
엇이냐고 하면 나는 또 "우리나라의 독립이요" 할 것이요, 또 그 다
음 소원은 무엇이냐 하는 셋째번 물음에도 나는 더욱 소리 높여서
"나의 소원은 우리나라 대한의 완전한 자주독립이요" 하고 대답할
것이다.

복합적 문화공동체로 나아가는 개방적 민족문화

한반도에서도 남이건 북이건 민족주의는 최대 담론의 하나이다.
특히 남쪽에서는 한국 민족주의의 성격과 관련하여 다양한 논의
들이 백가쟁명으로 전개되고 있는 실정이다.

세계화의 강화와 아울러 국민국가의 역할에 대한 의문이 제기
되면서, 방어적이고 폐쇄적이며 자민족 중심주의의 성향을 강하
게 지닌 한국 근대 민족주의를 탈민족주의를 지향하는 그리고
전진적으로 개방적인 민족주의로 변화시켜 나가야 한다는 주장
이 힘을 얻고 있다. 또 한편으로 종족적 혹은 인종적 민족주의의
병폐를 피하기 위해 공공적·시민적 민족주의로 이행해야 한다

는 논의와 나아가 민족이라는 공동체의 민주주의적 지향성을 회복하기 위해 탈민족주의적 접근의 필요성이 제기되고 있다. 단순화하면 첫번째 논의가 한국 민족주의의 대외적 측면을 비판한 것이라면, 두번째 논의는 한국 민족주의의 원초적 속성이 지닌 비민주적이고 억압적인 성격을 강조한 것으로 민족주의의 내부적 측면에 대한 비판이라고 할 수 있다.[3]

이 같은 논의틀 속에서 역사문제연구소의 『역사문제연구』(2000)는 민족주의를 전면특집으로 다루었다. 민족주의 담론이 21세기 한국 지식계의 최대 쟁점 중의 하나로 부각되고 있음을 반증하는 것이기도 하다. 여기서 민족주의 담론에 대한 비판을 선도하고 있는 임지현은 중심과 주변, 서양과 동양, 근대와 전통, 물질과 정신 등이 중층적으로 서로 반발하고 결합하여 나타나는 다양한 모습들을 '전지구적 근대성(global modernity)'이라는 틀로 일괄하여 묶고 있는데, 전지구적 근대성은 민족주의를 전지구사의 시각에서 분석하기 위한 이론적 지렛대로 간주되고 있는 것이다. 그가 전지구사적 시각을 제시하는 이유는 민족주의란 고정된 관념이 아닌 살아 있는 운동이기 때문이다. 그는 제3세계 민족주의를 이렇게 결론짓고 있다.

제3세계 민족해방운동 과정에서 사회주의는 결국 노동해방 이데올로기에서 민중동원 이데올로기로 전락했으며, 국제주의는 민족주의로 대체되었다. 세계체제의 주변부에서 사회주의는 결국 민족주의의 하급 동맹자가 되었으며, 자본주의의 대안이 아니라 발전내지는 산업화의 이념이 되었다. 노동동원 이데올로기는 착취의 개념을 자본-노동의 관계에서 부르주아국가 대 프롤레타리아국가 간의 관계로 이전시킴으로써 가능했다. …주변부 사회주의의 반서구적 근대성은 극단적으로 말해서 '진보적 반서구주의로 가장한 토착적 보수주의의 독특한 형태'였을 뿐이다.[4)]

이 분석틀을 짧은 글로 단정적으로 진술하기는 어렵지만, 대략 근대민족주의에 대한 비판적 입장이다. 그러나 이 서술이 얼마나 타당할 것인가. 국제주의는 과연 민족주의로 대체되었는가. 소비에트 주류에 대한 비판으로서는 훌륭한 분석틀이지만, 구소련의 여러 소수민족의 삶이나 중국의 민족정책 등을 놓고 본다면 이는 다분히 '서구적' 패러다임을 기계적으로 적용하고 있는 것으로 판단된다.

6년 전 시베리아 레나강가의 사하공화국을 방문하였을 때, 나는 그곳의 사하족 지식인들과 레닌의 민족문제 인식을 주제로 토론을 한 적이 있었다. 레닌은 '민족문제의 제기는 전세계에 걸친 현상'임을 강조하였고 1917년 11월 2일에 역사적인 '러시아 인민 권리선언'을 선포하였다. 레닌의 제안으로 채택된 이 역사적 문서는 러시아 영토 내에 사는 소수 민족과 인종들의 자유로운 발전을 보장하는 것이다. 그러나 국립모스크바대학 정치경제학부 출신의 유능한 사하족인 올가는 짧은 영어로 또박또박 레닌주의를 비판하였다. 레닌이 민족문제 해결에 남다른 인식을 가졌다고 믿어온 나에게 그녀는 일대 반격을 가하였던 것이다.

레닌의 민족문제 해결은 오직 이론상으로만 그랬다!

모든 이론은 회색이라고 하던가, 레닌이 말한바 민족문제의 해결은 온데간데없었으며 특히 스탈린 체제로 들어오면서 시베리아의 민족인사들은 처형의 길을 걸어야 했다. '러시아-시베리아'의 도식적인 발전경로를 걷게 된 것이다. 시베리아의 원주민 문화는 부인된 문화가 되었고 '러시아 식민문화'로 접어들었다. 가령 샤머니즘은 '모든 종교는 아편이다'는 명제 아래 철폐당했으며, 샤머니즘의 탄압은 곧바로 시베리아문화의 거의 전부라고 할 수 있는 무형문화에 대한 일대 타격을 의미하였다. 러시아식 서구화의 물결은 시베리아에서도 예외가 아니었다.[5] 국제주의는 과연 민족주의로 대체되었는가, 되묻고 싶은 대목이다.

그렇다면 북쪽의 민족주의는 어떻게 보아야 할 것인가. 임지현의 분석대로라면, 북쪽은 "진보적 반서구주의로 가장한 토착적 보수주의의 독특한 형태"의 전형이 될 것이다. 이에 대하여 같은 책에서 서동만은 재미있는 추이분석을 내놓았다. 북쪽 사회주의의 '민족사회주의화'라는 담론이 그것이다.

북쪽의 민족주의 절정단계는 60년대였다. 문화사적으로 내재적 발전론에 입각한 조선 사회경제사의 체계화가 이루어졌으며 민족해방운동사, 조선 문학사·문화사·철학사 전반의 체계화도 이루어졌다. 이 밖에도 민속학, 고고학 등 국학분야의 발전도 이루어졌다. 그러나 소련과 중국과의 일정한 갈등은 북쪽 스스로 국제공산주의의 일반적 흐름을 완전히 차단시키는 길을 걷게 만든다. 그리하여 60년대부터 정치, 경제, 사상, 군사 등 모든 영역에 걸쳐 독자적인 체계를 갖추어가면서 주체사상은 유일사상화로 체계를 잡는다. 한편 90년대 초 들어서 북쪽은 중국이나 베트남과 달리 내부변화를 위한 준비 없이 소련과 동유럽권의 붕괴를 맞이하게 되었다. 소련과 동유럽권의 몰락은 북쪽체제를 정당화시키는 이데올로기 면에서 민족주의를 보다 전면에 내세울 필요성에 쫓기게 한다. 과거의 '주체사회주의'는 세계 사회주의권의 존재를 전제로 한 자기 주장이었으나, 사회주의권이 붕괴하거나 변화한 이상 새로운 정당한 논리가 요구되었던 것이다.

'우리식사회주의' '조선민족제일주의'는 이러한 상황의 산물이다. 사회주의 못지않게 우리식이 강조되지 않을 수 없게 되었고, 북쪽 사회주의야말로 세계 사회주의의 마지막 보루라고 여기는 시대적 소명의식마저 띠게 된 것이다. 오늘날 조선민족제일주의에서 말하는 조선민족은 남북을 망라하는 한민족 전체라기보다는 북쪽인민으로 축소된 개념으로 볼 수 있다. 오늘의 강성대국론은 북쪽 나름대로는 부국강병론이지만, 이는 전형적인 '국가주의적 내셔널리즘'으로 간주된다는 분석이다.

남북정상회담의 타결은 한반도 민족주의가 전진함에 있어 획기적인 의의를 지닌다. 북한의 민족주의는 개혁·개방을 위해 불가결한 이념적 정지작업으로서 민족주의의 폭을 넓히는 방향으로 가닥을 잡아야 한다. 반면에 남한 민족주의는 그 냉전적 성격에서 벗어나야 한다. 남한 민족주의는 북한을 국가적 실체로 인정함을 출발점으로 삼아 북한도 동아시아 국제질서 속에서 정상적인 일원으

로서 행동할 자격이 있음을 긍정해야 한다.[6]

2000년 벽두에 종합적으로 이루어진 이 같은 공동연구에서 일치된 견해는 하나 있다. '개방적' 민족주의여야 한다는 결론이다. 그러나 같은 책에서 "과연 우리가 너무 민족주의적인가?" 하는 반론에 부딪힐 수밖에 없다.[7]

이 자리에서 21세기 초반에 '이상열기'로 치닫는 민족주의 논쟁을 더 진술할 필요성을 느끼지는 않는다. 오늘날 남북이 안고 있는 '전시체제적'인 분단시대의 과도기 성격이 창출하는 '민족을 가장한' 이데올로기 생산에 대하여 모르는 바 아니다. 세계화의 도도한 흐름에도 불구하고 남북은 두 개의 국민을 가진 결손 국가로서 절차적 수준의 민주주의조차도 정착시키지 못하고 있는 현실이다.

그러나 1990년대 말부터 불기 시작한 민족주의를 둘러싼 '과도한' 논쟁이 실은 남북정상의 만남을 계기로 한 '역사적인 사변'을 '충분히' 예상하지 못한, 다시 말해 남북 당사자의 '자주적' 만남과 이를 옹호하는 국제적 합의(국가별로 이해득실 계산이 있음에도)를 '충분히' 예비하지 못한 상태에서 과도하게 돌출된 '지식인동네'의 속사정임을 분명히 해야 하지 않을까. 북한이 이끌어온 민족사회주의 노선이 자주성이라는 일관된 화두를 중심으로 설정되고 있으며 그 자주성은 나름의 생존전략에서 나온 주의주장임을 염두에 둔다면, 전시체제가 요구하는 민족주의의 방어적 개념을 서구 학문틀의 잣대로 무조건 비판할 수는 없다고

본다. 임현진의 다음 글에 동의하면서 이 대목은 마무리하고자
한다.

　지구시대에 한국은 개방적 민족주의를 내면화함으로써 외부의
광역화된 지역주의를 적극적으로 활용하면 나아가서 날로 거세지
고 있는 세계주의의 물결을 헤쳐나가야 한다. 이것은 정치주권, 경
제자립, 사회통합, 문화전통을 지킬 수 있는 '우리' 중심의 주체적이
고 능동적인 생존철학의 수립을 요구한다. 그렇지 못할 때, 세계화
의 수지계산서는 적자로 메워질 위험성이 높다.[8]

　문화사적으로 통일문화의 형성이란, 그 동안 냉전하에서 우리
가 한민족공동체 전체로서의 역사인식 틀을 갖지 못했다는 현실
인식에서 다시 출발해야 한다. 남북분단은 역사의 단절과 더불
어 역사의 해체와 역사의 파편화와 역사의 사인화(私人化)를 가
져왔다. 역사는 이념적 색깔로 제약되거나 왜곡되었으며, 강력
한 힘을 가진 개인 혹은 집단의 특수 이익에 부응하는 방향으로
재해석 · 재규정됨으로써 보편의 역사를 가지지 못하였다. 남북
정상이 무릎을 맞댄 '민족적 사변'이라는 대전환의 의미는 다름
아니라 자주적 역사관의 복원이라고 할 수 있다.[9]
　남북이 2000년 공동선언을 통하여 연방제와 연합제의 공통점
을 찾는다고 합의한 것은 현실적으로는 두 개의 국가적 실체를
상호 인정했다는 한정적 의미를 갖는다고 볼 수 있지만, 통일논
의의 측면에서는 두 가지 새로운 차원을 획득하는 것이다. 우선

북의 통일방안이 점진적인 것으로 수정되는 의미도 크지만, 이것은 또한 남의 통일방안에도 해당된다. 종래 통일국가의 형태로 '단일국가'만을 상정하던 남쪽의 통일방안에서 '복합국가'를 수용할 수 있는 여지를 마련한 것이다. 물론 연방제 이후 단계를 백지상태로 놓아둔 북의 통일방안이 단일국가를 수용할 가능성이 열린다고 볼 수도 있으나, 그것보다는 남의 복합국가 수용 가능성이 훨씬 의미가 크다.[10]

이 같은 논거틀에 비추어볼 때 남북의 문화적 통일도 복합적 문화공동체로 발전할 여지를 열어놓고 있다. '복합적 문화공동체'란 어느 한쪽의 문화적 강제에 의한 방식으로 재편될 수는 없음을 보여준다. 최종적인 통합은 온갖 실험과 교섭을 거치면서 시행착오를 없애는 장기적인 산물이다. 즉 통일은 결론이 아니라 과정이다. 통일문화 형성 역시 결과물이 아니라 과정으로서의 통일문화 형성작업인 것이다.

독일의 경우에서 보듯이, 잘못된 통일은 문화적인 차별로 이어지고 통일 이후의 사태해결을 더욱 어렵게 만들 가능성이 높다. '낮은 연방제와 국가연합 시대의 문화'는 쌍방의 문화를 두루 병행발전시키는 '복합적 문화공동체'를 지향해 나가야 할 것이다. 유럽의 여러 사례에서 감고계금(鑑古戒今)의 진리를 얻는다.

동서독은 통일이 되었으나 동독의 훌륭했던 제도들마저 모두 사장되어 버렸다. 동독의 가치관은 깡그리 수장되고 서독 중심의 가치관이 주도권을 쥐었다. 독일의 사민당 각료들 중에서 동독 출신은 단 1명이다. 동독공산당의 후신인 민사당(PDS)은 덕분에 옛 동독지역에서 발을 넓혀가고 있다.

오래 전에 통일을 이룬 이탈리아는 통일 이후에 편중된 정책으로 남부와 북부의 경제력 격차가 커졌으며, 통일되고 100여 년이 지나서는 급기야 '분리독립 만세'까지 외치게 만들고 있다. 경제력을 장악한 북부 위주의 완고한 사회적 연줄망이 이탈리아를 지배하고 있는 데 비해, 가난한 남부사람들은 높은 실업률로 가난이 재생산되고 있으며 그나마 일부 남부 사람들이 공직으로 진출하여 권력 쪽으로 발길을 돌려서 간신히 균형을 이루고 있는 실정이다. 유럽연맹의 탄생은 북부로 하여금 가난한 내부식민지인 남부를 포기하고 분리독립을 하라고 부추기고 있다.

그러나 유럽공동체를 부르짖고 있으면서도 막상 유럽에서는 유럽연방공화국의 실현 여부로 논란이 계속되고 있다. 문화사적으로 상이한 언어와 문화, 역사를 가진 국가들이 갈등 없이 평화적 민주주의를 실행할 수 있을지는 많은 의문이 제기되고 있다. 사실 "세계의 지역주의, 벽을 넘어서!"라는 구호는 그야말로 구두선일 뿐이다.

바야흐로 남과 북은 통일 이후의 어려움까지 예상하면서 만만치 않은 역사적 과제의 같은 배를 타고 대항해를 해야 할 민족사적 운명에 놓여 있다. 남북의 '복합적 문화공동체'에 이 대항해의 훌륭한 키잡이 역할을 의탁할 수 있을 것인지는, 오직 한민족의 문화적 역량에 달려 있을 것이다. 이제 남과 북은 자신있게 답변해야 한다. 우리는 문화민족인가?

민족문화의 원형질, 민족 생활문화

민족문화는 민족통합의 무기

해방 이후 남쪽학계의 민족문화 연구성과를 총집결했다고도 볼
수 있는 『민족문화대백과사전』(한국정신문화연구원)의 편찬방향
에 따르면, 민족문화의 개념규정은 다음과 같다. 민족문화를 구
성하는 민족구성원에 대한 정의에서부터 시작하고 있다.

첫째, 한민족의 구성원에는 외국에서 우리나라로 귀화한 사람
과 우리나라에서 외국으로 이주한 사람도 포함된다.

둘째, 한민족이 아닌 다른 민족이 이룩한 문화는 한민족 구성
원에 의하여 연구·변용된 구체적 사실이 있는 경우에 한국 민
족문화에 포함된다.

셋째, 한민족이 우리 강역 안에서 이룩한 문화 이외도 외국으
로 일시 진출하거나 항구적으로 이주하여 이룩한 문화도 한국
민족문화에 포함된다.

넷째, 선사시대의 생활양상도 한국 민족문화에 포함된다.

다섯째, 자연 그 자체는 문화가 아니지만 한민족에 의하여 연
구·이용되고 의미를 부여한 자취가 있을 때는 한국 민족문화로
다룬다.

여섯째, 현대문화의 양상은 전통문화와의 연관이 파악되고 광
범위한 영향을 끼치고 우리나라에서의 독자성 또는 특수성이 보

편성과 함께 인정되어야 한국 민족문화이다.

일곱째, 민족문화는 민족 · 강역 · 역사 · 자연 · 생활 · 사회 · 사고 · 언어 · 예술 등 아홉 가지로 크게 분류된다.

이상은 민족문화의 주체인 한민족의 구성범위, 민족문화의 영역문제, 민족문화의 시기별 문제, 현대문화와의 관련 문제, 민족문화 분류원칙에 관한 남쪽학계의 입장을 정리해 주고 있다. 민족문화의 범주를 편협한 틀에 넣지 않고 개방적이고 포괄적인 국제적 인식 속에서 정의하고 있다. 그렇지만 여섯번째의 정의처럼, 현대문화(좀더 정확하게 말한다면 서구의 절대적 영향권에서 배태된 현대문화) 전체를 민족문화에 포함시키지는 않고 있다. 이 같은 정의방식은 민족국가를 수립한 나라들의 일반적인 방식일 것이다.

통일문화 형성과정에서 민족문화가 선발로 내세워질 수밖에 없는 사정을 다음 몇 가지로 정리해 본다.

남북의 냉전적 대결심리 상태 극복

남북 문화교류협력이 가시화되고 있다는 것은 다른 말로 통일문화의 대장정이 시작되었음을 알리는 것이다. 그러나 깊은 심리적 대결구도는 결코 완화되지 않았으며 쉽게 해소될 성질의 것이 아니다. 남북의 정치 · 군사적 대결은 남북 민중들의 심리에도 지대한 영향을 미치고 있을 뿐 아니라 그 생활을 옥죄고 있다.

어떤 대장정도 첫걸음이 중요하다. 민족문화를 통한 통일문화 대장정은 남북의 대결심리 상태를 누그러뜨리는 데 크게 기여할

것이다. 그러나 남쪽의 다원적 문화체계가 그대로 북쪽으로 전
달되는 것은 북쪽에서 반대할 것이 분명하다. 북이 수용할 수 있
는 사회·문화 분야는 당연히 한정되어 있을 터이고, 이러한 제
한성은 현재의 남북교류가 갖는 어쩔 수 없는 현실적 한계 이기
도 하다. 굳이 상대방이 싫어하거나 수용하기 어려운 문화틀로
교류협력을 시작할 수는 없는 것이다. 따라서 민족문화를 선발
로 내세우면서 차츰 개방적인 자세로 앞의 여섯번째의 문화틀을
접목시키는 시간적인 노력이 요구된다.

남북의 동질성 재확인

민족을 중심에 두고 사고하는 관점은 자주적 통일관을 상호 합의
하는 데서도 중요하다. 시대가 변하면 풍습도 변하게 마련이고
북이나 남이나 전래 민족생활사에 많은 변화가 있었던 것도 사실

동질성이 살아 있는 민족
가극 〈춘향전〉. 남한방문공
연이 이루어질 예정이다.

이다. 그러함에도 남과 북이 갈라져 살아온 지 반백년이 되도록 여전히 전승되고 있는 것이 있다면, 그야말로 '엄혹한 분단시대에도 살아남은 남과 북의 민족생활사'로 간주되어야 할 것이다.

'이질화론자'들의 바람과는 달리 같은 것이 더 많고 같은 것 중에는 역시 민족문화 유산에서 이어받은 것이 중심을 이루고 있음을 이해한다면, 민족생활사가 남과 북 모두에게 얼마나 중요한지 누구나 깨달을 수 있을 것이다. 민족동질성을 강조하는 이해방식을 '감상적'이라고 비판하는 이가 있다면, 통일 이후에 후세사가들이 우리가 살고 있는 시대를 '민족통일운동 시대'로 규정지을 것이란 점을 반드시 염두에 두어야 할 것이다.[11] 문익환 목사가 통일은 '민족의 부활'이라고 갈파한 대목이 바로 그것이다.[12]

민족동질성의 확인 작업은 하나의 당위이면서도 반백년의 분단상태에서는 당위 이상의 목표가 되고 있다. 물론 언어를 공유하고 김치를 공유한다는 것은 너무나 평범한 것이지만, 우리에게는 단순히 문화가 같다는 의미 이상을 지닌다. 자주·평화통일·민족대단결이라는 통일의 3대원칙을 구현하는 데서 '민족'에 대한 강조는 지나침이 있을 수 없다.

민족문화에 대한 강조는 해외의 수많은 동포들과의 연대라는 측면에서도 중요하다. 해외동포들에게 사상·이념적 편향을 주지 않으면서도 민족적 동질성이라는 자기정체성을 확보해 주는 것이 바로 민족문화이다. 민족 중심적으로 사고함은 남과 북, 해외 3자의 동질성 확보 차원에서도 중요하다.[13]

백두산 가는 길 화룡현 근
처의 용두레 우물가 (연변
작가 최주범 촬영)

대북사업이 아닌 통일사업

통일문화 형성은 그야말로 통일사업이지 '대북사업'이나 '대남사
업'이 아니다. 통일사업을 이야기하면서 '대북사업' '이북관리 정
책' 혹은 '대남사업' '이남관리 정책'이라는 인식을 저버리지 못하
는 관성을 탈피해야 한다. 남북 모두에 필요한 사업이고 그야말
로 하나 되자는 사업이므로, 어느 한쪽이 아니라 서로 상대방의
처지를 잘 살펴가면서 추진되어야 마땅하다.

　통일사업이란 관점에서 본다면, 남쪽 입장에서는 북쪽 입장을
들여다보고 북쪽 역시 남쪽 입장에서 들여다볼 필요가 있다. 현
상태에서 북의 개방정책이 제한적일 수밖에 없는 것이 현실이라
면, 북을 불필요하게 자극하는 무리한 남북 문화교류협력을 추
진할 필요가 없다. 마찬가지로 북도 많은 양보를 해야 하며 남쪽
민중들의 정서를 충분히 고려해야 한다.

민족 중심 사고의 회복

남북의 동질성 회복을 통하여 민족의 존엄성을 되살리는 데서 민족 중심 사고는 기본이다. 이질화만 애써 강조하는 입장은 매우 미시적인 태도이며 비민족적인 관점이다. 이질화를 강조하는 시각에는 사실 이질화를 간절히 바라는, 온전치 못하고 흔히 악의적이기까지 한 사고방식도 깊게 뿌리내리고 있게 마련이다. "남과 북이 자신의 변질을 인식하지 못한 자기 기준의 잣대로 상대를 잰다면 남과 북은 상대방에게 2분량 변질한 것으로 비쳐질 것이다. 이것은 자신(남한)의 변질분량까지도 상대방(북한)의 변질로 옮겨진 분량이다. 말하자면 절대적 이질화이다. 이것이 지금 통일논의를 하고 있는 사람들이 무의식중에 빠져 있는 북한의 절대적 이질화 논리이다. 환각적 이질화 현상이다"라는 리영희 선생의 논지는 깊이 새겨들어야 할 대목이다.

남북의 이질성을 논하는 관점은, 남쪽은 변하지 않았는데 변한 것은 북쪽이므로 스스로 반성해야 한다는 입장을 전제로 하고 있다. 그 안에는 흡수통일적 시각도 들어 있는바, 북쪽은 남쪽식으로 변해야 한다는 강박관념 같은 것을 스스로 지니고 있으며 이를 북쪽에도 강요한다. 이 같은 관점을 포기하지 않은 상태에서의 통일문화 형성은 무망할 것이다.[14]

남쪽의 문화는 과연 민족적 토대에 힘을 주고 있는가. 2000년 7월 7일, 한국메세나협회에서 마련한 "21세기의 대응: 기업과 문화예술의 연대' 국제심포지엄에 프랑스의 저명한 문화비평가 기소르망이 참석하였다. 그는 '문화적 부가가치'를 거론하면서,

어떤 선진국이든 하나같이 강렬한 문화적 이미지를 지향하면서 상품을 판다고 역설하였다. 그가 바라본 남쪽문화의 국제력은 어떠할까.

한국은 확실한 문화적 이미지와 문화적 부가가치를 지니고 있는가? 솔직히 말해 아니다. 프랑스인은 한국물건이 싸니까 산다. '한국'상품이라서 사는 게 아니다. 문화는 세계 각국의 '상대적인 경제력'을 결정한다. 한국문화는 훌륭하다. 그러나 한국의 문화적 이미지는 그렇지 못하다. …88올림픽을 생각하면 안타깝다. 당시 한국이 현대적으로 보여야 한다는 방침 아래 '현대성'만 강조됐을 뿐, 독창성이라고는 찾아볼 수 없었다. 한국전통을 찾아다니던 서방기자들은 결국 '보신탕 죽이기'에 눈길을 돌렸다. 서구사회가 한국에서 '비(非)서구적 대안문화'를 찾으려는 마당에 서구 베끼기가 무슨 소용이 있었겠는가. (『조선일보』, 2000. 7. 10)

생활사와 인민사로의 인식전환

그렇다면 왜 민족문화 범주 속에서도 생활문화가 중요할까. 이는 세계를 바라보는 질적인 인식전환과 관계가 있다. 아마 지난 20여 년 동안 구미 역사학계에서 가장 많이 언급된 용어는 문화, 심성, 일상, 담론, 언어로의 전환, 역사인류학, 미시역사학 등일 것이다.[15] 다소 그 의미가 모호하고 막연한 점도 없지 않지만, 여기에는 생활사에 대한 재인식이라는 공통점이 깔려 있다. 거대담론 중심의 정치 일변도의, 그것도 잘못된 정치편향의 통일인식에 '감염'되어 있는 남쪽지식계의 처지에서 남북 민족생활사에 대한 재인식은 시대적 요청이기도 하다.

　과연 북에서는 민족 생활문화를 어떻게 정의하는가. 남쪽에서 이른바 '민중생활사'라고 부르는 범주의 북쪽에서의 대응어를 찾는다면 '인민생활사'가 될 것이다. 인민사(人民史)는 인민대중들의 구체적인 생활을 중심으로 정리하는 범주라면, '당사(黨史)는 인민사로 정리된 현상들이 사전에 '당'에 의하여 어떻게 지도·조직되었는가에 선차적인 주목을 돌리는 이해방식이다. 그러므로 사회주의 국가에서 당사 없는 인민사란 결코 존재할 수 없다. 역으로 인민사 없는 당사도 있을 수 없다. 더구나 군중노선을 중시하는 북에서는 인민사가 특히 중요하다. 이 같은 인민사의 저변에 그들의 생활사가 깔려 있는 것이다.

집회를 끝내고 나오는 만경대학생소년궁전의 학생들. '사회정치적 생명체'를 이해하기 위해서는 인민생활사에 관한 천착이 요구된다.

인민사의 당위성은 북쪽체제의 속성에 비추어보아도 절대적으로 중요하다. 북은 당의 영도를 중시하면서도 수령 중심의 사회다. 조선로동당은 수령의 지도 아래 주체사상을 구현하는 기관으로 정의된다. 따라서 북에서의 당사는 여느 사회주의권의 당사와도 달리 독특한 의미를 지녀왔다. 그리하여 다른 사회주의 나라들의 '당사-인민사'에서 더 나아가 수령과 군중노선의 문제가 빠져서는 안 되는 매우 다른 양상을 보인다. 수령은 인민을 결집시키는 중심체제로, 아니 북쪽사회의 구심체로 작동하며 인민과 당·수령은 전일적인 관계이다. 인민생활 구석구석에는 당의 영도, 당을 영도하는 수령관의 문제, 인민들의 힘을 추동하는 군중노선의 문제 들이 결합되어 있다. 수령·당·인민은 하나의 '사회정치적 생명체'인 것이다.

인민사는 단순히 인민들의 투쟁만을 반영하는 것은 아니다. 인민사는 인민생활사라는 범주를 지닌다. 그러나 이 생활사 서술이야말로 매우 난삽하고 서술 자체에 어려움을 겪는다. 워낙 범위가 넓은 탓이다. 인민생활사는 매우 단순하면서도 보편적인 생활상이지만, 동시에 복잡하면서도 특수한 면모도 지닌다. 따라서 북쪽주민들의 일상적이고도 보편적인 생활틀 속에서 북쪽 사회의 복잡하면서도 특수화된 일면도 읽어낼 수 있다.

북쪽의 민족 생활문화라고 했을 때, 이것은 민족 생활문화를 중심에 두고 통일을 전제로 하여 생활사를 바라보는 시각이다. 남과 북은 빠른 시일 내에 하나의 민족으로 민족대통합을 이루어야 하므로, 통일 이후의 생활사는 남과 북 어느 한쪽의 사회틀로 다른 사회틀을 병합하는 방식으로는 이루어지기 곤란하다.

특히 서로 다른 사회조건 속에서 살아온 생활문화란 쉽게 묶여지는 것이 아니다. 다만 남과 북의 보편적인 생활 속에서 유전되어 온 민족 생활문화만큼은 분단이라는 엄혹하게 격리된 조건에서도 여전히 살아 숨쉬고 있다. 이렇듯 민족생활사의 저력은 무서운 것이다. 그렇기 때문에 남북 생활사를 두루 관통하는 공통분모로서 민족 생활문화의 중요성이 돋보인다.[16]

민족 생활문화라는 설정 속에는 민족문제를 중시하는 입장 역

캠핑을 나온 북한여학생들. 일상의 삶은 남북 어디서나 같다.

시 전제되어 있다. 따라서 남과 북에서 이루어온 여러 노력들이 하나의 힘으로 온전하게 결합될 때 민족적 재부(財富)는 엄청난 힘을 얻게 될 것이다. 남북이 상이한 체제에서 얻어낸 고귀한 경험 나아가 오류들까지도 하나로 묶는다면, 이것은 통일된 한민족의 역사발전에서 더할 수 없이 소중한 자산이 되어줄 것이다.

통일은 외형적인 체제나 정권의 통합이 아니라 민족의 통일, 곧 사람과 사람, 삶의 통일이라는 사실을 깨달아야 한다. 북쪽에서의 먹고 입고 집짓고 살기, 명절맞이, 놀이를 즐기고 예술생활을 향유하고 결혼하고 장례 치르고 조상 모시는 풍습들은 바로 남쪽에서도 이루어지는 풍습들인바, 훗날 통일국가의 삶 속에서 녹아나는 단일민족 생활의 내용물들로, 자랑스런 민족적 재부로 합쳐질 수 있을 것이다. 북쪽사회 생활에서 엿보이는 전통적인 요소들도 훗날 민족적 재부로 온전하게 쓰여질 것이다.

북쪽의 민족문화, 변화를 거부하는가

조선옷을 지켜온 의생활문화

2000년 3월 23일, 평양에서는 2000년도 조선옷 패션쇼가 열렸다. 평양시 낙랑구역 피복연구소 옷전시장에서 열린 전시회에는 치마저고리를 비롯해 양복, 달린 옷, 나뉜 옷, 반외투, 긴 외투 등 92점의 여성 옷이 선보였다. 경쾌하고 발랄한 음악에 맞춰 아름답고 화려한 옷을 맵시 있게 차려입은 모델이 등장하자, 연이어 관중들 속에서는 박수와 환호성이 터져나왔다. 북쪽 의생활 변화를 예고해 주는 단면이다.

오늘날 북쪽의 패션계를 이끌어가고 있는 디자이너(북에서는 의상미술가라고 부른다)는 50고개의 리유미[17]이다. 그의 옷은 민족의 자태가 짙게 어려 매혹적이라는 평을 받고 있다. 평양미술대학 강좌장(학과장)으로 있는 그는 '조선옷을 위해 태어난 여성'으로 일컬어질 만큼, 어려서부터 색동저고리 등 조선옷에 관심이 많았고 나이 들어서도 "조선옷을 지키는 것이 곧 조국과 민족을 위한 일"이라고 여긴다고 한다. 2000년 4월 평양 모란봉극장에서 열린 조선민족의상전시회에 출품된 그의 작품은 조선옷 형태와 색깔의 총집산이라는 찬사를 듣기도 했다.[18]

북의 의생활은 기본적으로 현대옷과 전통옷의 병행발전이라는 전제 아래 조선옷의 계승과 발전, 양복이라는 두 가지 축으로 발전해 왔다.[19] 해방 이후 옷감과 피복 생산시설이 부족하여 의생활 부문의 획기적인 발전을 기대하기 어려웠기 때문에 기왕에 입던 조선옷을 기반으로 해서 양복이 등장하였으며, 여기에 더하여 작업복이 늘 중요시되었다. 그리하여 오늘날 북쪽사회의 의류는 크게 조선옷과 양복이 골간을 이루게 된다.

민족적 형식의 관철은 조선옷을 강조하는 방향으로 나아갔다. 세계의 패션계라는 것도 결국은 '서구 중심'의 패션산업이 전세계로 퍼져나가는 것을 의미한다고 볼 때, 자주경제를 표방하는 북쪽입장에서 이들 외래 복식을 무조건 받아들이는 것은 상상도 할 수 없었을 것이다. 또한 옷감 같은 기본적인 문제의 해결이 시급했던 처지에 패션 등의 개념들은 차선으로 미루어질 수밖에 없었다.

그래서 의생활은 조선옷이 발전하면서 여기에 단순한 형식의 양복이 곁들여지는 방향으로 이루어지다가 차츰 현대적 미감을 강조하는 분위기로 바뀌어나간 것으로 보인다. 따라서 의생활에서는 전통적인 요인이 강조되는 정도가 아니라 아예 전통적인 조선옷이 일상복이 되고 있다.

조선옷은 온화한 자연기후적 조건, 인민의 체질과 맑고 우아한 것을 좋아하는 민족적 정서, 농업을 생업으로 하고 온돌생활을 하는 특성 등을 반영하면서 수천 년 동안 전해져 내려왔다는 점을 강조한다. 옷은 사람들의 감정과 취미, 생활기풍에 맞게 입어야 하며 사회주의적 생활양식의 요구에 맞게 조선옷에 담겨 있는 민족성을 잘 살리는 것이야말로 오랜 역사적 과정 속에서

발전되어 온 민족옷의 우수성을 빛내고 인민들의 문화생
활 수준을 높이는 데 중요한 문제라고 말하고 있다. 그
리고 조선옷은 무엇보다 자체의 원료로 다양한 옷감을
마련하여 자연기후적 조건과 인민의 체질·기호에
맞게 여러 가지 형태로 만들어 입을 수 있는 것이
특징이라고 한다.

　김정일 위원장은 "조선 치마저고리는 예로부
터 우리 녀성들이 즐겨 입던 고유한 민족옷의
하나입니다. 옛날에 우리 녀성들은 저고리에 긴
치마를 입고 여러 가지 색깔의 고운 코신을 신
고 다녔습니다"면서 조선옷을 높게 평가하고
있다.[20] 한반도 풍토 속에서 민족적 품격에 알
맞게 만들어진 옷이라는 것이다.[21]

　그러나 정작 권장되고 있는 옷은 여자 조선
옷이다. 남자 조선옷을 잘 입지 않는 가장 큰
이유로 거추장스럽다는 점을 든다. 전통의
계승도 선별적으로 이루어짐을 의미하는 것
이다.

　전통적인 남자 조선옷은 우리 인민의 생활적 요구를 반영
하고 있었다. 지나치게 덥지도 않고 춥지도 않은 우리나라의
기후조건에 맞게 옷을 만든 것이며 계절적 특성에 민감하게
홑옷과 겹옷 그리고 솜옷으로 구분하여 옷을 만든 것 등이 그

고상하고 정갈한 옷차림을
강조한다(가을철의 여성옷
차림, 『조선의 민속전통』)

러한 실례로 된다. 그러나 남자 조선옷은 전반적으로 품이 넓고 길어서 비활동적이며 겉옷에서와 같이 과거 사회에서 계급·신분적 제약을 심하게 받은 적지 않은 제한성도 가지고 있었다.[22]

옷 자체에서 전통적인 조선옷이 이어지고 있는 것과 마찬가지로, 옷차림에서도 나름의 입장을 견지하고 있다.

북에서는 사회주의 생활양식을 확립하는 데 있어서 옷차림이 중요하다고 본다. 옷차림은 사람들의 품격과 문화수준을 말해주는 중요한 표징이기 때문이다. "깨끗한 옷차림은 사람들의 품격을 높여주며 거리를 밝고 아름답게 해주어 사람들의 옷차림을 통해서도 그 나라 인민들의 생활수준과 문화수준, 정치·도덕적 풍모 등 사회의 여러 면모를 들여다볼 수 있다." 이것은 "생활문화를 세우는 데서 근로자들이 옷차림을 문화적으로 하도록 하는 것이 중요"하다는 언표로 요약되는데, "우리 녀성들과 근로자들은 옷차림도 의당 사회주의적 생활양식의 요구에 맞게 가장 높은 수준에서 아름답게 해야 한다"는 것이다.[23]

조선옷을 입는 데서도 일정한 전통적인 맥락이 강조되고 있는데, 조선옷을 맞출 때는 몇 가지 점을 고려해야 한다. 조선옷의 우아함과 아름다움을 잘 살리자면 옷을 몸의 생김새에 어울리게 잘 맞추어야 하며, 나이에 맞게 맞추어 입는 것, 옷색깔을 나이와 계절에 맞추는 것 등이 가장 중요한 우선요건이다.[24]

조선옷 옷차림에서 중시되는 기준치를 대략 살펴보면 다음과 같다. 이 기준치들은 북쪽의 의생활에서 전통적인 면모를 엿볼

수 있는 중요한 요인이기도 하다. 물론 이 기준치들은 여자 조선 옷에 국한된다.[25]

첫째로, 몸매에 어울리게 위가 짧고 아래가 길게 보이도록 치마저고리의 비례를 옳게 설정하여 미적인 효과를 보장한 것이 특징이다. 조선옷은 산 좋고 물 맑은 아름다운 자연풍경에 어울리게 옷차림에서 선명하면서도 부드러운 선과 색깔, 무늬 등을 잘 나타내고 있다.

둘째로, 민족적 전통을 살려 치마를 길게 해 입어야 한다. 치마를 짧게 하는 것보다 길게 하는 것이 보기 좋고 민속적인 것을 잘 살리는 방도다. 일부 여성들 사이에 조선옷의 민족적인 전통을 잘 모르고 치마를 짧게 입는 현상들은 마땅히 비판되어야 한다. 예를 들어 흰 저고리에 비로드 치마를 짧게 받쳐입는 것은 촌스럽고 조선옷의 고유한 옷차림에 어울리지 않는다.

셋째로, 조선옷은 그 형태의 변화가 아니라 옷감의 재질로 사철 변하는 계절에 맞추어 입을 수 있다. 즉 계절에 알맞은 옷감이 선택되어야 한다. 그외에도 재질을 잘 선택하여 만듦으로써 조선옷 차림을 혁명하는 시대, 근로자들의 문화·정서적 요구와 현대적 미감에 맞게 하면서도 민족성이 잘 살아나도록 한다. 조선옷 차림에서 색의 조화를 잘 이루는 것 또한 중요하다. 조선옷을 시대적 미감에 맞게 민족적 특성을 잘 살려 입는 데서 색깔맞춤이 대단히 중요한 탓이다. 색의 조화는 또 몸매, 얼굴색과 맞아야 하며, 나아가 나이에 맞게 색을 골라야 하며, 나이에 따라서 옷 짓는 방식도 다소 다르다.

의생활에서 민족적인 전통을 강조하는 경향은 심지어 머리단
장에서도 일관된다. 시대적 미감과 계절 그리고 생김새와 나이에
어울리게 하면서도 아름다운 민족적 특성이 잘 나타나도록 하는
것이 중요하다고 지적한다. 세계적인 패션가발이나 헤어스타일
의 명칭과 무관하게 나름대로 정리된 머리모양으로 헤어스타일
기준치를 정하고 있다.

가령 계절에 따라 처녀들 머리스타일을 구분하는데 여름철에
는 나리꽃머리 · 폭포머리 · 단발머리를, 겨울철에는 옥류머리 ·
수국화머리 · 들국화머리 · 조발머리 등을 권장한다.[26] 화장품에
도 인삼크림, 동백살물결, 인삼살물결 등 인삼 · 동백 · 모란 같은
순식물성 성분을 사용하고 민족적 소재를 채택하고 있다. 이 모
두가 북쪽 의생활에 배어 있는 전통적인 요소들을 확인시켜 주는
사례들이다.

물론 오늘날의 의생활은 민족적인 것을 기본으로 하면서 현대
적인 미감을 넓게 받아들이는 방향으로 나아가고 있다. 그럼에
도 민족적인 풍모는 여전할 것으로 생각된다. 북쪽사회 내부에
서 볼 때는 민족자주경제의 입장에서 조선옷을 강조하는 경향을
이어나감으로써 의생활의 대외종속이라는 위험성을 피할 수 있
을 것이다. 하지만 국제 패션산업의 측면에서 볼 때는 불리할 뿐
더러 일견 답답한 요소이기도 하다. 북쪽사회가 가꾸어온 민족
적 입장을 지켜나가면서, 현대적이면서도 국제감각 있는 의복산
업으로 이끌어낸다는, 두 가지 문제를 병립시키기란 결코 쉽지
않다.

더욱이 경공업 혁명을 부르짖고 무역 제일주의를 강조하는 오늘의 북쪽사회에서 현대적 미감은 사활이 걸린 문제라고도 할 수 있다. 특히 북쪽의 꼼꼼하고도 숙련된 여성노동력과 조선사람 특유의 섬세한 바느질 솜씨 등을 감안한다면, '외화벌이 전선'에서 의생활은 매우 중요할 뿐더러 내적으로도 21세기에 걸맞은 현대적 미감을 획득하여 인민생활을 윤택하게 만들어줄 의무가 있는 것이다.

앞으로 북쪽은 전통적인 조선옷 계승 · 발전의 원칙을 고수해 나가면서 동시에 양복부문에서 대대적인 현대적 미감 개발이란 방향으로 나아갈 것이다. 국제 패션산업 수준에 비추어볼 때 아직 북쪽의 현대복식 기술은 낮지만, 우리 옷(여성 조선옷)에 기울인 관심이 50년 이상의 역사를 자랑하며 우리 옷의 문양 · 디자인 등과 같은 축적된 노하우는 통일문화 형성에서 적극 활용될 수 있을 것이다. 반대로 남쪽이 쌓아올린 현대복식의 노하우는 북쪽이 절실하게 필요로 하는 기술이다.

식생활문화, 변하지 않은 입맛

정상회담의 목란관 만찬은 남측의 궁중요리로 준비되었다. 남쪽의 궁중음식 무형문화 보유자후보인 한복례 씨가 그릇 이외의 모든 재료를 가지고 가서 요리에 임하였고, 조리팀은 각 호텔에서 한식부문의 솜씨 좋은 숙수(熟手)를 고루 뽑았다. 이날 음식의 하이라이트는 궁중식 골동밥(비빔밥의 궁중말). 갖가지 재료를 섞어서 화합에 이르는 맛을 내는 골동밥을 저마다 맛있게 먹었다.

음식문화에서 어찌 이데올로기 문제가 있겠으며, 맛을 내는 데 어찌 손맛말고 다른 정치적인 술수가 있겠는가. 식생활의 공유는 무엇보다 빠르게 다가설 수 있는 화합의 장이다.

어느 민족음식이나 오랜 역사를 두고 발전해 온 풍부한 민족 전통을 바탕으로 하고 있다. 다민족국가의 경우는 그 다양한 민족구성으로 인하여 다양한 민족음식으로 결합되는 특징을 지닌다면, 한민족에게는 오랜 세월 역사적 전통 속에서 확립되어 온 단일한 음식문화가 있어왔다. 그러나 남북으로 길게 뻗은 자연 지리적 여건상 북쪽의 음식문화와 남쪽의 음식문화는 각각 나름의 특질을 지니고 발전해 왔다.

지역 고유의 향토성 짙은 특산음식은 북쪽사회에서 지방산업 이라는 측면에서도 중시된다. 관서음식, 해서음식, 관북음식 등 각각의 토양에 맞는 음식문화를 발전시켜 왔기 때문에 김치라고 해도 평안도김치와 함경도김치가 같을 수 없다.

그러나 단일민족으로서 비교적 좁은 국토에서 오랜 세월을 살아왔기 때문에 지역적 차이라는 것도 맛 또는 취향에 따른 약간의 차이일 뿐, 근본적인 차이는 아니었다. 음식문화의 전통성을 따질 때, 대략 다음 몇 가지가 문제 된다.

첫째, 음식종류의 전통성 문제이다.

전통사회에서 먹던 음식종류가 그대로 이어지고 있는가 하는 것이다. 북쪽사회에서는 여전히 고유음식을 장려하는 편인데, 이것은 "인민들이 좋아하는 고유한 민족음식을 다 찾아내어 적극 권장하고 이리하여 인민의 식생활을 다양하게 할 뿐 아니라

민족음식 전통이 살아 있는 설음식

강정	지짐	만두국
산적	국탕	대추찰떡

북한의 지역별 향토음식

평양 | 평양냉면, 평양온반, 평양쟁반, 평양어죽, 갈비국, 갈비구이, 뱀장어구이, 평양군밤, 대동강숭어국

평안남북도 | 노치떡, 가지, 녹두지짐, 건뎅이젓, 새우젓, 신양약차

양강도 · 자강도 | 갓김치, 감자(감자농마국수 · 감자떡 · 당면 · 감자농마강정), 강냉이가루강정, 강계포도주, 양강주, 화평꿀(피나무꿀)

함경남북도 | 가자미식혜, 감자농마국수, 강냉이농마지짐, 장국밥, 태식, 방어반찬, 감자떡, 귀밀떡, 갓김치, 방어반찬, 송이버섯, 고사리, 신창 섬게알젓, 신포시 명란젓

황해남북도 | 해주비빔밥, 칼국수, 메밀국수, 녹두묵, 녹두농마국수, 녹두묵, 도미국수, 숭어찜, 김쌈, 김구이, 나물, 해주박문주

개성 | 보쌈김치, 편수, 설렁탕, 추어탕, 경단, 우메기, 약밥, 신선로, 설렁탕, 추어탕, 미나리촛대, 찹쌀고추장, 개성인삼술, 홍삼술

강원도 | 생선회, 북어, 마른낙지, 두릅, 고사리, 녹두묵, 도토리묵, 인삼, 닭곰, 금강신선로, 송도신선로

민족적 긍지와 자부심을 높여주는 것"으로 요약된다. 그에 따라 "민족음식의 가짓수를 늘리고 음식가공도 늘리는 방도"를 모색하기 위하여 과학계와 요리계에서 많은 연구를 수행하고 있다.[27]

둘째, 음식종류의 전통성을 따질 때, 무엇보다 향토성을 중시한다. "오늘 조선음식은 우리나라 사회제도와 자립적 민족경제의 튼튼한 토대에 의거하여 더욱 다양하고 고유한 민족적 특성을 가진 음식으로 발전되었다"고 말하고 있다.

셋째로, 전통성을 확보하고 있는가 하는 문제다. 하나의 실례로 음료문화와 장(醬)문화를 들어보겠다.

술(음료)문화

현재 북쪽의 술문화는 민속주라고 이름붙일 만한 술이 다수를 차지한다. 지방산업을 육성하고 지방의 내부자원을 적극 활용한다는 자립경제 노선의 결과이기도 한데, 지역 특산 술들이 매우 보편화되어 있다. 개성인삼주, 백두산들쭉술 등이 대표적인 것으로서, 전통성을 보여주는 측면이다. 음료는 커피문화보다는 오미자차 · 들쭉차 · 구기자차 · 감나뭇잎차 · 결명자차 · 보리차 · 인삼차 · 생강차 · 솔잎차 · 율무차 · 대추잎차 · 사과차 같은 향토적인 차가 전승되고 있으며, 콜라 대신에 식혜 · 수정과, 심지어 배단물 · 사과단물 같은 이름의 음료수가 판매되고 있다. 이는 오렌지나 커피 같은 수입원자재를 경화로 들여올 수 없는 북쪽경제의 여건과도 연관된다. 결과적으로는 전통성을 잘 간직하고 있다.

장문화

집에서 장 담그는 문화는 사라졌다. 시골에서는 여전히 재래식으로 장을 담가먹는 집이 없지는 않지만, 주종은 역시 공업제품이다. 하지만 공업화가 이루어지면서도 과거 장류(醬類)의 전통이 이어지고 있을 뿐 아니라 과학적인 연구를 통해 새로운 장문화를 개발하고 있다.

간장은 생산방법에 따른 발효간장 · 화학간장 · 합성간장이 있으며, 재료에 따라 콩간장 · 물고기간장 그리고 덧감들을 넣고 재가공한 가공양념간장, 특수한 목적에 쓰는 말린 간장, 소금기 없는 간장 등이 있다. 고추장은 재료에 따라 찹쌀고추장 · 밀고추장 · 강냉이고추장이 있으며, 보조재료에 따라 고기고추장 · 단고추장 · 오미자고추장 등으로 가른다. 된장은 가공방법에 따라 크게 보통된장과 가공된장으로 나눈다. 보통된장은 농마질 원료를 기본으로 하여 만든 된장(밀된장 · 강냉이된장 · 보리된장 · 고구마된장), 농마질과 단백질 원료로 만든 된장, 단백질을 기본원료로 하여 만든 된장(콩된장 · 북장 · 담북장)이 있으며, 가공된장에는 가공원료에 따른 깻잎된장 · 고기된장 · 오미자된장과 가루된장 등이 있다. 이 밖에 보통된장을 말려서 가루를 낸 가루된장도 있다. 이같이 공업화함으로써 오히려 개별적으로 담가먹을 때는 선택의 여지가 없던 장문화를 더욱 확장시켰다. 장문화가 전통음식의 밑바탕이 된다는 점을 고려한다면 거꾸로 음식문화의 전통적인 요인이 되어주고 있다.

넷째, 입맛이 그대로 이어지는가 하는 문제이다.

방북한 사람들의 일치된 결론은 북쪽음식에서 전래 토속적인 맛을 느꼈다는 것이다. 우선 강력한 화학조미료를 쓰지 않는다. 사실 남쪽의 입맛은 서구화 물결 속에서 많이 변질되었다. 개방사회의 일반적 특징이기도 한데, 다양한 서구음식이 들어오면서 입맛 자체가 변화되어 버린 것이다. 결국 개방의 정도가 낮은 북쪽사회의 식문화는 그만큼 전래전통을 간직하고 있다는 말도 된

지극히 평범한 호박나물 같은 '조선료리'가 책자에 소개된다.

다. 전래음식의 맛이 북쪽에서나마 이어지고 있다는 점은 일단 북쪽의 식문화가 지닌 미덕이라고 후한 점수를 주어도 상관없을 것 같다.[28]

그릇에서도 민족전통을 중시한다. "보기 좋은 그릇이 맛도 좋다"는 속담처럼 음식의 품격을 높여주는 그릇에서도 민족적 전통을 중시하는 것이다. 전승 민예품 같은 식기류가 다양하게 쓰이고 있으며, 상차림에서도 반상기를 권장하고 있다. "오늘 반상기는 우리 인민의 우수한 민족적 식생활 풍습의 하나로 널리 장려되고 있다" "우리나라에는 반상기를 전문으로 하는 식당도 있다" 같은 표현을 주목할 필요가 있다.[29]

마지막으로, 외식문화가 미치는 영향의 문제이다.

현대사회에서 음식문화의 주도권은 외식산업이 쥐고 있다. 그런 점에서, 북쪽은 식당이 매우 한정되어 있다. 물론 80년대 들어서부터 식당이 늘어나기 시작하였고 앞으로의 추세 또한 인민생활의 질을 높이기 위한 봉사혁명의 방향으로 식당이 크게 늘어날 전망이다. 아울러 아이스크림이나 냉차 장사, 청량음료점, 요구르트판매점 등이 속속 들어서는 모습에서 외식문화의 확산을 짐작할 수 있다.

외식의 음식종류 또한 아직 한정되어 있다. 평양시 옥류관·경흥관, 창광거리의 식당망, 원산시 해안거리 봉사망 등의 메뉴를 보면 불고기백반과 냉면 등이 주종을 이루며 광복거리 청춘관의 경우에는 단고기 식사실, 불고기 식사실, 중국요리 식사실, 조선요리 식사실로 구분되어 있다. 아예 개고기도 공식 메뉴에 등장한다. 북쪽의 식생활문화가 아직은 햄버거나 피자는 물론이고 외래 식생활의 영향권 밖에 있음을 암시한다.

80년대에 건설된 이른바 '먹자골목'인 창광거리는 보통강기슭에서 평양역까지 구간으로 15층 이상의 아파트들이 즐비하고 당간부들이 입주해 사는 동네다. 간선도로를 따라 음식점과 술집이 늘어서 있는데, 이곳에서는 신선로와 불고기, 국수와 지짐 등 갖가지 민족음식과 중국요리 등 여러 나라의 요리를 맛볼 수 있다. 평양고려호텔, 봉화신선로, 금강술집, 서양요리점, 은정청량음료, 진주조개구이, 구룡맥주집, 락원갈비국집, 금강생맥주집, 골단고기집, 은방울찻집 등이 창광거리에 있다. 남쪽에서 90년대 후반에 선보였던 조개구이집은 북에서는 오래 전부터 영업해 오던 메뉴이다.

요리협의회의의 조직화로 요리가공의 현대화를 꾀하려는 노력의 일단을 잘 보여주는 1993년 4월의 제1차 '4월의 명절료리축전'을 살펴보자. 처음으로 열린 대규모 요리축전인데, 평양과 지방의 13개 도시에서 각 도 직할시 지역별 · 협회별로 개최되었다. 참가요리는 주식요리, 고기요리, 물고기요리, 남새요리, 단요리, 음료, 얼음 및 남새조각 등 1만여 점으로 대부분이 전통요리이다. 가령 『조선료리』를 들쳐보아도, 대표적인 음식으로 녹두지짐말이, 밥조개만두, 칠색개피덕, 돼지종다리보쌈, 꿩고기구이, 소꼬리곰탕, 돼지고기찜, 왕새우자게찜, 가재미만두, 호박게살

찜, 무우소박김치, 청포꽃채, 포도단목, 딸기단물 같은 화보를 싣고 있다.[30] 음식명에서도 전통성이 강하게 살아 있는 것을 느낄 수 있다.

그래도 남북 모두가 가장 변하지 않는 분야가 있다면 식생활 분야가 아닐까 싶다. 남쪽사회에서도 인스턴트를 포함한 서구 음식문화가 활발하게 들어왔음에도 불구하고, 민족적 식생활은 건강을 위한 '신토불이'라는 차원에서도 완강하게 지속성을 발휘하고 있다. 하물며 사회개방이 덜된 북쪽에는 전통적인 '입맛'이 살아 있으며 그만큼 음식문화의 전통성이 강하다. 그러나 북쪽이 가장 심각한 고통을 겪는 분야가 또한 식생활이므로 남북 교류협력의 방향은 북쪽의 식량난을 덜어주는 게 첫째순위가 되어야 하며 동시에 민족음식의 교류가 우선적으로 가능할 것이다.

주생활문화: 현대적 미감의 조선식 건축군

2000년 들어와서 개성시 자남산 기슭의 한옥촌지구인 보존거리가 새롭게 단장되었다. 남대문에서부터 1천여 미터 구간의 북쪽 도로를 따라 펼쳐져 있는 300여 동의 전통한옥을 옛 모습 그대로 보존하고 주변에 옛 풍취가 나도록 녹지를 조성했다. 보존거리에 편의봉사 시설과 설렁탕·약밥·삼계탕 등 전통요리 식당도 조선식으로 잘 꾸렸다고 중앙방송은 보도했다. "새롭게 단장된 고색 창연한 합각지붕, 고유한 벽돌무늬 장식을 한 담장, 특유한 울림을 내며 열리는 문을 비롯한 보존거리의 모습은 사람들에게 반만년의 역사와 찬란한 문화전통을 가진 민족의 긍지와

자부심을 더욱 깊이 안겨주고 있다."(『연합뉴스』, 1999. 4. 14)

개성에 있는 300여 동의 기와집은 북한의 민족적 주거생활 양식의 표본이다. 관광객을 위한 20여 동의 100칸 규모의 민속여관도 있는데, 여기에는 정교한 공예기술을 보여주는 전통 자개이불장과 옷장 등 살림살이도 갖추어져 있어 민속박물관 구실을 한다.

그러나 북쪽 주생활의 기본은 집단살림집인 아파트 개념이다. 아파트식의 공동주거 양식이 주류이다. 사회주의권 주생활문화의 공통점을 간직하고 있는 것이다. 다만 공동주거 양식을 채택하면서도 구들 같은 민족적 주거양태만은 여전하다.

1999년에 새롭게 제시된 '농촌주택 표준설계안'은 전통적인 쌍통(양통) 살림집 모습을 담고 있다. 국가건설감독성 중앙설계계

개성에 잘 보존된 조선식
살림집 거리

산소가 황금산 · 어랑 · 연풍 · 연안 · 북청 등의 살림집 설계안으로 제시한 것인데, 거실을 두고 쌍통식(가운데 거실을 두고 양쪽으로 방을 배치한 형태)으로 된 형태의 추운 지방의 살림집과 전실과 툇마루를 연결해 통풍이 잘되도록 한 더운 지방의 살림집인 '연풍'이 대비된다. 그리고 시멘트를 줄이기 위해 농촌에 흔한 볏짚 · 풀잎 · 왕겨 · 옥수숫대 등으로 만든 보온판을 넣어 벽을 쌓아서 보온을 유지하는 방식이 이채롭다(『로동신문』, 1999. 12. 12).

건축에서 민족적 형식의 문제는 북쪽정권 초기부터 꾸준히 논의되어 오던 과제이다. 일찍이 50년대에 북쪽학계의 민속학 및 건축사 분야에서는 민족건축 양식과 농촌주택 현실에 대한 일정한 연구가 진행되었다.[31] 이 연구들은 변화하는 농촌살림집의 과거와 현재를 잘 전해 주고 있거니와 민족적 형식이 강조되어야 하는 논리를 제공하고 있다. 따라서 북쪽건축에서 전통적인 측면이 이어지고 있다면, 이것은 국가정책 차원에서 비롯된 것임을 알 수 있다.

건축에서도 주체문제는 중요하다.[32] 건축에서 주체를 세운다는 것은 "주체적 입장에 튼튼히 서서 설계하고 건설함으로써 모든 건축물들을 인민의 생활감정에 맞게 창조한다"는 것이다. 인민대중에게 복무하는 건축, 인민대중의 자주적이며 창조적인 생활보장에 참답게 이바지하는 건축이란 다름 아닌 자기 나라의 조건과 자기 나라 인민의 생활감정에 맞는 건축이며, 나아가 주체가 철저히 선 건축이라고 주장한다. 한 나라의 건축 창조방법이나 민족의 건축형성이 다른 나라의 건축에 그대로 맞을 수는 없으며 자기 나라의 혁명과 건설의 이익, 자기 나라의 자연지리적 조건과 자기 인민의 생활풍습·사상·감정을 정확히 반영해야 함을 강조한다. 건축가들은 자기 나라의 역사와 지리, 경제와 문화, 인민들의 생활풍습을 잘 알고 그것에 정통하여야 민족적 자존심을 살릴 수 있다는 것이다.

북쪽건축에서 전통적인 면모가 엿보인다면 그것은 바로 북쪽 건축의 민족적 형식 문제와 연결되는 것이다. 이것은 "건축에서 민족적 특성을 옳게 살리면서 현대적 미감에 맞게 형성하는 문제는 당의 주체적인 건축사상을 구현해 나가는 데서 확고히 틀어쥐고 나가야 할 근본 원칙이다"는 언표로 집약된다. 도시형성

현대적 미감을 살렸다는
인민문화궁전의 조선식
지붕

북한주민들의 기본 생활양식은 여느 사회주의 국가와 같은 아파트이다.(평양의 새도시)

에서 민족적 색채가 강하게 안겨오도록 하기 위해서 조선식 건물을 합리적으로 배치하고 형성하는 것 또한 중요하다고 본다. 이처럼 북쪽건축에서 전통성을 엿볼 수 있는 사례로 세 가지만 들어보면, 살림집에서의 전통적인 측면, 오늘의 북쪽이 지니고 있는 고건축 건설역량 그리고 공원조성 방식이 그것이다.

첫째, 살림집에도 민족적 형식과 사회주의적 내용을 결합하였다고 한다. 다층주택이 늘어났음에도 불구하고 다층에서도 온돌형식을 강조하고, 장판·도배·합각지붕의 풍습을 유지하고 있다. 거실 같은 서양식 주거문화를 받아들이면서도 온돌 등 전통적 요소를 포기하지 않는 것은 남과 북이 한결같다.

둘째, 민족건축 유산에 대한 관심은 일찍이 50년대 전후 복구건설 시기로 거슬러 올라간다. 휴전 직후부터 폭격이나 화재로

폐허가 된 민족문화 유산을 복원하는 사업이 시작되었으며, 이 복원사업은 오늘까지도 지속되고 있다. 이런 복원과정을 통해서 전래 건축유산에 대한 연구 또한 자연스럽게 이루어졌으며 이는 현대건축에 민족건축 양식을 도입하는 데도 도움을 주었다. 그리고 전통건축 양식을 복원하는 전문기술자가 양성되었으니, 전통적인 기술이 면면히 이어짐을 말해 주고 있다.[33]

그러면 민족적 형식과 관련하여 현재 북쪽 전통건축 기술의 수준은 어느 정도일까. 전통건축을 그대로 복원하는 기술수준은 민족건축을 형상화시키는 데 본바탕을 이룬다. 전통건축 복원기술은 치밀한 연구를 요구할 뿐더러 까다로운 공정과 자재준비, 숙련된 장인이 필요하다. 현재 북쪽은 문화유산을 복원하는 사업을 꾸준히 해온 결과, 전통건축 복원기술이 상당한 수준에 올라 있다. 그 구체적인 하나의 사례로, 3년여의 공사 끝에 최고(最古) 사찰 정릉사가 완공되었고 개성의 고려 태조 왕건왕릉 개축공사, 동명왕릉 복원공사, 단군릉 복원작업 등이 이루어졌다.

셋째, 공원 및 녹지 시설의 민족적 품격이다. 북쪽의 도시들은 가히 '공원도시'라고 표현해도 손색이 없을 만큼 녹지면적이 많은 용적을 차지한다. 공원설계도 전래 민족정원 방식을 발전시킨 방식을 취하는데, "사상교양적 내용과 우리 인민의 민족적 특성과 생활감정에 맞는 우리식 현대식 공원"이라고 표현되고 있다.[34]

북쪽공원의 특징을 요약하면, 먼저 근로자와 청소년들을 혁명적으로 교양하고 자연에 대한 산 지식을 주는 교양장소로 쓰여지는 것이고, 그리고 인민의 민족감정과 생활풍습에 맞는 휴식

터로 되어 발전하는 현실적 요구에 맞는 단능화되고 특색 있는 공원의 건설, 셋째로 관상적 가치가 높고 아름다운 꽃이 피는 갖가지 키의 나무와 떨기나무들이 공원의 지형적 특성에 맞게 심어지는 방식, 넷째로 공원조성에 여러 가지 장식시설물과 함께 조각품들, 여러 모양의 분수들 등이 널리 도입되는 방식이다. 여기서도 민족적 형식의 계승문제가 논의되고 있음이 확인된다. 또 공원 못지않게 중요한 것은 공원 내의 나무뿐 아니라 가로수들이다. 이를 수림풍치라고 부르는데, 은행나무·풍향나무·들메나무·방울나무·풍향나무 같은 토종나무를 많이 심는다.

오늘의 북쪽사회는 민족적 형식과 사회주의적 내용을 강조하면서도 '현대화'란 명제에 몰두하고 있는 것으로 보인다. 이는 건축에서도 구태의연한 방식이 아니라 현대적 미감을 지녀야 한다는 명제로 압축되는데, 기왕의 민족적 형식에 사회주의적 내용이라는 일관된 과제에 더하여 현대적 미감의 과제가 중요한 의미를 지니고 등장한 것이다. 이러한 과제들의 총화가 '주체건축'을 이루는 것이라 하겠다. 따라서 주생활분야에서 전통적인 면

황해북도 신평군 협동 농장의 농촌살림집. 오른쪽에 중소형 발전소가 있어 어려운 전력난의 자력갱생을 알려준다.

모가 엿보이는 것은 당연한 결과
라고 할 수 있다.

통일연을 띄우는 새해
맞이

명절풍습: 유구한 장기 지속성

2000년 1월 1일, 남쪽의 모든 언
론들이 1999년 12월 31일 밤부터
계속된 밀레니엄 대축제를 그야
말로 자본주의 물량공세로 다양
하게 쏟아붓는 시간에 북쪽의 조
선중앙TV와 조선중앙방송도 새
천년 설맞이 풍경을 '성스럽게'
보여주고 있었다. 김영남 최고인민회의 상임위원장 등 당·정·
군 고위간부들과 평양시 각계각층의 사람들은 김일성 주석의 시
신이 안치된 금수산기념궁전을 돌아보고 만수대 언덕에 자리한
김 주석 동상에 헌화하였다.

　청류관·옥류관·평양면옥을 비롯한 평양시 주요 식당에서는

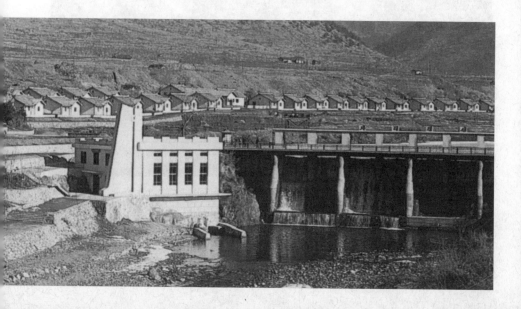

2000년 설명절을 맞아 주민들에게 특별 명절음식을 공급하였다. 김정일 위원장의 '배려'로 보통강 기슭의 청류관에서 꿩국수, 쇠고기국밥, 찰떡, 설기, 떡국, 만두국, 빵, 전, 신선로, 전골, 불고기, 녹두지짐 등을 공급하는 모습이 비춰졌다. 창광음식거리와 모란봉구역 개선거리에 설치된 야시장에서는 불고기, 군밤, 군고구마 등을 주민들에게 공급했다면서 음식을 먹으며 즐거워하는 '인민'들의 얼굴에 카메라를 맞추었다. 중구역의 평양제1백화점에서는 의류, 당과류 등 수십여 종의 상품을 판매함으로써 "여러 해째 계속된 어려운 행군을 이겨낸 인민들을 투쟁과 위훈에로 불러일으키는 데 이바지했다"고 말했다.

　가로수의 화려한 네온등과 전구가 황홀경의 불바다를 펼쳤는가 하면, 학생들은 연날리기 · 제기차기 · 팽이치기 등 갖가지 민

색동옷차림의 설맞이
축하연

사회주의 명절의 하나
인 김정일 위원장의 탄
생일인 2월명절. 탄생
57돐 경축 평양시 청
년학생들의 야회

속놀이를 즐기고 만경대유희장에는 청년학생과 근로자들로 붐
볐다고 한다(『연합뉴스』, 2000. 1. 6).

　이와 같은 방송과 무관하게 민족명절에서도 역시 식량난 문제
가 중요하다. 먹거리 걱정을 하면서 설을 맞는 북쪽인민의 애처
로움이 오늘의 현실이기 때문이다. 화면에 비친 평양 모습과 지
방의 풍경은 상이할 수밖에 없는 현실이다.

　북쪽의 명절은 크게 사회주의적 명절과 민속명절로 나누어진
다. 전통적인 전승체인 민속명절은 그 비중이 상대적으로 낮다.
1967년 5월에 "봉건잔재는 뿌리뽑아야 한다"는 김 주석의 교시
에 따라 민속명절은 '공식적'으로는 일단 사라졌다. 그러나 이는
당시 상황에서 부정적인 측면을 주로 부각시킨 것이며 긍정적인
면을 완전히 묻어버린 것은 아니었다.[35] 해방 이후 지금까지 민

속명절은 이어지고 있으며, 특히 80년대 후반 들어와서는 새삼 강조되는 분위기다.

'과거 명절을 모조리 내모는 방향으로 나가는' 것은 민족허무주의라고 지적하고 있다. 따라서 전통적인 명절풍습이 그대로 유지되는 가운데 시대에 맞지 않는 부분은 청산시켜 내는 방식으로 정리가 이루어졌다. 많은 증언들은, 공식적으로는 사회주의 명절만을 강조한 것으로 되어 있지만 실상 민속명절날을 즐기고 차례도 지내고 민족음식으로 명절을 즐겼다고 말한다.[36] 새로운 명절이 강조되는 가운데서도 민족전래의 명절을 잊어버린 것은 아니다.[37]

오늘날 전통명절은 간소하게 지켜진다. 사회주의 명절이 북쪽 사회 최대의 명절로 자리잡고 있는 탓에 민속명절은 민속적인 차원으로 쇠고 있다. 가령 한식날은 조상의 묘를 찾아 벌초를 한다든지, 사회적으로는 '애국열사'의 무덤을 찾는 방식으로 지켜지고 있다. 1988년에는 추석이, 1989년에는 설날과 단오가 각기 공식적으로 복권되었고, 특히 90년대 들어와서는 민속명절을 대하는 태도가 훨씬 적극적으로 되었다. 비슷한 시기에 남쪽의 설 명절도 구정에서 민속명절로, 다시금 설날로 복권되는 절차를 밟았다. 남북 모두 민족명절의 굴절과 복권이라는 시행착오를 겪은 셈이다.

어디서나 똑같은 인생살이: 혼·상제 풍습

전통생활 가운데서 가장 오래도록 변치 않는 것을 꼽으라면 아마도 혼·상제, 특히 상장례 풍습일 것이다. 혼·상제 풍습은 실로 오랜 전통을 가진 생활풍습의 전형성을 지니고 있다. 이것은 비단 우리 민족만이 아니라 어느 나라, 어느 민족에게나 나름의 풍습으로 존재하는 것이지만 우리 민족의 혼·상제 예법은 상당히 완강한 편이다. 유교문화의 영향이 오늘에까지 미치고 있으며 북쪽사회라고 예외는 아니다.

명절이나 놀이와 마찬가지로 가족 및 사회 생활풍습의 전형인 혼·상제의 큰 변화는 50년대의 농업협동화 운동과 관련된다. 해방되고 북쪽정권이 창출된 지 10여 년이 지난 50년대 중반까지만 해도 전래의 가족 및 사회 생활풍습의 전반적인 모습이 오늘날과 같다고는 볼 수 없다. 비교적 전래의 전통들이 완강히 살아 있었다.

그러나 전쟁 이후 사회주의 집단경작 과정은 농민들의 생활환경을 완전히 바꾸어놓는다. 해방 이후의 가족제도가 가족 중심의 경제활동을 근간으로 하였다면, 한국전쟁 이후의 가족제도는 가족 중심의 소농경영에서 사회적 경제활동으로 전환되는 변화를 겪었다. 가족제도의 변화는 혼·상제 자체의 변화 또한 가져왔다. 50년대 후반부터 협동화 농장이 완성되어 나가면서 60년대 중반을 접어들면 이른바 '사회주의 생활양식'으로서의 혼·상제가 정착된다.

또 협동농장 생활은 개인경작에서 공동노동으로의 변화를 일으켰고, 집단적 경작을 토대로 해서 마을생활 단위가 형성되었음을 의미한다. 공동노동은 말할 것도 없고 탁아소 신설은 여성들

양복차림의 신랑, 조선
옷차림의 신부

을 해방시키는 데 결정적인 역할을
하였다. 이에 따라 마을 단위에 뿌
리를 둔 생활풍습들도 필연적으로
변모할 수밖에 없었다. 나아가 물
자가 부족한 북쪽사회의 경제적 여
건상 혼·상제의 과도한 지출을 제
어시키려는 노력도 가시화되었다.
가령 1955년에 "허례허식을 없애
고 물질낭비와 시간낭비를 방지한
다"면서 관혼상제 간소화 운동을
벌인 것 등이 그것이다. 인간의 욕
망은 세계 어느 곳이나 비슷하여
혼·상제 때 무언가 크게 벌이려고
하는 심정이 비슷한 까닭이다.

이러한 변모의 결과는 7, 80년대
를 지나면서 더욱더 확고하게 자리잡으면서 오늘의 혼·상제를
규정하게 된다. 더욱이 주체사상의 전면적이고도 유일한 사상으
로의 확립은 생활양식 면에서도 규정성을 지니게 된다.

그러나 혼·상제 문제를 바라봄에 있어서도, 공개적으로 드러
내는 부분과 비공개 부분 간에 존재하는 편차를 유심히 살펴보
아야 한다. 정권 초기에 공적으로 제사 등은 마땅치 않다고 주장
했으나 실제로는 제사풍습이 의연히 이어지고 있었는가 하면,
근자에 와서는 제사에 대한 미풍양속적 도덕성을 칭송하기까지

한다. 한식 같은 절기에 대대적으로 성묘가 이루어지는 것으로
보아 조상 모심의 전통이 완강하다고 할 수 있다.

성묘가 이어지고 있는 결정적 요인은 화장보다는 무덤을 선호
하는 우리 민족의 풍습에 있다. 남쪽에서 좁은 국토의 묘지 문제
가 하나의 사회문제로 되고 있거니와, 북쪽에서도 묘지 대신에
화장을 권하는 노력이 있었지만 정작 주민들이 받아들이지 않고
있다. 무덤 중시 풍습은 남과 북이 같을 뿐 아니라 성묘풍습이
이어질 수 있는 여지를 만들어준다. 남과 북에서 다 조상숭배 전
통이 이어지고 있다고 할 수 있겠다.

민속놀이: 현대화한 군중오락

90년대에 '내나라비데오'에서 만든 〈민속놀이의 사계(四季)〉를
보면, 풍부한 민속놀이가 면면히 이어지고 있는 것을 확인할 수
있다. 주로 명절을 맞이하여 씨름이 단골로 행해지며 풍물과 다
양한 춤 · 노래가 이어진다. 일찍이 전래 민속놀이를 수집하고 이
를 적극 권장해 온 결과이다.[38]

겨울방학을 맞은 평양시 인민학교 학생들이 김일성광장에서
줄넘기, 제기차기 등 민속놀이를 즐기는 모습이 위성으로 중계
된 조선중앙TV에 잡혔다(2000. 1. 18). 중앙TV는 평양시 중구역
에 거주하는 학생들이 광장에 모여 민속놀이로 즐거운 한때를
보내고 있다면서, 제기가 떨어질까 봐 가슴을 조이고 자기편 이
기라고 목청을 돋우며 응원하는 학생들을 비추었다. 얼음판 위
에서 채를 휘두르며 팽이치기에 여념이 없는 인민학교 학생들과

네모연, 가오리연 등 자신만의 특기를 살린 다양한 모양의 크고
작은 연들을 하늘 높이 띄우는 학생들로 김일성광장이 흥성거리
고 있었다(『연합뉴스』, 20000. 1. 27).

그렇다면 과거 전통사회의 민속놀이가 그대로 존속하고 있는
것일까. 당연히 변화된 문화놀이들이다. 시대가 변하면 문화 역시
변하게 마련이다. 과거 농촌공동체를 중심으로 이루어지던 민속
놀이가 변화된 사회주의 현실에 그대로 부합되지도 않을 것이다.
이 변화는 문예정책에서 누누이 언급되는, 복고주의에 빠져서 과
거로 돌아가는 방식이나 들어온 것을 맹목적으로 숭상하는 민족
허무주의 · 사대주의에 빠지는 것을 경계함에서 비롯된 변화라고
할 수 있다. 민속놀이 역시 사회주의 생활양식이 정착해 가면서
많은 변화를 겪었다.

2 · 16경축 전국학생민속
놀이 경기의 한 장면

제기차기(배운성 작)

　민속놀이의 현주소는 과거 전통 가운데 긍정적인 것은 보존하
면서 낡은 것은 청산하는 관계로 나아간 것이다. 그러나 민속놀
이 분야에서도 북쪽의 공식적 주장과 현실 간의 편차는 유심히
보아야 한다. 가령 아이들의 놀이 가운데서도 사회주의적 생활
양식에 맞는 놀이가 상당수 생겼지만 전래 민속놀이의 많은 것
들이 여전히 그대로 전승된다는 점이다. 대막치기, 실뜨기, 산가
지놀이, 꽃싸움, 풀싸움, 제기차기, 연띄우기, 가막잡기, 숨바꼭
질 등을 하고 있는 모습을 소개하는 자료가 많으며, 실제로 아이
들의 전래놀이가 다수 확인된다. 시대가 변하였다고 소녀들의
공기놀이까지 변하지는 않았다.

　그만큼 전통적인 요인이 강한 셈이다. 거대 미디어에 의한 대
중문화예술이 보급되지 않는 사회이기에 전통적인 문화적 기제
들이 이어지고 있는 것으로 보여진다. 동시에 군중노선에 입각

한 군중문화예술의 존재는 바로 문화의 향유자와 창조자가 동일한 전래 전통놀이의 예술관과 일치하는 것이다.

민속놀이는 그 자체 스포츠이기도 하다. 즉 민속놀이 중에서 경기놀이라고 할 수 있는 그네뛰기, 널뛰기, 씨름, 활쏘기, 줄다리기, 돌팔매놀이, 쥐불놀이, 차전, 제기차기, 횃불싸움, 장치기, 공치기, 격구, 마상재, 소싸움 등은 그 자체가 민족스포츠이다. 하나의 유쾌한 오락으로서 나아가 사람마다의 체력단련을 도모하고 집체적인 기상을 드높일 뿐더러 유사시에는 외침(外侵)에 대비하는 무술로서의 역할을 도맡아했던 민속놀이 고유의 전통을 강조하고 있다. 민속놀이를 민족체육 종목으로 경기화시켜 자리잡게 한 것이다. 세세한 경기법칙이 없이 이루어지던 민속놀이들도 경기규칙을 부여하여 민족체육으로 만든 것이다.

민족경기에서도 과거의 것을 그대로 받아들이는지는 않는다. 가령 "고구려 인민들이 창조하고 즐긴 민속놀이가 진보적이고 인민적인 것이라고 하더라도 그것을 구체적으로 계승·발전시킴에 있어서는 반드시 비판적인 태도를 확고히 견지해야 한다. 그것이 봉건사회의 울타리 속에서 발생·발전하였던 만큼 사회적 및 계급적 제한성을 면할 수 없다"는 식의 입장을 견지한다.

무술연마 및 체력단련 놀이인 돌팔매놀이 같은 것이 당시에 의의를 지녔으나 오늘날에는 실용적 의의도 없고 운동으로서도 의의가 없는 것으로 결론짓는다. 돌팔매놀이는 근본적으로 버려야 하며 수박도 오늘에 와서는 그 기법을 완성하고 과학화해야 하며 칼쓰기·창쓰기도 마찬가지로 본다. 그에 반해 민족경기의

하나인 활쏘기나 운동으로서
괜찮은 씨름은 계속 계승·발
전시켜 나가야 할 종목들로 본다.

민속놀이를 민족체육으로 정착
시킨 사례는 비단 북쪽에서만이 아니
다. 연변의 동포들도 해마다 민족경기로
체육대회를 열고 있으며 오늘날까지 전승이
이루어지고 있다. 남쪽사회에서는 민족경기를
상당한 기간 등한시해 오다가 88올림픽 후에
세계한민족체전을 개최하면서 공식 민족경기
종목으로 여러 놀이를 채택하여 전승에 힘쓰
고 있다. 따라서 이들 민속놀이는 하나의 어엿
한 민족경기로 남북한만이 아니라 연변동포에
이르기까지 폭넓게 계승이 이루어지고 있는
셈이다. 이런 민족경기들에서 전통적 면모를
볼 수 있음은 당연한 일이다.

무대예술로 전환된 민
속무용(칼춤)

인민의 건강지킴이: 민족의학

북쪽에는 남쪽에 없는 '건강예보'라는 것이 있다.
태양활동 활성화에 따른 지구자기 변화로 특정한 날,
특정 시간대에 인체에 불리한 환경이 조성될 수 있으니 '몸조심'
하라는 뜻. 2000년 7월의 경우, 6일(오후 9~11시), 9일(오후 2~4
시), 12일(오후 3~5시), 15일(오후 4~7시), 25일(오전 3~5시), 27

일(오후 3~5시), 30일(오전 1~4시)을 조심하라고 조선중앙TV에서 위성중계하였다. '태양의학'이라는 분야가 있어 일기예보뿐 아니라 건강예보도 연구하는데, 이는 북쪽 민족의학의 현주소를 잘 말해 주는 작은 실례에 불과하다.

북쪽의 의사들은 늘 약초캐기에 '동원'된다. 일반주민들이 봄·가을 농촌 지원사업에 동원되는 동안, 의사들은 약초캐기에 투입되는 것이다. 특히 모내기철에는 '약초가 좋을 때 캐야 한다'며 약초캐기 사업을 독려하고 있다. 이를 보고 의사들을 약초캐기에 내몬다고만 판단한다면, 그것은 북쪽의 의료체계에서 민족의학이 차지하는 비중을 모르고 하는 소리이다. 1993년에 북쪽은 오랫동안 동의학이라 불러오던 한의학 명칭을 고려의학으로 바꾸면서, '민족주체성을 위함'이란 단서를 붙였다.

동의사→고려의사 | 동의요법→고려치료법 | 동약→고려약
의과대학 동의학부→고려의학부 | 약학부 동약학과→고려제약과
동의병원→고려병원 | 의학과학원동의학연구소→고려의학연구소
동의과학원→고려과학원

일찍이 1958년에 동의학연구소를 설립했으며, 70년대에는 지방에 동의학관리국을 설치하여 약초 공급체제를 갖추었다. 동의학연구소 산하 민간요법연구실은 전래 민간요법을 수집·정리·발간하여 4만 5천여 건을 수록한 『동의학의 민간요법연구자료』를 펴냈다. 그리고 1974년에는 김 주석이 '의학과학의 주체성'

을 다시 강조하였으며, 1980년 인민보건법이 제정되면서 이 법
안에 의거하여 고려의학 치료망과 치료법 확대, 고려의학의 과
학화와 인간요법의 체계화, 약초 재배사업 강화 등에 주력하였
다. 1987년에는 동의학연구소를 동의학과학원으로 확대하였으
며, 1989년에는 세계보건기구가 동의과학원을 '전통의학협동연
구센터'로 지정하였다.

연전에 북쪽은 조국통일범민족연합(범민련) 김양무 남측본부
상임부의장의 암치료를 고려의학으로 해보겠다고 나선 바 있다.
간단한 외상치료에서부터 복잡한 난치병에 이르기까지 전통의
학을 활용하고 있음을 말해 준다. 사상의학과 마찬가지로 고려
의학 역시 사람의 상태를 사상(태양인, 소양인, 태음인, 소음인)

북쪽 의료제도에서 전통적
인 약초가 매우 중요하다.

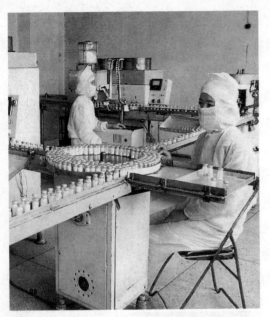
의약품 생산과정. 현재
북쪽은 의약품이 절대
적으로 모자라는 실정
이다.

으로 분류하며, 요즘에는 레이저와 반도체를 이용한 새로운 고려의치료 기구를 개발하여 서양의학과의 배합을 꾀하고 있다.

평양 등 주요 도시에 20여 개의 한방 전문병원이 있으며, 각 시·군의 인민병원에도 한방 전문 치료과를 두고 있다. 치료약으로 식물·동물·광물성 등 1400여 종이 약재로 쓰이며, 침뜸·부황 등 5만여 가지 처방·치료·

시술 기술을 보유하고 있다. 한방치료율은 60~70%에 이른다고 한다. 민족의학 안에 전통적 요소가 강하게 살아 있음은 재론의 여지가 없을 것이다. 민족의학 분야의 남북 교류협력이 매우 중요함을 보여주는 사례라고 할 수 있을 것이다.

문화유산: 그 의연한 자취

옛 고려의 도읍 개성에는 70세 고령의 '고려문화 지킴이' 왕성수옹이 살고 있다. 한국전쟁에 참여하였다가 부상을 당한 상이군인으로 김일성대학을 졸업하고 박물관 연구사로 재직하였다. 지난 40여 년 동안 3천여 점의 문화재를 수집하였으며, 선생의 수

집품 중에는 국보급 문화재만도 20여 점이다. 역사유적을 소개하는 글 또한 400여 편을 발표했고, 전설과 옛 노래 300여 건을 수집하였다. 최근에는 1500쪽 분량의 개성지방 역사문화 연구서인 『개성의 력사와 문화』를 집필하기도 했다. 이런 분이 있다는 것은 문화유산에 대한 보편적 인식이 매우 높음을 방증하는 증거이다.

북쪽의 문화유산 정책은 비교적 투명할 뿐더러 보존에 만전을 기하고 있다. 해방 직후부터 오늘날까지 일관된 원칙으로 문화유산을 보존하고 있다. 근자에도 1993년 12월 최고인민회의 제9기 6차회의에서 "민족문화 유산을 옳게 계승·발전시키기 위한 사업을 더욱 개선 강화할 데 대하여"라는 의제를 상정한 후 토의를 거쳐 9개항의 최고인민회의 결정을 채택하였다. 민족문화 유산에 대한 발굴·수집 사업을 활발히 벌이고 손상된 유적·유물

흰눈으로 단장한 모란봉의 을밀대

을 복원하고 전국가적 · 전사회적 차원에서 사업을 진행하고 주민들에 대한 교양사업을 강화하여 민족전통을 사회주의 생활양식에 맞게 계승 · 발전시켜 나간다는 것 등이 채택안의 내용이다.

이에 따라 이듬해 1994년 4월 최고인민회의 제9기 7차회의에서는 전체 6장 52조의 '문화유물보호법'이 제정되었다. 이 법은 문화유물을 국보문화유물, 준국보문화유물, 일반 문화유물로 구분하고 국가만 소유하도록 하고 있으며, 발굴도 문화유물 보존기관과 해당 전문기관만 할 수 있게 규정하고 있다. 또 문화유물의 보존 · 관리와 관련하여 역사유적을 보존하기 위하여 역사유적 보존구역을 설정하고 손상될 수 있는 진귀한 역사유물은 모조품으로 만들어 복원하도록 하고 있다.

북쪽에서는 매년 4월과 11월을 '문화유적 애호월간'으로 설정하여 보존 · 관리에 나서고 있는데, 2000년에도 평양을 비롯한 각지의 유물 · 유적 정비작업을 진행했다. 평양시 문화유적관리소에서는 영화사, 청류정, 을밀대 등을 보수하였고 각 지방에서도 보수작업에 나섰는가 하면, 고려시대 대각국사 의천의 비가 서 있는 영통사 복원은 옛 사찰 건축기술을 구현하여 수십 채가 복원되고 있다. 영통사

보현사8각13층탑

진입도로 건설과 동시에 개성시 고려박물관을 잇는 순환도로도 완비했다.

　북쪽이 문화유산을 제대로 보존하려고 애쓰는 노력에 대해서는 더 이상의 구구절절한 사족이 필요치 않을 것이다. 또한 남북한 문화유산의 공동 보존과 보존경험의 공유도 그 필요성을 새삼 강조할 필요가 없을 것이다.

북한의 국보

대동문, 보통문, 강서 대묘, 강서 중묘, 강서 소묘, 약수리벽화고분, 연화총, 태성리1호고분, 태성리2호고분, 용강대총, 대안리1호고분, 쌍영총, 수렵총, 함신총, 성총, 점규비, 진파리고분, 동명왕릉, 천왕지신총, 요동성총, 박천심원사, 보현사, 보현사8각13층탑, 해주5층탑, 해주다라니석당, 안악1호고분, 안악2호고분, 안악3호고분, 관산리고인돌, 학림사5층탑, 성불사, 성불사5층탑, 연탄심원사, 개성남대문, 불일사5층탑, 선죽교, 영통사5층탑, 영통사3층탑, 공민왕릉, 현화사비, 현화사7층탑, 가학루, 석왕사, 장연사3층탑, 금장암사자탑, 묘길상, 묘길상암석등, 진흥왕순수비, 경성남문, 수항루 등

북한의 보물

평양종, 숭인전, 오순정, 칠성문, 홍복사6각7층탑, 영명사8각석불, 중흥사당간지주, 안국사, 자복사5층탑, 의주남문, 통군정, 용천다라니석경, 용천구읍리석경, 용천구읍리석수, 장경사5층탑, 영변 남문, 천주사, 첩운사, 보현사9층탑, 해주석빙고, 해주9층탑, 신광사5층탑, 신광사무

고구려 금동관 장식

개성의 고려시대 천문대

자탑, 소현서원, 자혜사5층탑, 자혜사석등, 구엽사, 월정사, 관산리고인돌, 연복사종, 흥국사탑, 개국사석등, 관음사, 화장사리탑, 영통사3층탑, 영통사대각국사비, 영통사당간지주, 현화사당간지주, 탑동3층탑, 장안사터, 삼불암, 서산대사비, 정양사석등, 선화당, 함흥본궁, 함흥향교, 여진문자비, 복흥사7층탑, 정북사, 길주향교, 회령향교, 패궁정, 중흥사 등

우리식문화예술의 표본사례 1—교예

단순 서커스가 아닌 '교(巧)'와 '예(藝)'의 결합

오늘날 북쪽에서는 모란봉교예단 소속의 3형제 마술사가 큰 인기다. 김광석 · 동석 · 영석 형제가 그들이다. 마술에 입문하고 10여 년 사이에 〈칼찌르기〉〈물과 불 속의 조화〉〈보물함〉 등 수백 편의 작품을 창조하였으며, 〈창칼을 피하는 무사〉〈밧줄 묶기〉 〈시계재주〉 등을 계속 선보이고 있다. 마술사가 국민적 스타가 되고 있다는 것은 남쪽에는 없는 교예가 큰 인기임을 말해 준다. 교예는 북쪽의 '우리식문화예술'이 낳은 전범 중의 하나이다.

북쪽사정이 세세히 알려지면서 북쪽문화계에서 교예라는 대단한 종목을 발전시키고 있음이 두루 확인되었다. 방북단을 위한 초청공연에서 교예가 빠지지 않았던 것은 물론이다. 그럼에도 불구하고 남쪽의 시청자들은 일요일 한적한 시간에 거실에 엎드려 〈세계의 서커스〉 같은 프로의 재탕 삼탕 재방송을 보면서 시간을 때웠을 뿐, 교예는 머나먼 나라의 예술일 뿐이었다. 그 교예가 2000년 벽두에 분단 55년의 장벽을 뚫고 본격적으로 남쪽시민들에게 직접 다가왔다. 일단 문화적 충격이었다.

2000년 6월 6일, 잊혀져 가던 민족명절 단오절. 이날은 현충일이기도 했다. 잠실실내체육관 원형 돔에는 관중이 빼곡하게 들어차 있었다. 7시 30분이 되자 정확하게 평양교예단원들이 줄지

어 등장했다. 관중들은 놀랐다. 평양교예단이 서울에서 공연하
는 현실을 직접 확인해서 놀랐고 등장한 여자단원들의 수영복에
가까운, 몸이 드러난 차림새를 보고 '어럽쇼!' 하는 표정을 지었
다. 두툼하게 껴입기만 하는 북쪽인 줄 알았는데 수영복 차림새
라니!

과연 교예단은 노련하면서도 젊은 패기의 약동하는 힘을 발산
하며 무대를 한바퀴 돌았다. 청중들은 무려 2시간 여에 가까운
공연시간 동안 한시도 무대에서 눈을 떼지 않고 열광했음은 두
말할 것도 없다. 무엇이 그토록 남쪽관중들을 열광하게 만들었
을까.

남북정상회담을 목전에 두고 '남북화합의 장'을 여는 평양교예
단 서울공연의 막이 오름으로써 교예는 남쪽시민들에게도 낯익
은 종목이 되었다. 6월 4일부터 시작하여 6월 10일까지 모두 10
차례 공연을 통해 10만이 넘는 관중을 열광의 도가니로 빠져들
게 하였다. 김우식 예술부장을 단장으로 한 62명의 공연단, 악단
15명, 연출가와 기술진 등 모두 102명이 펼친 교예는 시종일관
관중들의 손에 땀을 쥐게 하였다. 단순히 뛰어난 기량만 가지고
관중들이 그토록 감동하였을까.

교예에는 어떤 '민족적'인 정서가 짙게 배어 있다. 교예단의 뛰
어난 기량은 퇴락한 유랑 예인집단의 마지막 절규 같은 삶의 애
환과는 무관하다. 동춘곡마단처럼 유일하게 '버텨온' 서커스가
어떤 퇴영적인 잔재를 짙게 풍긴다면, 북쪽의 교예는 반대로 사
회주의 예술의 역동성을 강하게 드러낸다. 소설가 한수산이 『부

초(浮草)』에서 그야말로 부초처럼 떠도는 서커스의 인생살이를 빼어나게 묘사하였다면, 교예는 그 같은 퇴영성과는 무관하다. 교예의 미학은 곧바로 북쪽의 사회주의 예술을 상징하는 것이기도 하기 때문이다.

신문들은 저마다 평을 달았다. 놀랍다는 기사가 대부분이었으니 언론보도 면에서도 평양공연단의 첫 서울공연은 성공 이상이었다. 그럼에도 어떤 언론은 "전쟁으로 산화한 장병들을 기리는 현충일 날에 이북공연을!" 같은 기사로 꼬투리를 잡았다. 그러나 앞에서 언급한 대로 그날은 현충일이기도 했지만 민족명절 단오절이기도 하다!

102명의 대규모 교예단의 힘은 단순히 102인의 힘이 아니다. 102인의 버팀목이 되어주고 있는 교예학교, 교예극장 등 수많은 문화인프라의 힘이다. 교예를 국가적으로 육성할 수 있었기에 그만한 기량이 선보일 수 있는 것이다. "저 정도로 정확하게 교예를 하려면, 얼마나 잔인하게 훈련시킨 결과일까" 식의 평도 나왔다. 한눈에 보기에도 힘겨운 훈련의 결과임을 알 수 있다. 그러나 남쪽의 어느 전문적인 예술인인들 고도의 눈물겨운 노력 없이 성취되는 종목이 있던가. 어릴 적부터 레슨을 받으면서 수십 년의 각고 끝에 정상에 오른 예술가들 그 누구의 인생도 고도의 훈련 결과임을 왜 잊고 그런 발언을 하는 것일까.

개인적 레슨의 결과물과 다른 것이 있다면, 교예는 집체적인 예술이란 점이다. 교예는 자본주의 계산법으로는 '수익성이 없는 예술'이다. 세련된 100여 명의 교예인을 길러내기 위해서는 수천

명의 바탕이 있어야 하며, 이를 위해서 교예학교에 투자를 해야
만 한다. 전문 교예극장이 건립되어야 하는 것은 물론이다. 투자
대비 수익에서 손해는 명명백백하다. 그러하기에 교예는 북쪽사
회에서와 같이 오직 국가예술로서만이 성취할 수 있는 성과물임
이 인정되어야 한다. 교예의 힘은 바로 개인적인 부초 같은 인생
살이를 국가적인 공훈배우 단계로 끌어올렸다는 데 있다. 또한
교예는 저 머나먼 태고 적부터의 민족교예의 단절된 전통을 복권
시켰다는 점이다. 서커스라는 표현을 극구 싫어하면서 '교(巧)와
'예(藝)'를 결합한 교예예술 형식임을 강조하는 교예의 공식적인
사전적 정의는 이러하다.

　　무대예술의 한 형태. 교예는 육체운동을 형상수단으로 하여 인간
　의 체험과 정서, 지향 등을 반영함으로써 사회교양적 기능을 수행
　한다. 교예는 육체의 성장과 그 기능을 다양하게 발전시켜 주며 용
　감성과 인내성, 굳은 의지, 명랑성과 낙천성을 배양한다. 교예가 다
　른 무대예술형태와 구별되는 중요한 특징은 그 형상수단이 주로 육
　체적 운동기능이라는 데 있다.[39]

감로탱화의 솟대쟁이패

교예는 어느 날 갑자기 하늘에서 뚝 떨어진 결과물인가, 아니면
세계 사회주의 미학의 일반론적 결과물인가. 2000년대의 교예를
살펴보기 위해서 우리는 역사 속으로의 여행을 떠나야 할 것이다.
　"교예의 개별적 속성들은 오래 전부터 발생하였으며 최근에

이르러 보다 현대적인 종합예술로 출현하게 되었다." 이것은, 일찍이 교예는 예부터 시작되었다는 고대발생설을 주장하면서 이의 발전적 형식이 후대에까지 이어졌다고 보는 견해다. 그래서 고대의 교예는 구별하여 '기예'라고도 표현하며, 특히 고구려의 교예를 높게 평가한다.

이 시기에 교예도 발전하였다. 고구려의 무덤벽화에는 고구려 인민들의 낙천적인 성품과 용감하고 씩씩한 전투적인 기상을 잘 보여주는 말타기재주, 나무다리재주, 손재주, 발재주, 칼부림재주 등 여러 가지 교예 장면이 있다.[40]

고구려의 팔청리 벽화무덤, 약수리 벽화무덤, 미천왕 무덤의 행렬도 등이 그 구체적 예이다. 이들 기예는 행렬 속에서의 기예이므로 계속 걸어가면서 할 수 있는 기예종목만이 그려지고 그밖의 종목은 전혀 그려지지 않았음을 지적하면서 말타기재주, 손재주, 발재주, 칼부림재주 등이 있었다고 말한다.

예로서 벽화무덤의 기예도를 살펴보겠다. 벽화무덤의 주인공이 탄 수레 바로 앞에서 기예를 하고 있다. 앞에 고취악대를 배치하고 그 뒤에서 여러 가지 기예를 한다. 고취악대는 두 사람이 말을 타고 큰 뿔나팔을 불고 그 사이에서 메는북 하나를 치고 있다. 말 타고 큰 뿔나팔을 부는 것은 고취악을 취주하면서 동시에 말타기재주를 부리는 것이다. 메는북의 주위를 빙글빙글 돌면서 달리는 말 위에서 서로 윗몸을 돌려 나팔 끝을 마주 대다시피 해서 나팔을 불며 말도 머리를 뒤로 한껏 돌린다. 말타기재주를 고구려 기예의 중요한 구성부분으로 파악한 것이다.

나무다리재주는 수산리 벽화무덤에 나타나며, 팔청리 벽화무덤에는 나무 다리춤을 추는 기예사의 뒤에 짤막한 막대기 서너 개와 작은 공 대여섯 개를 서로 엇바꾸어 던져올리는 손재주기예를 연기하는 모습이 그려져 있다. 약수리 벽화무덤에도 짧은 막대기 한 개와 작은 공 두 개를 올려던지는 그림과 세 사람이 여러 개의 살을 단 긴 막대기를 능숙하게 올려 퉁기는 그림이 등장한다.

그리고 수산리 벽화무덤에는 나무다리재주말고도, 작은 공 다섯 개와 짧은 막대기 세 개를 엇바꾸어 올려던지고 그 뒤에서 살이 많은 작은 바퀴를 퉁겨올리는 그림도 나온다. 그 밖에도 남자 둘이 격검연기를 하는 칼부림재주나 칼춤 몸짓이 자주 등장하는데, 칼부림재주 같은 무술기예 역시 고구려 기예의 중요한 구성부분이다.

고구려 사람들의 낙천적인 성품이며 용감하고 씩씩한 전투적인 기상, 당시의 생활과 풍습을 반영하고 있는 이들 기예는 대개 4~5세기경에 완숙한 수준에 도달하였는데, 훗

수산리 벽화무덤 교예도의 방울던지기를 현대적으로 다시 그린 그림

날 민족교예의 모태가 되고 있다.[41]

　그러나 근현대 사회에 이르는 시기의 교예는 훨씬 후대의 유랑
예인집단에서 근거를 찾는다. 유랑 예인집단은 조선 후기 민중예
술사를 채우는 가장 중요한 역할을 담당했는데, 중세사회 해체기
의 사회적 모순을 반영하고 있는 이들 유랑민은 대개 농촌에서

수산리 벽화무덤의 교예도

떨어져 나와 집단을 형성하여 전국을 떠돌며 기예를 팔아 생계를 유지하였다. 현재까지 전해지는 유랑 예인집단의 모태로 확인될 수 있는 것으로는 우선 거사집단, 양수척(무자리) 등을 들 수 있다. 조선 초기에 단행된 대불교정책, 즉 비대해진 불교의 인적·물적 자원을 재정비하는 정책이 계기가 되어 형성된 비승비속의 집단인 거사배는 구걸, 행상, 연희, 점복 등으로 생계를 유지하였으며 후대에 사장배, 거사배, 사당패로 바뀐다.[42]

이들보다 후대의 산물로 인정되는 사당패, 솟대쟁이패 등의 존재양상은 교예의 원천으로 여겨진다. 조선 후기에 풍미한 불화(佛畵)〈감로탱(甘露幀)〉에 이들의 생활모습이 잘 드러나는데, 민중의 파란만장한 삶이 파노라마처럼 펼쳐지는 〈감로탱〉의 복잡다단한 화폭마다 긴 장대를 세워놓고 장대를 오르내리거나 장대의 줄에 거꾸로 매달린 사내가 눈에 띈다. 교예의 원조인 솟대쟁이패가 당대 사회의 일대 유행이었음을 〈감로탱〉이 웅변해 주고 있는 것이다.[43]

중세사회 교예의 맥락이 유랑 예인집단에서만 이어지고 있었던 것은 아니다. 국방이나 체력단련을 목적으로 이루어지던 격구나 마상재 역시 일종의 교예적 속성을 지녔다.

우리 인민은 오랜 옛날부터 일상생활에서 말타기와 무술을 훈련하기 위하여 민족적으로 고유한 격구운동을 창조하고 발전시켜 왔다. 이것은 과거 우리 인민이 일상생활에서 체력향상과 국방을 위하여 어떻게 준비하여 왔는가를 잘 말하여 주는 것이다. … 마상재

감로탱화에 그려진 유랑
예인집단(19세기)의 곡예

란 말 타는 기예를 말한다. 이것을 흔히 마희(馬戲), 곡마(曲馬) 또
는 말광대라고도 한다. 우리 인민들은 말을 기르는 기술, 훈련시키
는 기술에 능하였으며 말 타는 기술에서도 아주 능숙하였다.[44]

또한 널뛰기, 그네뛰기, 상모돌리기 같은 민속놀이 전통에 반
영된 기예적 전통은 오늘날 민족교예로 단단히 자리잡고 있다.
2000년 6월의 서울공연에서 청중들에게 교예가 대단히 민족적
인 종목이라는 인식을 심어주는 데 크게 기여한 쌍그네 등이 바
로 전통적 그네뛰기의 '뉴 버전'인 셈이다.

이처럼 조선시대를 거쳐 일제시대 초기까지 전승된 교예는 그
규모와 폭 면에서 대단히 뛰어났다. 그러나 이들 기예는 1920년
대를 기점으로 대거 사라지고 만다. 이것은 일제 식민지시대로

『무예도보통지』에 수
록된 마생재

접어들면서 전래 민족적 형식의 기예전통
이 단절되고 새로운 기예인 곡마단 등으로
자리바꿈되었다는 것을 의미한다. 개화기
에 들어오기 시작했던 곡마단은 오늘날에
이르기까지 전래 유랑 예인집단의 기예를
대신하여 민중들의 오락물 역할을 담당하
였다. 이른바 서커스단, 곡마단이 바로 그
것이다. 하지만 이런 곡마단이 민족적 전통
에 서 있지 않은 것은 물론이거니와 상당
부분 왜색적 전통을 지닌데다, 올바른 전승
체계 없이 유랑집단으로만 존속하다가 산
업화사회로 접어들면서는 그나마 근근히 명맥만 유지했다.

일제 식민지시대에 들어와 전통적인 교예는 사라지고 일본의
프리즘을 통해서 받아들인 곡마단이 식민지 백성들의 마음을 어
루만져 주게 된다. 피리소리보다는 곡마단의 나팔소리가 민중의
애환을 달래주었던 것이다. 이런 상태로 분단이 되었고, 남쪽의
곡마단은 시장 공터나 도회지 빈터에 천막을 치고 그야말로 몸
을 팔면서 간신히 연명해 나갔다. 그래서 남쪽사람들에게는 곡
마단 하면 어딘지 슬프고도 애절한 모습으로 각인되어 있다.

그러나 북쪽사회에서는 이 같은 역사적 변천을 예의 주시하면
서 기존의 전통기예와는 전혀 다른 차원의 교예라는 종목을 하
나의 예술형식으로, 나아가 군중오락물로서 대중화시켜 나간 것
으로 보인다. 즉 전래 교예와의 차별성을 다음과 같이 강조한다.

"과거 계급사회에서 예술의 범주에 속하지 못하였으며 사람들의 기형적 발전에 기초한 저속한 종목들로 이루어진 교예가 사회주의 제도하에서 비로소 사회교양적 의의를 가지는 진정한 예술의 한 형태로 되었다. 그리하여 과거 유랑예인들의 서커스와는 달리 육체운동을 형상수단으로 하여 인간의 체험과 정서, 지향 등을 반영함으로서 사회교양적 기능을 수행한다."

대단히 복잡다양한 교예종목

교예의 기본은 체력교예이다. "노동과 국방에 복무하는 사회주의적 인간을 양성하는 데 이바지하는 체력교예"가 중심이 되고 있다.

우리 인민들이 전통적으로 창조한 민족체육 경기놀이들을 모든 근로자들의 체력을 증진시켜 그들을 로동과 국방에 더욱 튼튼히 준비시키는 데 유리하게 발전 · 완성시키며 보다 일반화하여 대중적으로 발전시키는 것은 매우 중요한 의의를 가진다.[45]

교예는 목적하는 바에 따라 체력교예가 기본으로 되고 있지만, 그 종류는 기교에 따라서 세밀하게 분류된다. 기교의 기본은 대개 사람들이 일상생활에서 필요로 하거나 노동과정에서 이루어지는 구체적인 운동상태와 그 모든 운동상의 기본을 이루는 기능상태, 즉 가장 일반적이며 본질적인 운동기능 상태에 기초하여 이루어진다. 그러나 교예적 기교는 일상생활에서 적용되는 구체적인 운동상태 전부를 재현하는 것이 아니고, 그중에서 기본을 이루는 가장 일반적이며 본질적인 기능을 형상수단으로 한다. 그리하여 교예의 기교형태는 크게 전신재주와 부분재주로 나뉜다.

전신재주
신체의 전신운동에 기초한 교예인데, 크게 중심교예와 조형교예, 곡예 등으로 가를 수 있다.

　　중심교예　중심력에 기초하여 형상되는 교예를 말한다. 이의 대표격

평양교예단의 장대타기
(2000년 잠실체육관)

으로 가늠교예가 있다. 가늠교예는 중심교예의 한 종목으로서, 체력이나 사물의 가늠 힘을 이용하여 생활 속의 다양한 재주와 감정을 표현한다. 자기 중심을 기본으로 하는 것과 남의 중심을 기본으로 하여 이루어지는 것이 있는데, 전자에는 줄타기·유동그네·말타기·자전거타기·거꾸로 서기 등이 있고 후자에는 어깨재주·이마재주 등이 있다. 또 가늠교예는 그 기능의 형태에 따라 '바로 선 형태'와 '거꾸로 선 형태'로 나뉜다. 줄타기나 자전거타기는 바로 선 상태에서 이루어지며, 거꾸로 서기나 사다리조형의 웃재주 같은 것은 거꾸로 선 상태에서 이루어진다. 이 두 형태는 개별적 혹은 결합된 상태로 표현된다. 가늠교예는 육체운동의 중심 기능을 기본으로 해서 이루어지기 때문에 여러 교예형태 가운데서도 중요한 위치에 있다.

북한의 화가가 그린 전통시대 장대타기풍습도

조형교예 조약과 전회(휘돌기)에 기초하여 형상되는 교예를 말한다. 즉 육체의 자유로운 유연성과 민활하고 기동성 있는 조약과 전회 등을 기본으로 한다. 인간육체의 아름다운 곡선미와 율동적인 조각미를 통해서 형상을 창조하는데, 중심교예와 달리 사람들의 일상생활과 노동과정에서 직접적으로 많이 이용되지는 않으며 보통상태에서는 미치지 못하는 유연상태와 조약회전 등 힘든 기능을 기본기 동작으로 삼고 있다. 조형교예의 모든 기교동작은 다른 교예기교의 바탕이 된다.

유연성 조형교예 조약상태를 비교적 덜 이용하면서 육체골절의 유연기능을 최대한 높여 자유로이 굴절함으로써 육체가 가지는 아름다운 곡선미와 조형적인 율동을 형상화한다. 이는 예술체조와 유사한 점들이 있지만 그 기능상태와 형상 면에서 차별성이 드러난다. 즉 허리재주와 거꾸로 서는 재주를 기본으로 하면서도 매우 정적인 율동에 기초하고 있다. 거꾸로 선 형태와 함께 중심력을 많이 이용하며, 2인조형 · 3인조형 및 집체조형 · 널조형 등이 있다.

탄력성 조형교예 유연성 조형교예에 비해 약동적이고 고도의 민활성과 기동성을 지닌다. 다양한 형식의 조약을 이용한 높은 전회상태를 기본으로 한다. 널뛰기, 탄력망, 경승마, 땅재주 등이 있는데, 유연성과는 달리 중심성을 항상 파괴하는 상태에서 이루어진다.

곡예 현수와 지지력에 기초하여 형상되는 교예이다. 휘돌기교예를 대표적으로 꼽을 수 있다. 휘돌기는 민첩하고 약동하는 동작을 통하여 공중에서의 슬기와 용맹성을 보여준다. 지지 또는 현수 상태에서 이루어지는 휘돌기교예는 가늠교예나 조형교예보다 훨씬 약동감 있고 매우 빠른 운동상태에서 형상화되는데, 혼자서는 할 수 없고 다른 물건 혹은 사람들에 의지하여 이루어진다. 조형교예나 가늠교예에서는 대체로 웃재주사가 거꾸로 선 상태에서 동작을 하지만, 휘돌기교예에서는 반대로 밑재주사가 거꾸로 선 상태에서 움직이고 웃재주사들이 비행 · 그네전회 같은 기능을 수행한다. 대표

종목으로는 공중비행, 그네비행, 회전비행 등이 있다.

부분재주

전신재주와 달리 신체의 부분적인 운동에 기초한 교예이다. 특히
경교예(가벼운 교예)를 꼽을 수 있다. 머리 · 입 · 손 · 발같이 육
체의 국부적인 운동기관이 지닌 각각의 기능상태를 훈련시켜 다
양한 재주를 선보임으로써 교예무대를 다채롭고 풍성하게 한다.

머리재주 중심을 잡는 것과 더불어 앞과 뒤, 옆으로 자유롭게 돌릴
수 있는 목의 기능을 기본으로 하며, 상모돌리기 · 이마단지 등이
있다. 일반적으로 목 기능은 손이나 발에 비해 매우 제한되어 있기
때문에 머리재주 역시 제한성을 가진다.

입재주 목 기능을 이용하면서 입으로 사물을 다루는 교예로, 병다
루기 · 중심잡기 등이 있다. 입재주 역시 자체 기능의 제한성 때문
에 다양하게 발전하지는 못했다.

손재주 손 기능을 이용하여 사물을 다루는 교예로서, 가벼운 교예
중에서도 가장 능동적이며 다양하고 민활한 기능을 구사할 수 있는
가능성을 지니고 있다. 윤(輪)이나 방망이 주고받기, 접시돌리기
등이 있다.

발재주 발의 기능에 기초하여 이루어진 교예로, 단지돌리기 · 우산
다루기 등이 있다.

이와 같이 전신재주와 부분재주는 교예의 주종을 이룬다. 그

러나 같은 체력교예의 전신재주라 하더라도 한 종목 안에 다양
한 형식이 존재한다. 가령 공중무대에서 공중 기자재를 가지고
기교를 보여주는 체력교예의 한 형태인 공중교예의 경우, 교예
기교 구성요소에 따라 공중 기자재의 흔들림을 이용하여 전회기
교를 수행하는 공중회전교예, 공중 기자재를 이용하여 배우가
여러 가지 육체의 조형성을 보여주는 공중조형교예, 공중 중심
교예 기자재로 중심교예를 보여주는 공중중심교예 등으로 나뉜
다. 이처럼 기교에 따라 같은 종목 내에서도 그 특성이 세밀하게
구분된다.[46]

모자를 던지면서 웃음
을 자아내는 막간교예
(2000년 잠실체육관)

이런 교예 주종목 사이를 메워주는 막간극 형태의 막간교예, 동
물교예, 요술 등도 매우 중요하다. 사
이극(막간극)은 예술공연을 할 때 막
과 막 사이에 하는 짧은 극으로, 이런
사이극 개념이 교예에도 도입되어 토
막극·단막극 등이 막간교예 형식으
로 등장한다. 서커스의 막간에 어릿광
대가 등장해서 우스갯짓을 보여주는
것과 비슷하다.

관객들에게 가벼운 웃음을 선사해
긴장을 풀어준다는 점에서는 서커스
와 비슷하지만, 정치적 풍자를 동원
히여 자본주의 제도와 제국주의에 대
해 공격을 가하거나 북쪽사회 구성원

들을 향해 교훈성을 던져준다는 점에서는 차이가 난다. 따라서 막간교예는 대사와 행동, 교예기교로 이루어진 일종의 풍자극이라 할 수 있다.

막간교예는 대단히 복잡다기하여 형상수단의 특성과 무대조건에 따라 화술교예·기술교예·동물교예·음악교예·수중교예·빙상교예·요술교예 막간극 등으로 세밀하게 나누어진다.[47] 그리고 〈리발소〉〈자리다툼〉〈모자재주〉〈뇌물바람〉〈불에 탄 경찰〉〈구두닦이〉〈흐름식 기합〉〈벽돌쌓기〉 등 새로운 종목이 계속 창작되고 있다.

동물교예는 동물을 길들여서 여러 가지 재주를 부리게 하는 교예인데, 초기에는 동물이 사람 흉내를 내는 정도의 단순하고 모방적인 형태에 불과했으나 높은 훈련기술에 기초하여 생활 속의 내용도 많이 내포하게 되었다. 새나 개 같은 작은 동물에서부터 곰·범·말·사자·코끼리처럼 큰 동물에 이르기까지 이용되는 동물의 폭이 넓다. 〈곰가을걷이〉〈곰권투〉〈코끼리재주〉〈개축구〉〈염소재주〉〈곰자전거타기〉 등 동물교예 역시 교예무대를 다채롭게 꾸며주는 요소가 되고 있다.

그 밖에 중요한 종목으로는 요술을 들 수 있다. 요술은 사물현상이나 인위적인 조작을 가해서 있었던 것이 없어지고 없던 것을 생기게 하고 하나가 여러 개로, 여러 개가 하나로 되게 하는 등 보는 사람의 흥미를 돋우고 사고력을 높여준다. 요술의 발생과 발전은 숙련된 손의 민첩한 동작과 밀접한 관계가 있다. 특히 연기자의 주의집중 및 자유로운 이동과 밀접하게 통일되어 수행

평양교예단의 동물교예
〈장군님 받들어 내 조국
빛나리〉의 한 장면

되는 능란한 재주는 요술에서 큰 의의를 지니며, 이런 민활한 동작과 연기형상을 통해서 일정한 인식·교양적 목적을 실현하는 데 이바지한다. 사실성이 매우 높은 연기를 보여주는 요술은 기재요술·기능요술·과학요술 등으로 나뉘는데, 〈사과풍년〉〈충성의 꽃바구니〉〈축〉과 같은 작품이 있다.

민족전통의 지속과 변용: 사회주의적 민족교예

교예단의 서울공연에서 민족적 동질성을 확인시켜 준 종목은 역시 널뛰기교예 같은 민족적 품격이 높은 교예였을 것이다. '사회주의적 민족교예'는 교예 최대의 지향점이다. 즉 교예는 그 자체 단순한 구경거리로만 존재하는 것이 아니다. "교예를 흥미 본위적인 것이나 엽기적인 것으로 되지 않게 해야 합니다. 교양적 가치기 없는 교예는 하지 말아야" 한다는 원칙이 요구되고 있다. 그리하여 김 주석의 "민족교예를 많이 해야 하겠습니다. 민족적인 것을 바탕으로 하여 교예예술을 다양하고 전면적으로 발전시켜야 할 것입니다. 특히 교예예술은 오늘 우리 인민의 사상감정과 비위에 맞게 발전시키는 것이 중요합니다"는 말이 자주 인용된다. "사회주의적 내용에 민족적 형식을 옳게 결합할 데 대한 당의 방침이 관철된 결과 주체가 철저히 서고 사상성과 예술성이 밀접히 결합된 다양한 교예종목들을 창조공연하게 되었다"고 주장한다.[48]

문화예술은 민족과 동떨어진 것이 아니라 민족의 역사와 연결되어 있으며, 일정한 역사적 시대와 사회제도와 사람들의 정치생활 · 경제생활 · 생활풍습을 반영하고 있다는 북쪽 사회주의 문학예술론의 일반원칙을 따르는 것이다(『사회주의 문학예술론』). 민족교예에 대한 확고한 입장은 널뛰기에서도 잘 드러난다.

우리의 교예는 어디까지나 사람들을 체육문화적으로 교양하는 데 복무하여야 하며 사회주의적 내용과 민족적 형식이 옳게 결합된 우아하고 고상한 것으로 되어야 합니다. 김정일 비서는 1978년 2월 평양교예단을 보시고 널뛰기와 같은 민족정서가 풍부한 교예종목들을 기본으로 하여 발전시킬 데 대하여 가르치시었습니다. 널뛰기와 같은 교예종목들은 우리 인민의 민속놀이로부터 유래한 민족적 색채가 진한 민족교예 작품으로서 우리 인민들의 낙천적인 생활과 풍만한 정서, 전투적 기백을 잘 반영하고 있습니다. 널뛰기와 같은 민족교예를 기본으로 하여 발전시키는 것은 사회주의적 민족교예를 주체적으로 발전시키는 데서 확고히 견지해야 할 원칙입니다.[49]

그리하여 북쪽의 교예는 전래의 민속놀이 중에서 널뛰기·그네뛰기 같은 매우 보편적이면서도 민족적 정서가 배어 있고 그 자체 교예적 속성을 지닌 놀이를 개발하여 민족교예로 육성·발전시켜 나가고 있다. 이 같은 원칙에서 민속놀이를 교예화한 종목들은 민족교예로서 높게 평가되고 있다. 널뛰기교예를 사례로 해서 한번 살펴보겠다.

널뛰기교예는 체력교예 작품으로서 체육적 특성과 예술적 특성을 결합하고 있다. 전형적인 휘돌기교예로 〈밧줄타기〉〈공중날기〉〈땅재주〉 같은 작품과 함께 전회(휘돌기)교예에 속한다. 운동기능 면에서 보면 널에서 올려뛰기·내려밟기의 기본 동작과 조약력, 회전력으로 이루어지며, 체육 면에서는 널뛰는 운동과 휘돌기 운동이 결합된 힘찬 운동으로 신경계통·심장혈관계통·내장기관계통의 발달을 촉진시켜 주는 전신운동이다. 널뛰기의 본질적 속성은 널뛰기를 멈춤 없이 연속하면서 조약력과 탄력의 도움을 받아 높이 뛰어오른 자세에서 제자리뛰기·건너뛰기·뛰어내리기·무동쌓기 등 휘돌기교예의 여러 가지 형태와 방법을 다양하게 수행하는 것이다. 기교구성은 다음과 같다.

제자리뛰기 다리굽혀 뒤로 휘돌기, 다리펴고 뒤로 휘돌기, 다리굽혀 2회전 뒤로 휘돌기, 다리펴고 2회전 뒤로 휘돌기, 옆으로 360도 휘돌기, 다리재주, 륜재주

건너뛰기 선 자세로 건너기, 뒤로 휘돌기, 앞으로 휘돌기, 모로 휘돌기, 180도 휘돌기, 360도 휘돌기

뛰어내리기 다리굽혀 뒤로 휘돌기, 다리펴고 뒤로 휘돌기, 다리굽혀 2회전 뒤로 휘돌기, 다리펴고 2회전 뒤로 휘돌기, 다리굽혀 3회전 뒤로 휘돌기, 180도 휘돌기, 360도 휘돌기, 720도 휘돌기, 1080도 휘돌기

무동쌓기 3층무동쌓기, 뒤로 2회전하여 3층무동쌓기, 4층무동쌓기, 꺾두기에서 무동쌓기

널뛰기교예를 창조하기 위해서는 세 가지 어려운 조건을 해결해야 한다고 교예예술인 신순범은 말한다. 첫째, 7~8명의 휘돌기 명수로 널뛰기조를 편성하는 문제의 어려움이다. 사람이 많이 필요하므로 그 선발과 양성에 어려움이 있다. 둘째, 널뛰기교예가 성취하고자 하는 지향이 높고 어렵게 설정되어 있기 때문에 배우기가 대단히 어렵다는 점이다. 셋째, 널은 잘못하면 부러질 우려가 높으므로 굳고 질기고 탄력성 있는 좋은 나무로 만들어야 한다는 점이다.[50]

공훈배우 김재근과 교예예술인 남용진의 수기에는 이러한 널뛰기교예가 탄생되는 과정이 매우 생생하게 묘사되어 있다.

김재근은 스무 살 때 이미 널의 탄성을 이용하면 되겠다는 착상을 했다. 하지만 널판자와 널틀을 만드는 데서 난관에 부딪혔다. 처음에는 민속놀이 그대로 사람이 가운데 앉아서 미끄러지는 널을 바로잡게 하였으나, 널뛰기가 높아지면서 사람으로는 널을 조절할 수가 없었다. 여러 차례의 실패 끝에 지금과 같이 만들어져서 1957년에 초연되었다. 그후 여기에다 무동쌓기를 삽

입하여 4층무동쌓기로 작품의 절정을 꾀하는 데 성공하였고 음악도 민족정서에 맞는 〈풍년가〉로 하였다. 김재근은 1982년 세계선수권을 보유한 멕시코의 로도젤스와 널뛰기 대전을 하여 금메달을 땄다.

그리하여 민속놀이 형식을 교예화한 널뛰기는 우리 민족의 고유한 심리적 특성과 민족적 감정, 우수한 재능과 지향, 요구를 잘 반영하고 있다. 그러므로 사람들이 널만 보아도 친근감을 느낀다. 이상과 같이 사상적 내용과 민족적 형식이 결합되고 체육적인 것과 예술적인 것이 결합되었다.[51]

널뛰기 교예(2000년 잠실체육관)

남용진은 일찍이 70년대에 이루어진 그네뛰기의 민족교예화 과정을 잘 증언해 주고 있다. "아름답고 경쾌하게 흐르는 민족적 선율에 맞추어 우리 인민의 슬기롭고 낙천적인 고유 생활의 일단을 보여주는 줄놀이는 5색으로 된 10여 미터나 되는 줄을 여러 가지 형태로 움직여 나가면서 다양한 밧줄 오르내리기와 아름다운 조형, 밧줄을 이용한 여러 가지 회전, 조형적인 안삼불군상들

과 개별 배우들의 특기를 유기적으로 결합하여 아름다운 민족교
예로 되었다. 특히 민족적 색채가 짙은 민족의상과 반주음악 속
에서 민족적 정서가 풍기는 다양한 교예기교를 보여주었다."

　　그네뛰기도 민속놀이 그네를 교예적 특성에 맞게 기자재를 2단으
로 만들고 밑재주 배우와 공중교예 배우와의 교감 속에서 높은 기술
과 조형을 보여주었다. 밑재주 배우의 손을 잡고 매달려 그네를 뛰
어가 회전하여 발목으로 매달리는가 하면 다양한 전회로 긴장되었
던 관중들의 마음을 정서적으로 풀어주었다. 특기 그네뛰기에서 겹
그네(이중그네)에 올라가 그네를 뒤며 공중 3회전을 하여 떨어지며
아래 그네에 거꾸로 매달린 밑재주 배우와 능란하고 재치 있게 교

널뛰기(지승석 그림)

감하는 장면은 관람자들을 감탄케 한다.[52]

　그 밖에 밧줄타기, 말교예 등도 민족교예의 일종이다. 앉았다 일어서기, 발목으로 앉기, 회목뽑이, 무릎꿇기, 앉아서 나가기, 좌우로 돌아앉기, 앞뒤로 각각 휘돌기, 180도와 360도로 각각 옆으로 돌기, 앞뒤로 각각 2회전 휘돌기, 뒤로 3회전 휘돌기 등의 기교로 구성되는 밧줄타기는 "슬기와 용맹, 완강한 투지와 낭만에 찬 기상 등 조선민족의 영웅적 성격을 집중적으로 표현"한 작품으로 소개되고 있다.[53]

1950년대의 그네뛰기
(크리스 마커 사진집,
『북녘사람들』)

　그리고 과거 전통사회의 무술훈련이었던 마상재의 기법을 이어받은 것이 말교예이다. 말교예는 마상재의 전통을 많이 이어받았는데 말 위에 서서 달리기, 말등 넘나들기, 말 위에서 거꾸로 서기, 말 위에 가로눕기, 몸 숨기기, 뒤로 눕기 등 말 타는 기예를 일컫는 마상재는 달리 마희 · 곡마 · 말광대라고도 불렀다. 이런 마상재가 말에서 매달리기, 거꾸로 서기, 배 밑으로 돌기, 목 밑으로 돌기, 장애물넘기, 각종 휘돌기, 활쏘기, 창쓰기, 촛불끄기 등으로 재창작되었다.[54]

교예가 국가예술로 서기까지

교예가 본격적으로 대중화된 것은 한국전쟁중인 1952년 6월 10일 평양교예단(당시는 국립교예단)이 창립되면서부터이다. 평양교예단은 모란봉극장에서 창립공연을 한 후 2만여 회의 국내공연과 1천 회를 훨씬 넘는 해외공연을 했으며, 국제요술축전에서 수차례 대상과 세계요술왕 칭호를 받는 등 세계적인 수준을 자랑하고 있다.[55]

교예인 신순기는 국립교예단 창립의 의의를 이렇게 말하고 있다.

교예단은 경애하는 수령 김일성 동지의 주체적인 문예사상을 높이 받들고 대담성과 민활성, 인내력과 불굴의 기개 등을 보여주는 고상하고 건전한 교예작품들을 창조 공연함으로써 우리 인민들을

그네타기 교예(2000년 잠실체육관)

체육문화적으로 교양하는 데 그 목적을 두고 있다. 경애하는 수령 김일성 동지께서는 교예배우들의 예술적 재능과 지혜를 마음껏 발휘할 수 있는 최신 과학기술로 장비된 세계 1등급의 교예무대와 사회주의적 교예예술의 발전을 위한 물질·기술적 토대를 마련하여 주시였으며 교예예술 부문의 후비육성을 위한 정연한 양성체계를 수립하시어 교예예술인 대열을 튼튼히 꾸려주시었다. 국립교예단은 창립된 이후 오늘에 이르기까지 교예예술 분야에 주신 경애하는 수령 김일성 동지의 교시를 높이 받들고 우리 인민의 사상감정과 생활정서에 알맞은 교예종목들과 교예작품들을 창조하는 데 힘을 기울려왔다.[56]

한마디로 교예단 출발의 시대적 의의를 "수천년 교예가 시작된 이래로 노리갯감으로 치부되던 역사를 탈피한 것"이라고 회고하고 있다. 전통시대에는 교예예술인을 유랑이나 극빈가정의 아이들을 거두어서 떠돌이식으로 양성했다면, 본격적인 교예단이 만들어지면서 전시대의 유산이 비로소 말끔하게 청산되었다는 것이다.

이렇게 해서 교예인은 전적으로 국가양성 체제하에서 배출되었으며 평양교예학교처럼 교예만 집중적으로 가르치는 예술인학교가 설립되었다. 교예학교에서는 교예인이 될 소질이 있는 12~13세 정도의 청소년들을 전국에서 뽑아서 집체적인 6년 교육과정으로 배출하며, 졸업 후에는 실제 공연에 참가하여 본격적인 교예예술인 생활을 한다. 학생 선발기준은 체육의 소질과 적당한 체격이 우선조건이지만 얼굴도 고와야 한다고 한다.

교예학교는 1950년에 창립되었으며, 1962년에는 모란봉 기슭에 교예극장이 건립되었다. 교예학교에서 배우는 종목은 실제 관중들에게 보이는 공연종목을 망라하며, 인민배우·공훈배우 등 전문교예인을 중심으로 새로운 교예의 개발이 꾸준히 모색되고 있다. 학교를 졸업한 교예인은 교예단에 소속된다 하더라도 훈련을 게을리 하면 안 된다. 교예 자체가 상당한 기술을 요구할 뿐더러 때로는 위험하기까지 하므로 강한 훈련을 받아야 한다. 실제로 대규모 교예극장에는 으레 교예훈련장이 설비되어 있어 교예단원들은 일상훈련을 받고 있다.

평양교예극장에는 상설 평양교예단이 있지만, 대규모 극장에만 교예예술인이 있는 것은 아니다. 공장이나 농촌·학교의 예술 소조에도 교예소조들이 많이 있으며, 그들 가운데 재능이 있는 사람은 교예배우로 발탁되기도 한다. 체코에서 열린 제16차 현대 예술축전에서 1위를 차지한 인민배우 김택성도 탄광에서 선반공으로 일하던 요술배우였다. 군중 속에서 폭넓게 교예인을 발굴하고 이를 소조단위로 키워나가는 방식은 교예 역시 군중노선에 입각하여 육성되고 있음을 보여준다.

교예예술인에 대한 예우도 다른 예술인과 다를 바 없으며, 공훈예술인·인민배우 칭호도 마찬가지로 내려진다. 교예에 대한 일반의 관심이 높기 때문에 솜씨 좋은 예술인은 매우 폭넓은 사랑을 받을 뿐 아니라, 특히 국내는 물론이고 해외공연이 많아서 해외여행이 비교적 잦은 예술인이기도 하다. 따라서 교예인의 대우는 매우 높은 편이다.

평양교예단은 처음에는 지방을 다니면서 이동식 천막무대에서 공연을 하였는데, 국립교예극장이 마련되면서 본격적인 무대예술로 자리잡았다. 그러므로 국립교예극장은 교예에 관한 '예술의 전당'이라 할 수 있다.[57]

종전에는 평양교예극장이었다가 근년에 인민군교예극장으로 이름이 바뀐 교예건축물도 있다(현재 평양교예단은 1990년에 평양교예극장에 자리잡았으며 기존의 평양교예극장은 인민군교예극장으로 개칭되었음). 평양시 북서지구 만수교 옆에 새로 지은 5만 제곱미터의 인민군교예극장은 "민족건축사에 빛나는 교예건축물"이라고 선전되고 있는데, 이 건물의 건축정형에서 교예를 담을 무대양식에 얼마나 많은 노력을 기울이는지를 미루어 짐작할 수 있다.

교예는 다른 예술과 달리 사람의 높은 육체적 기교를 형상수단으로 하여 생활감정을 표현하는 직관적인 기교예술인 만큼, 공중과 원형무대에서 공연할 것을 요구하기 때문에 일반적으로 무대와 관람석을 원형으로 해결한다. 가령 이 극장도 건물 전체를 두 개의 원통형으로 구성하고 지붕도 반구형으로 둥글게 처리하였다.[58] 또 이 교예극장은 5동의 공연장과 4동의 훈련장을 비롯하여, 6년과정의 교예학교 및 특별무대·조명장치·관현악·기계 부문의 700여 단원과 교예배우 300여 명 등 모두 1천여 단원을 거느리고 있는 대규모 조직체다.

이처럼 북쪽의 교예예술인 조직과 극장건축술은 대규모를 지

향하며, 공연형식도 이러한 조건에 부합되게 발전시켜 나가고
있다.

통일민족국가에서도 이어져야 할 민족예술

교예는 대단히 독특한 예술형식임에 틀림없다. 남북의 민족예술
을 비교 검토해 볼 때, 교예만큼은 북쪽사회에만 존재하는 예술
양식이다. 북쪽 문예이론의 일반 원칙에 비추어서 교예의 특성
을 정리해 보는 것으로 교예부문은 마무리짓고자 한다.

첫째, 교예 역시 주체사상의 전면적 요구에 부응하는 형식으
로 귀착되었으며 사회주의적 민족문화의 한 전범(典範)인 것으
로 보인다. 북쪽문예의 일반원칙에서 교예 역시 예외가 아님을
말해 주는 것이다. "문학예술이 인민의 심장을 울리며 인민들에
게서 사랑을 받기 위하여서는 사회주의적 내용과 슬기롭고 다양
한 민족적 형식이 옳게 결합되어야 합니다. 찬란한 우리 민족예
술의 유산을 계승 발전시켜 선조들이 남겨놓은 아름답고 진보적
인 모든 것이 우리 시대에 활짝 꽃피게 하여야 하겠습니다"는 원
칙이 교예에도 예외 없이 적용되고 있다.[59] 민족교예로서의 지향
점을 강조하고 실제로 교예종목 가운데 민족적 형식을 빌려온
종목들이 더 높게 평가받는 것도 이러한 민족제일주의의 강조와
관계가 있다.

둘째, 전문교예 이외에 군중 문화사업의 일환으로 전개되고
있는 교예도 주목할 필요가 있다. "군중 문화사업을 활발히 전개
하며 인민 속에 있는 재능을 찾아내고 발양시켜 로동하는 사람

들 자신이 가는 곳마다에서 문학예술 활동에 참가하고 예술을 마음껏 즐길 수 있게 하여야 하겠습니다"는 원칙에서 나타나듯이, 문학예술 소조들이 광범위하게 존재하고 있다.[60] 즉 혁명적 군중노선에서 교예도 예외일 수 없는 것이다.

셋째, 교예는 대중의 예술적 욕구와 오락적 욕구를 결합하여 하나의 공연종목을 만들어낸 것이다. 자본주의 사회처럼 복잡다단하게 그 사회적 기능이 분화되어 있는 오락과 예술에 비해 훨씬 집체적이며 군중 차원의 오락과 예술을 지향하는 북쪽사회의 필연적 요구에 부응해서 교예는 발전되어 왔다고 할 수 있다. 군중의 예술오락적 지향점을 집체적으로 표현한다는 면에서 교예는 어느 예술종목보다 군중적 성격이 강하다. 사회체제를 당과 수령·인민의 체계로 공고하게 다지는 과정에서 인민의 욕구발산을 집체적으로 묶어내는 역할도 일정하게 수행한다고 볼 수 있다.

넷째, 앞으로의 전망과 관련하여 교예 역시 '현대화'라는 지향점을 찾아나설 것으로 보인다. 민족교예를 지향하는 가운데서도 대중의 '현대적 미감'이 자주 강조되고 있기 때문에 변화된 사회에 알맞게 교예의 내용과 형식 역시 '현대적 미감'을 추구하는 방향으로 나갈 것이다.

우리식문화예술의 표본사례 2 — 무용

모든 춤의 바탕, 민속무용

북쪽의 춤은 춤꾼의 숫자에 따라 독무, 쌍무(2인무), 3~4인무, 5
인무, 군무 등으로 나누거나 성격에 따라 민속무용, 전설무용,
가무, 무용서사시, 가극무용 등으로 나눈다. 여기서 '민속무용'은
글자 그대로 예부터 각 지방에서 전해져 오는 인민적인 무용을
발굴하여 지방의 특성과 민속무용의 특성을 살리면서 현대적 미
감에 알맞게 계승한 무용이다. 이런 무용은 대개 군중 문화사업
의 양상으로 보편화되거나, 전문 문화예술 창작으로 전문화되고
있다.

춤에서도 민족적 형식에 사회주의적 내용이라는 원칙은 분명
하다. 즉 춤은 "민족의 정서와 미감에 맞게 창작한다"는 뜻이다.
따라서 인민예술인 민속놀이의 정서와 미감은 그대로 민족적인
내용과 형식을 지니고 있는 셈이며, 조선춤의 근거가 되고 있다.

조선춤을 제대로 형상화하여 조선사람의 미감과 정서에 맞게
하자면 춤의 주소와 성명을 똑똑히 알아야 한다는 것이 강조된다.
민족적 형식과 내용을 지향하는 주체무용은 응당 예술에서 민족
적 품격을 해결하기 위한 것으로서, 민족적 품격은 무용에서도
하나의 필요조건인 셈이다.[61] 이것은 춤에서의 주체확립으로 간
단히 요약될 수 있을 것이다.

모든 춤에서 주소와 성명을 똑똑히 하자면 춤의 전통적 뿌리가 필요하며, 민속놀이는 그 자원을 제공하는 저수지가 된다. 민속놀이에서 민족무용의 자산을 끌어온다는 입장은 일찍부터 시작되었을 뿐 아니라, 「민속무용창작에서 새로운 혁신을 이룩하기 위하여」 같은 문건까지 등장하면서 일정한 체계를 잡아나갔다. 또 새로운 혁신과제로는 대략 다음과 같은 것이 제기되었다.

주체적 문예정책은 오랜 력사적 발전과정에서 노동과 생활 속에서 창조한 '인민적이고 진보적인 무용유산'이란 점이다. 그러나 이들 민속무용이 과거 사회에서 창조되었던 것만큼 당시에 사회역사적 조건으로 인해 제한성이 불가피하게 됐다는 점을 지적한다. 이는 전근대사회의 착취구조를 일부 반영한다는 측면이다. 따라서 당시의 사회역사적 조건에서는 긍정적 의의를 지녔으나 오늘에 와서는 맞지 않으며 심지어는 아무런 의의도 없는 것들이 있기 때문에 과거의 예술유산, '인민적이고 진보적인 유산'의 경우에도 시대적 미감에 맞게 계급적 요구에 맞게 계승 발전시켜야 한다는 과제를 제기한다.[63]

민속무용이 지닌 사회적 제한성을 비판하면서, 아무리 민족의 문화유산이라고 하더라도 낡고 시대에 맞지 않는 것은 과감히 청산해야 함을 무용창작에서도 강조하고 있다.

가령 70년대 후반에 민속무용 창작에서 주체적 문예방침의 요구를 관철하는 데 훌륭한 성과를 거두었다고 평가되는 방울춤에

민속무용 분류[62]

노동생활무용
농업노동무용: 농악무, 시절윷놀이춤, 도리깨춤, 옹헤야춤, 새몰이춤, 창놀이춤
수공업노동무용: 야장춤, 길쌈춤, 삼삼이춤, 왕바구니춤, 빨래춤
어업 및 수렵 노동무용: 봉죽놀이, 새맥씨춤, 몰이군춤, 곰춤, 호랑이잡이춤
광업 및 토목 노동무용: 어렝이춤, 모군춤, 지정놀이춤

전투생활무용
무술훈련무용: 칼춤, 활춤, 수박춤, 방울채춤, 군바바춤
군사무용: 통덕진출전무, 금화팔지춤, 포수춤
군민관계 무용: 조천무, 자라병춤, 발춤, 쌍채북춤

세태생활무용
민속놀이무용
정초 민속놀이춤: 평고춤, 홰불춤, 쾌지나 칭칭 나네춤
봄철 민속놀이춤: 룡북춤, 채북춤, 꽃놀이춤, 줄꽃놀이춤
여름철 민속놀이춤: 석전무, 돈돌라리, 방천춤, 마당놀이춤
가을철 민속놀이춤: 어깨춤, 손뼉춤, 두레놀이북춤, 강강수월래, 들북춤, 삼동
　　　　　　　　　어깨춤, 회양닐리리춤, 고창춤, 박놀이춤
정서생활무용
부채춤, 장고춤, 한삼춤, 사당춤

민간탈춤
서해안지방: 봉산탈춤, 해주탈춤, 강령탈춤, 서흥 · 은률 · 재령 탈춤
중부지방: 양주산대놀이, 송파산대놀이
동해안지방: 북청사자놀음, 통천탈춤
남해안지방: 통영오광대, 고성오광대, 가산오광대, 수영들놀음, 동래들놀음

창작무용
만풍년, 풍년의 노래, 나무군총각들과 처녀들, 소몰이총각과 처녀들, 샘물터에
서, 달맞이, 방울춤, 손북춤, 흥겨운 새납소리, 꽃북놀이, 노들강변, 도라지, 룡
강기나리, 금강선녀, 명경대, 계절의 노래

소박한 조선여성의 정서
를 표현한 민속무용〈시
냇가〉

대해서, 민속무용의 계급성은 인정하지만 그것이 지니고 있는
일정한 제한성은 현대적 미감으로 바꾸어야 한다면서 현대적 미
감을 획득해 나가는 과정을 이렇게 설명하고 있다.

방울을 손에 끼고 방울소리를 아름답게 울리면서 추던 춤. 특히
평안남도 숙천지방에서 무사들이 전쟁에 나갈 때 사기를 돋우기 위
하여 여인들이 추었던 삼지령춤에서 유래하였다. 그러나 삼지령춤
을 비롯한 우리나라의 다양한 방울춤은 봉건사회에서 인민들이 창
작한 것이기는 하나 그대로 무대에 올릴 수는 없었다. 현대적 미감

이 요구된 것이다. 현대적 감각은 우선 빠른 부분과 느린 부분, 그리고 다시 빠른 부분으로 되돌아가는 3부분 형식의 구성 속에 손목을 연거푸 놀려 방울소리를 율동적으로 휘감는 것보다 주로 밖으로 내뿌리거나 지향적으로 엮어나가 시종일관 형상에서 활달하고 전진적인 기상을 강조하는 데서 나타나고 있다. 그리하여 방울춤은 오늘 사회주의를 건설하는 시대정서에 맞는 민속무용 소품으로 되었다. 이 밖에도 새로 나온 민속무용 돈돌라리, 룡강기나리 , 오월단오들이 전래의 부족점들을 극복하고 우리 인민의 미감을 잘 반영하고 있으므로 민속무용창작에서 나서는 문제를 성과적으로 해결하였다.[64]

번지수와 성명을 똑똑히 해야

이같이 새롭게 창조된 민속무용을 "각 지역의 근로인민들의 창조적인 로동과 생활과정을 그들 자신이 집체적인 지혜로 만들어 낸 인민적인 무용유산"이라고 본다. 따라서 민속무용이 오늘날까지 민속무용으로 되는 근거는 그것이 발생 · 발전해 온 합법칙적인 과정에 맞게 지방의 특징을 살리는 데 있다고 볼 수 있다.

당연히 그 지방의 특징을 잘 살려내야 하는 것이 강조되고 있다. 지역성은 바로 민속놀이의 본령이기 때문이다. "특징이 있는 민속무용들을 만들어야만 인민의 풍부한 문화적 소양과 생활정서, 고상한 정신세계들을 지방마다 고유한 무용형식을 통하여 보여줄 수 있다"고 정의하고 있다. 이런 점에서 민속무용극 〈돈돌라리〉와 민속무용 〈룡강기나리〉는 각별한 주목을 받는다.

돈돌라리 4인무 돈돌라리는 민속무용 돈돌라리들이 지방적 특징을 제대로 살리지 못했던 결점을 잘 보완하였다. 돈돌라리 춤의 특징을 형상에 잘 구현하여 전반적인 형상 분위기에서는 패기를 강조하고 율동조직에서는 손동작을 살리고 음악에서는 본래의 곡을 살려 특징 있는 민속무용으로서의 품격을 잘 갖출 수 있었다. 4인무 돈돌라리가 특징 있는 민속무용으로 될 수 있었던 것은 특히 동작과 음악을 생동감 있게 살렸기 때문이다. 음악에 의해 돈돌라리의 정서는 더욱 강조된다. (『조선여성』, 1998년 6월호)

룡강기나리 서해안지방 인민들이 벼갈이를 하는 노동생활을 반영하는 무용이다. 낫으로 벼를 베는 동작과 볏단을 묶는 동작, 벼를 나르는 동작을 비롯하여 매 춤동작에서 팔을 굽혔다 편 다음 손목을 척 내려뜨리는 인상적인 손동작을 항상 부각하여 무용의 색채를 돋보이게 하고 있다. 무용음악에서도 민요 〈룡강기나리〉를 그대로 살려 씀으로서 무용이 음악의 도움을 받아 춤형상에서 민속적인 품격을 더욱 강화시켜 주고 있다. (같은 곳)

민속무용에서 지방적 특징을 잘 살린다는 것은 바로 주체적 문예창작의 일관된 하나의 원칙이라 할 수 있다. 따라서 민속놀이의 본질적 속성인 지방적 특징을 잘 살리기 위해서는 민속무용 창작에서 생활적인 것, 근로하는 것을 보여주어야 한다는 과제가 등장하는데 이 본보기로 민속무용 〈5월단오〉를 들 수 있다.

5월단오 오월단오 명절에 그네를 뛰면서 하루를 즐겁게 보냈던 우

리나라 여성들의 전통적인 생활을 반
영한 민속무용이다. 무용은 단옷날에
곱게 단장한 처녀들이 마을 그네터에
모여 새로 드린 갑사댕기들을 서로 자
랑하고 한바탕 그네를 뛰고 헤어지는
모습을 보여준다. 이 무용은 처녀들의
구김없는 아름다운 정신세계와 낙천
적인 모습을 명절날에 새로 드린 고운
갑사댕기와 그네를 소재로 해서 형상
화하고 있다. (『민속예술』, 1978년 4
월호)

〈돈돌라리〉. 함경도 민
속놀이를 무대화한 민
속무용이다.

결국 민속무용은 낙천적인 생활과
노동생활을 잘 보여줄 수 있는 이점을 지녔다고 보는 것이다. 민
속무용은 노동과 생활의 직접적인 반영으로서, 누구에게 보여주
기 위한 것도 장식을 하는 것도 아니기 때문에 반드시 생활적인
것, 근로하는 노동생활 정서를 반영해야 한다고 주장한다. 이것
은 춤의 "주소·성명을 분명히 밝혀야 한다"는 식으로 표현되기
도 한다. 최승근은 "민속무용의 본색을 살리는 데서 나서는 몇
가지 문제"를 거론하면서 다음과 같이 정리하고 있다.

춤의 주소·성명을 똑똑히 밝히는 일이 중요하다. 인민들의 집체
적 지혜의 산물인 민속무용 창작에서 견지해야 할 원칙이다. 서해

안지방의 박놀이, 길쌈놀이, 손벽춤, 봉산탈춤, 동해안의 돈돌라리, 삼삼이, 북청사자놀이, 회양닐리리 등은 각각 향토성적 색채를 짙게 지닌다. 춤의 주소·성명을 똑똑히 밝히기 위해서는 우선 그 원바탕을 옳게 찾고 그에 철저히 의거하는 것이다. 물론 무턱대고 그대로 옮기는 것은 아니 된다.[65]

군중적 차원에서 전개된 민속춤 발굴사업

춤에서 주소와 성명을 분명히 한다는 것은 쉬운 일이 아니다. 각 지역의 현실에 기초한 민속놀이의 뿌리를 밝혀내는 문제와 직결되기 때문이다. 따라서 지역마다 특색 있는 노래와 춤이 많다는 현실을 감안하여 발굴사업 과제가 제기되었다. 발굴정리 사업은 "민족무용 유산을 현대적 미감에 맞게 비판적으로 계승·발전시키기 위한 첫 공정이며 민속무용의 체계적인 연구를 위한 기초자료를 해결하는 중요한 사업이다. 민속무용과 옛날 춤동작들이 일정하게 정리되어 있지 않은 오늘의 조건에서 민속무용을 발굴정리하는 사업은 매우 절박한 문제로 인식된다"고 말하고 있다.

가령 농악무만 하더라도 각 지역이 다르며 삼삼이, 박놀이, 채북춤, 석전무, 면경대, 강강수월래, 자라병춤, 팔굽춤, 수박춤 역시 각각 다르다고 본다. 따라서 주체적인 무용예술 사업을 더욱 발전시키기 위해서는 민속무용 발굴사업을 군중 차원의 운동으로 전개할 필요가 있었다. 실제로 많은 무용관계자들이 민속놀이를 연구하고 이를 무용창자에 활용하고 있다. 비단 북쪽지역의 춤뿐만 아니라 남쪽지역의 춤까지도 남쪽 출신 노인들에게서 채록하여 활용하고 있다. 그리하여 민속무용 발굴과 창작에서 당시의 생활감정과 세태풍속, 지방의 특성을 존중해야 올바른 발굴과 창작이 이루어진 것으로 평가한다.[66)

구체적으로 전래 민속놀이에서 어떻게 창작춤이 추출되는지 그 과정을 한번 살펴보기로 하겠다. 〈몰이군춤〉을 창작한 박창근이 쓴 다음의 글은 민속현장에서 민족적 풍격이 어떻게 무용예술로 승화되는지를 매우 자세하게 묘사하고 있다.

내가 민속무용을 발굴할 데 대한 과업을 받은 것은 작년 6월중이었다. 솔직히 말해서 이때의 나의 감정은 몹시 흥분되었다. 무용창작 전문가가 아닌 나로서 과연 좋은 민속무용을 발굴할 수 있을 것인가…. 관모봉줄기를 에돌아 골짜기들을 톺아오르면서 나는 사냥군들의 생활을 머리에 그려보았다. 정동섭 로인을 통하여 영안지방의 산간마을에서 리조 중엽에 사냥군들이 자기들의 생활감정을 춤추었다는 것을 알게 되었다. 춤가락들은 오랜 시일을 경과하면서 거의 잊어버리고 그중 몇 가지의 춤가락들만을 찾아볼 수가 있었다. 즉 숲속을 헤치면 산발을 타고 넘는 재빠른 동작, 손목을 자주 놀리면 짐승을 유인하는 동작, 발을 꼬아 뒤로 미끄러지는 동작 등 몇 가지의 춤동작만을 발굴할 수 있었다. 몇 가지 안 되는 적은 춤가락이지만 이 춤가락들에 매력을 느낀 나는 손목을 자주 모놀리며 짐승을 이끌어오는 동작과 두 발을 꼬았다 멈추기 등을 주도적인 률동으로 설정하고 동작의 원형에서 파생시켜 새로운 동작들은 창안 보충하여 초보적인 선을 그었다. …이로서 짐승을 추격하고, 짐승

을 잡은 기쁨, 다시 짐승을 잡으러 떠나는 날로 설정하였다.[67)

민속춤가락의 전통성과 개성화

민족무용 유산들은 사위변화가 다양하며 몸통의 움직임도 다채로울 뿐 아니라 각도와 방향의 변화도 풍부하다. 그런데 정작 이같은 유산들에 대한 깊은 연구가 부족함에 따라 무용율동의 운동적 폭을 좀더 다양하고도 다면적으로 사용하지 못하고 있음을 자주 지적하고 있다. 공훈배우 위병택이 증언하는 창작과정에서의 무용율동과 민속유산의 관계이다.

우리들은 조선 민족무용 유산에서 인간육체의 운동적 폭이 어떤 범위에서 어떻게 사용되고 있는가 하는 것을 체계적으로 연구할 필요가 있다. …우리의 민족무용 유산들은 사위의 변화가 다양하여 몸통의 움직임도 매우 풍부하다. 그런데 우리는 이들 훌륭한 유산에 대한 연구가 부족하다. 가령 탈춤가락들은 굴신의 굴절이 심하며 허리 젖혔다 몸꺾기, 허리재며 제자리돌기, 반꺾어 젖히기 등 급격한 변화를 많이 볼 수가 있어 약동적이며 강한 률동적 색채를 볼 수가 있다.[68)

여기에서는 율동동작들을 탐구 · 창작하는 과정에서 나타난 몇 가지 문제점을 지적하고 있다. 무용창작자는 향토색이 짙은 민속무용을 창작할 때 흔히 발굴된 몇 개 동작을 모체로 해서 창작을 진행하는데, 이때 그 가락과 장단이 잘 결합되고 개성이 있

어야 한다. 그래야 발굴된 동작의 특징이 명백해지는 것이다. 주
도적 동작의 율동적 특징은 율동의 운동적 폭, 모양, 자세 들로
써 특징지어져야 하며 율동의 운동적 폭의 발전단계와 모양과
자세를 잘 구별하여 주도적 율동의 특징을 섬세하게 표현해야
한다는 것이다.

예를 들어 〈돈돌라리〉처럼 지방적 특성이 강한 민속무용은 율
동의 운동적 폭과 상하체의 폭이 넓으며 굴신의 굴절이 특징적
이고 마지막 박자에 룩채며 굴신을 주는 것이 인상적이다. 이러
한 특징들은 그 시대 사회의 사람들의 생활풍습을 명료하게 드
러내준다.

그러나 일부 지방극장들에서 민속무용을 발전시킨다고 하여
장단을 지나치게 빠르게 하거나 혹은 복잡하게 변조시킨 것을 볼
수 있는데, 이는 현대적 미감에 맞게 발랄한 성격을 부여한다는
데 치중하여 율동동작의 특성을 드러내지 못하고 있는 것이라 할
수 있다. 결국 아무리 생활자료에 의거한다 해도 현대적 감각에
만 치우치고 민족적 품격이 왜소화되는 경우가 있는 것이다.

그래서 무용창작가는 철저히 민족문화 유산에 기초하여 율동
적 특징들을 깊이 연구하고 과학적으로 체계화하는 동시에 무용
연기자의 기술수준을 높이는 데 책임을 지고 그들과 함께 민족
무용예술의 보다 풍만한 개화를 위하여 전진할 것을 요구한다.
박창근은 다음과 같이 말한다.

민속무용의 춤가락을 발굴하기 위해서는 무용창작가 무용배우들

을 비롯한 일군들이 민속무용 춤가락을 찾는 운동을 전개해야 한다. 각 지방별 · 지역별로 구분하여 발굴 · 정리하고 체계화시킬 필요성이 대두된다. 또한 현대적 미감에 맞게 발전시켜야 한다. 옛날 티가 나고 시대적 감각에 맞지 않는 복고주의는 안 된다. 그렇다고 조선식이 아닌 어떤 새로운 춤가락을 고안해서는 안 된다.[69]

그리고 김창완은 4대 무용을 중심으로 민속무용에 관한 입장을 다음과 같이 쓰고 있다.

북한무용사의 서장을
연 최승희의 무녀무(巫
女舞)

무용 〈눈이 내린다〉 〈조국의 진달래〉 〈키춤〉 〈사과풍년〉 등 4대 명작 무용작품들은 주제사상에서 혁명성과 함께 작품의 기본 표현 수단인 무용언어가 조선춤가락에 바탕을 두고 인간의 내면세계를 깊이 있고 참신하게 형상화한 것이다. 민속무용을 발굴하는 사업에서 주소 · 성명이 똑똑하지 못하고 춤가락도 자기의 개성적 특징이 없는 점을 지적해야 한다. 현대적 미감을 발전시키면서도 춤가락의 고유한 특징과 그 형식마저 현대화한 것이 많다. 또 하나의 편향은 민족무용 유산들, 특히 춤가락을 발굴할 때 고유한 특징들을 정확히 찾지 못하고 호탕시킴으로써 자기의 고유한 얼굴을 가지지 못하는 것이다. 때문에 각 지방적 특색을 살릴 것이 요구된다. 민속무용 〈3인춤 돈돌라리〉 〈룡강기나리〉

〈오월단오〉〈방울춤〉〈흥겨운 새납소리〉 등 민속무용들은 조선춤의 고유한 특징들을 옳게 살리면서도 매개 작품들이 자기의 독특한 춤가락들로 옳게 이루어졌다.[70]

자모식 무용표기법. 북쪽 무용계가 심혈을 기울인 역작이다.

이와 같은 오랜 과정을 거쳐서 오늘날 북쪽무용계에서 민속무용은 민족무용을 만드는 데 대단히 중요한 의의를 지닌 것으로 자리잡게 되었다. 단순히 장르상의 민속무용이 아니라 모든 민족무용의 전범으로 간주되고 있는 것이다. "민속무용은 민족무용을 발전시키는 데서 의거해야 할 원천"이라는 김정일 위원장의 발언을 기초로 삼고 있는데, 이것은 민속무용의 줄기에 '인민예술'로서의 민속놀이의 전통이 깔려 있기 때문이다.

아래 두 편의 글은 '민족무용의 뿌리'를 형성하는 민속무용에 대한 정리된 입장을 잘 보여주고 있는데, 첫번째 글은 거의 10년 동안 높은 평가를 받아오고 있는 민속무용조곡 〈계절의 노래〉를 평한 것이며 두번째 것은 북쪽의 민족무용에서 민속무용의 위상을 말하고 있다. 특히 리순정은 민족무용의 또 다른 원천인 궁중무용·종교무용 등을 비인민적인 것으로 비판하면서 동시에 민속무용도 복고주의식으로 계승하는 것을 비판하고 있다.

민속무용 창조에서 경계하여야 할 자연주의를 극복하고 사실주의적인 작품을 창조해야 한다. 민속무용 창조에서 자연주의를 범하면 사람들에게 지난날 생활의 본질과 진실을 왜곡 인식시켜 지난날의 온갖 생활과 풍속에 대하여 환상을 가지게 하거나 반대로 민족허무주의를 조장시킬 수 있다. 우리 시대에 민속무용을 창조하며 그것을 조곡과 같은 큰 형식에 담아 형상하는 것은 근로자들에게 지난날 인민들 속에서 전해 오는 아름다운 생활과 풍습을 보여주어 그들에게 민족적 긍지와 자부심을 높여주자는 데 있다. 그럼에도 불구하고 지난날의 낡고 봉건적인 생활과 풍속을 비롯하여 온갖 생활을 현상적으로, 기계적으로 반영하는 자연주의를 범한다면 그러한 무용은 우리 시대에 민속무용을 창조하는 목적과 어긋나게 되어 시대와 인민 앞에서 자기 사명을 옳게 수행할 수 없다.[71]

민속무용 〈조개캐는 처녀들〉

민속무용에 의거하지 않고는 무용에서 민족적 특성을 살릴 수
없고, 새 시대 인민의 민족적 정서와 미감에 맞는 새로운 민족무용
발전도 기대할 수 없다. 주체의 사회주의 민족무용을 건설하고 발
전시키는 데서 계승하여야 할 진보적이고 인민적인 무용유산은 바
로 인민 창작품인 민속무용이다. 민속무용은 우선 민족무용 유산
을 이루는 여러 갈래의 무용 가운데서 언제나 주류로 되며 무용유
산의 기본으로 된다. 민속무용이 민족무용 발전의 원천으로 되는
것도 바로 이로부터 출발된다.[72]

우리식 민속무용의 명작들

북쪽에서 대표적인 민속무용으로 꼽는 작품 가운데 몇 개를 골
라 민속놀이와 민속무용의 관계를 살펴보기로 한다. 이들 무용
은 전래 민속놀이에서 전승된 것을 변화된 현실에 맞게 창작한
것으로 평가되는 작품들로서, 여러 차례에 걸쳐 높은 평가를 받
아왔다. 이 작품들에서, 오늘날 북쪽에서 민속놀이의 전승이 무
용예술을 통해서 이어지고 있음을 느낄 수 있을 것이다.

말하자면 전래 마을단위의 공동체적인 민속놀이가 사라지고
개인들의 소소한 민속놀이만 전승되고 있는 가운데 가장 괄목한
만한 민속놀이 전승이 이루어진 분야로 무용분야를 꼽을 수 있
다. 특히 80년대 후반부터 이러한 경향이 두드러져 민족적인 것
을 강조하는 방향으로 무용창작이 이루어지고 있다. 우리식을
내세우는 것은 종래의 〈피바다〉 식 가극만 강조하던 기존의 평가
방식에서 〈춘향전〉 같은 가극을 더욱 강조하는 데서도 두드러진

다고 할 수 있다.

참고로 각각의 무용이 민속놀이에서 무대예술로 이루어지기까지의 과정과 문제점, 특징을 먼저 살펴보겠다. 이 같은 무용창작에서도 주체문예 이론이 잘 드러나고 있으며, 그 바탕은 당연히 '우리식'이다.

농악무 주체적 문예방침은 남성무용 종목으로 상모를 돌리는 농악무를 하나 잘 복구할 필요성이 있음을 강조하였다. 농악무의 기교와 동작 가운데, 남성들의 춤이며 춤동작들이 호탕한 것이며 기교 중에서 중요한 것은 상모이기 때문이다. (『조선예술』, 1979년 8월호)

돈돌라리 경쾌하면서도 낙천적인 노래장단에 맞추어 춤을 추면서 "좋다, 좋지" 하는 소리를 간간이 주고받으면서 손을 들었다가 내리며 어깨를 가지고 재간을 부린다. 이는 고유한 것으로 민족적 색채와 함께 율동이 이채롭고 명료하여 흥취를 돋운다. 원래 돈돌라리는 30년대 초에 창작된 군중무용으로서, 처음에는 함경남도 북청지방의 부녀자들이 한때 달래 캐는 생활풍습에서 시작된 춤놀이였으나 점차 총각을 비롯하여 남자들도 참가하는 대중적 춤놀이로 발전하였으며 반일감정도 반영하고 있다. (『조선녀성』, 1988년 6월호)

강선녀 주도적 춤가락과 무용동작은 도도리, 굿거리, 장단이며 일관성 있는 춤가락과 무용동작으로 작품의 양식적 특성을 살렸다. (『조선예술』, 1977년 5월호)

야징춤 양강도 갑산군과 자강도 일부에서 대장군들 사이에서 추던 민속무용이다. 서도지방 노동민요의 하나로 널리 퍼졌던 풍구타령

은 12/8 박자의 느린 타령장단을 타고 부르는데 곡조가 건드러지고
흥겨워 춤이 절로 나온다. 풍구타령은 그 장단과 속도, 곡조가 대장
간에서 풀무질하며 망치질하는 작업동작들과 잘 어울린다. 야장춤
은 풍구타령에 맞추며 흥겨우면서도 텁텁하고 느릿하면서도 씩씩
하고 낙천적인 것이 특징이며, 풍구작업의 노동동작을 그대로 반영
하고 있다. 지난 시기 대장군들은 외적의 침입으로 나라가 위기에
처하면 농쟁기 대신 칼과 창을 벼려 손에 들고 싸우러 나가기도 했
다. 그래서 양강도, 자강도 등 국경이 가까운 지방의 야장춤은 그

장고춤(독무)

후에 흔히 무기춤과 결합되어 추어지
곤 했다. (『조선예술』, 1989년 11월
호)

연군춤 함경도 단천지방의 민속무용
인데, 광부들 사이에서 추던 춤으로
이들이 연군이라고 부른 데서 그 이름
이 유래되었다. 19세기 초에 광산이
많이 개발되고 광산노동자가 늘어나
면서 이들의 생활을 반영하여 춤으로
서 태어났다. 노동자들이 굴속에서 기
어다니면서 금을 캐는 노동을 형상화
한 춤과 이들의 호탕한 성격을 보여주
는 막춤 등으로 구성되어 있는데, 앉
은 자세로 막장 속을 엎드려다니는 동
작과 벙거지 위에 떨어진 흙먼지를 터

는 동작 등 실제 노동생활을 방불케 하는 특색 있는 춤동작들로 엮어진다. (『조선예술』, 1992년 1월호)

삼동어깨춤 평안남도 성천지방 민속놀이다. 약 30여 년 전부터 추기 시작하였다. 농민들은 해마다 추수를 끝내고 추석명절에 풍년을 노래하며 추던 춤이다. 소박하면서 정열적이고 노동을 사랑하는 이 지방사람들의 폭넓은 성격과 활달함, 씩씩한 기백과 생활에 대한 낙천성으로 충만된 남성들의 기질을 훌륭히 표현하고 있다. 지금도 명절이나 즐거울 때면 노인들이 곧잘 춘다. (『조선예술』, 1967년 1월호)

꽃놀이 평안남도 강선지방에서 발굴된 춤으로, 봄을 맞은 처녀들이 꽃을 꺾어다가 다발을 만들면서 즐기는 생활풍습을 반영하고 있다. 지루한 겨울을 보낸 처녀들이 진달래꽃 시절 약동하는 봄을 맞이해 청춘의 기쁨을 노래하며 추는 낭만적인 민속무용이다. (『조선예술』, 1989년 1월호)

손맵시춤 중부지방 일대에서 여성들이 손가락에 골무를 곱게 끼고 그것을 자랑하며 추던 춤이다. 처음에는 여성들이 손가락에 골무를 해 끼고 서로 바느질 솜씨와 손재간을 자랑하며 놀던 것이 점차 발전되어 하나의 춤을 이루었다. 그후 손맵시춤은 나무로 만든 아박 같은 것을 손에 끼고 그것을 마주쳐 다양한 리듬을 내면서 추게 된다. 나무골무를 낀 손을 마주치거나 팔꿈치를 치면서, 그 장단에 맞게 갖가지 손동작으로 손맵시를 보여주는 것이 특징이다. 여성의 근면성과 지방풍속을 반영한 가치 있는 민족무용 유산이다. (『조선예술』, 1989년 1월호)

손뼉을 치면서 추는 민속
무용 〈손뼉춤〉

손뼉춤 손뼉치기를 기본 동작으로 하는 춤으로, 인민들이 즐긴 손
뼉놀이와 손뼉맞추기 등을 기초로 해서 만들어졌다. 박자에 맞추어
손뼉으로 흥겹고 다양한 리듬을 만들어내면서 추는 것이 특징이다.
주로 남자들이 추는데, 기본 동작으로는 두손 마주치기, 가슴치기,
무릎치기, 다리치기 등이 있다. 손뼉치는 동작은 오늘날 조선무용
훈련에서 중요한 기법의 하나가 되고 있다. 무대예술 무용과 군중
무용, 아동무용 창조에도 적극 활용되고 있다. (『조선예술』, 1989년
1월호)

칼춤 피바다가극단이 창작한 춤으로, 여인들이 사랑하는 고향땅을
지켜 싸울 수 있는 검술을 연마하는 모습을 형상화한 것이다. 원래
의 칼춤을 변화시킨 것으로서 형식에서도 변화를 꾀하였다. 느릿느
릿 추는 대목을 없애고 현시대 인민의 감정에 맞는 안딴장단을 기
본으로 하고 있다. 원래의 칼춤에는 염불장단으로 느리게 추는 대

목이 있었는데 이를 바꾼 것이다. 특징적인 동작을 창조한 것이 혁신적 성과의 하나이다. 춤 후반에 박력을 강화하고 훈련과 결전 장면을 인상적으로 처리하기 위해 새로운 동작을 창작하였다. (『조선예술』, 1984년 7월호)

달맞이 전래 세시풍속인 달맞이놀이를 소재로 창작된 춤이다. 이 춤은 원래 느린 동작이다. 민속무용에서 근로인민의 고유한 지방적인 생활풍습, 고유하고 특색 있는 개성적인 춤가락, 독특한 정서와 색깔을 나타내는 민요가 근본을 이룬다. (『조선예술』, 1984년 7월호)

북춤 땅에 눕힌 큰북을 중심으로 작은북 세 개를 달아맨 북통을 반원형으로 빙 둘러 세워놓은 무대에서 양손에 북채를 든 여성무용수들이 각기 자기 북통에서 한꺼번에 북을 치는 것으로 시작된다. 북치기와 대조되는 무용수들이 북통에서 떨어져 무대 한가운데로 모여서 추는 춤도 인상적이다. 춤 진행에서 장단도 굿거리장단에서

〈달맞이춤〉 전래 세시놀이의 민속무용화

〈북춤〉

만장단으로 빨라지면서 춤의 기본 동작도 변화·발전한다. (『조선
예술』, 1984년 7월호)

〈쟁강춤〉(독무)

쟁강춤 민간에서 쟁강춤 혹은 댕가당춤으로 불리
던 춤이다. 작품의 양상과 구성, 의상, 소도구와 춤
가락에 대한 연구를 면밀하게 한 춤이다. 여성무용
수들이 팔목에 쟁강거리는 장식을 붙이고 춤을 추
는데, 흔히 방울을 울리며 춤을 추는 방울춤과는 다
르다. 춤이 발현되는 생활적 전제를 잘 표현해 주는
춤이다. (박종성, 『조선민속무용』, 조선문예출판사,
1991, 70쪽;『조선예술』, 1984년 7월호)

아박춤 고려시대와 조선시대에 아박이라는 민속
악기를 들고 추었다는 전통에서 비롯된 춤이다.
10여 명의 춤꾼들이 아박을 들고 춤을 추면서 일

정하게 아박을 치는데, 대단히 수준 높은 음악이다. 아박의 경쾌한 소리와 율동적인 춤사위가 조화를 이루면서 높은 대중성을 확보해 준다. 춤과 악기가 곁들인 대표적인 민속무용이다. (『조선민속무용』, 64쪽)

무사춤 남성들의 호탕한 성격이 약동하는 민속무용으로서, 고구려 백성들의 애국적 정서를 잘 반영하고 있다. 고구려의 남성들이 억센 기상과 외적에 대항하여 나라를 수호하겠다는 결전의 의지로 행하던 칼싸움, 주먹춤, 칼휘두르기 등이 주요 춤가락으로 형상화되었다. 남성무용의 훌륭한 특색을 함경도 〈신아우〉와 함께 잘 살리고 있다. (『조선예술』, 1985년 6월호)

샘물터에서 농촌처녀들이 물을 길러 나왔다가 뻐꾹새와 노는 천진난만한 생활을 통하여, 인민들의 행복한 생활모습과 아름답고 소박한 감정세계를 펼쳐 보여주는 작품이다. 민족적 색채가 짙은 춤형

〈무사춤〉 고구려 정서를
드러내고 있다.

군무 〈물동이춤〉

상으로 일관되어 있으며 아기자기한 생활들이 재미있게 엮어지고 있는 것이 특징이다. (『조선화보』, 1993년 3호)

목동과 처녀 민족재생의 새봄을 맞이한 인민의 행복한 생활감정을 농촌 청년들의 약동하는 기백과 생활의 낭만으로 형상화한 소품이다. 작품은 강이 흐르고 갖가지 꽃이 만발한 동산에서 나물을 캐러 온 처녀와 나무하러 온 총각이 서로 만나 희망찬 봄을 마음껏 노래하면서 즐겁게 노는 모습과 총각이 처녀의 나물바구니를 빼앗아서 벌어지는 실랑이, 뾰로통해진 처녀를 달래서 다정하게 다시 노는 모습을 생동하게 보여주고 있다. 〈고사리〉〈조선팔경〉 같은 흐늘어지는 민요에 어울리게 민족적 색채가 짙은 춤가락들로 엮어진다. 각별한 사랑을 받고 있으며 해외공연과 평양축전에서도 호평을 받았다. (『천리마』, 1993년 3호)

도리깨춤 농민들이 도리깨로 낟알을 터는 모습을 형상화한 춤이다.

어느 농촌에서나 다 추었다고 볼 수 있지만, 황해도 연안을 비롯하여 밀·보리는 많이 심는 고장에서 널리 행해졌다. (조선의민속전통 편찬위원회, 『조선의 민속전통』6, 평양과학백과사전종합출판사, 1995)

새몰이춤 황해도 배천지방에서 추어지던 민속무용으로, 처녀들이 논에서 낟알을 축내는 참새떼를 몰아내는 것을 생활적 바탕으로 해서 만든 춤이다. 농민들의 농사일을 보여주는 것은 아니지만, 힘들어 지은 곡식을 한 알의 허실도 없이 거둬들이려는 농민들의 아름다운 마음씨가 잘 드러나고 있다. (이하, 같은 곳)

창놀이춤 함경도 명천지방과 그 주변 농촌에서 추던 민속무용이다. 곡식을 헤치러 내려오는 산짐승을 잡는 모습을 형상화한 춤으로서, 〈샘몰이춤〉과 함께 근면하고 활달한 우리 농민들의 생활상을 보여준다. 여인들이 감자모를 옮기고 그것을 가꾸는 것으로부터 시작되는 이 춤은 봉건시대에 척박한 산골에서 땅을 일구어 감자농사를 짓고 살아가던 명천지방 농민들이 자신들의 노동성과를 기리는 데서 유래한 소박한 형식의 무용이다.

삼삼이춤 지난날 여성들이 공동으로 길쌈하는 풍습에서 나온 민속무용이다. 이 춤은 함경도 홍원지방을 중심으로 그 주변 일대에서 많이 추었는데, '길쌈놀이'라고도 한다. 길쌈의 한 공정인 삼삼이하는 모습을 율동으로 표현한 춤으로서, 여성들의 낙천적인 노동생활과정과 아름다운 정서가 담겨 있다.

왕바구니춤 평안도 덕천지방의 산간일대에서 널리 추었다. 처녀들이 작은 바구니와 대조되는 왕바구니를 들고 춘 데서 이름이 유래되었다. 처녀들과 아낙네들이 산에 올라가 산뽕을 따서 왕바구니에 담아 마을로 내려오는 생활을 형상화함으로써 집체적 노동의 기쁨과 생활의 즐거움을 잘 드러내고 있다.

빨래춤 여인들이 빨랫감을 가득 담은 함지를 머리에 이거나 품에 끼고 희희낙락 빨래터로 나오는 모습에서부터 춤이 시작된다. 이어 맑은 시냇가에서 빨래를 두드리는 모습, 빨래를 헹구는 모습이 그대로 무용율동으로 재현된다. 가정일에서 여성들의 알뜰한 일솜씨와 깨끗한 마음씨를 잘 보여주는 춤이다.

봉죽놀이 평안도·황해도 서해안 지방의 어촌에서 많이 추던 춤이다. 대체로 봉죽을 중심에 세우고 즐겁게 노래부르며 춘다. 어부들이 물고기를 가득 잡아 싣고 돌아올 때나 바다로 고기잡이 나갈 때 많이 추었다. 만선기를 휘날리며 돌아올 때가 환희의 춤놀이였다면, 고기잡이 떠날 때는 구슬픈 춤놀이였다.

새맥씨춤 역시 평안도와 황해도 서해안 지방의 어촌에서 많이 추던 춤이다. 바닷길을 통한 장사가 흥해지면서 황해의 안전을 보장한다는 구실 아래 처녀를 바다에 수장하는 미신적 풍습에서 유래한 춤이다. 새맥씨란 새색시를 이르는 사투리로서 바다신령에게 해마다 처녀를 제물로 바치는 수제식을 집행해 왔는데, 그후에는 사람 대신 허수아비를 만들어 바닷물에 수장했다. 이때 추던 춤이 새맥씨춤이다.

곰춤 평안도 산간지대(자강도 포함) 사람들 사이에서 널리 추던 민속무용이다. 곰을 사냥하는 수렵활동 과정에서 창조되어 춤꾼들 사이에 널리 추어지면서 다듬어지고 완성되었다. 사냥꾼들의 용감성과 호탕한 성격을 독특한 춤가락으로 형상화한 남성춤으로, 우리나라 남성무용의 춤가락을 풍부히 해나가는 데 의의가 있다.

호랑이잡이춤 남자무용수들이 버선 같은 모자와 호랑이 · 곰 · 개 가죽털로 만든 덧저고리를 의상으로 하고 손에는 활과 창을 들고 춘다. 지난날 법동지방에 호랑이가 나타나 사람과 농작물에 적지 않은 피해를 입은 뒤로 해마다 두 번씩 마을의 모든 청장년들이 호랑이를 잡던 풍습에서 유래되었다.

어렝이춤 조선 말기에 금강으로 이름난 황해도 수안지방과 그 주변에서 추던 춤이다. 사금 채취도구인 어렝이를 잡고 툭툭 치면서 사금을 이는 동작, 좌우로 몸을 흔드는 동작, 어렝이를 무릎 위에 받쳐들고 손으로 돌을 헤집어 사금을 찾는 동작 들이 특색 있는 춤동작이다. 봉건사회 말기에 살길을 찾아 금광에 모여든 수많은 금점꾼들의 사금 캐는 노동과정에서 생겨나 다듬어졌다.

모군춤 봉건사회 말기에 함경도 광천(단천)지방에서 생겨난 춤이다. 근대에 들어와 광산노동자들이 급속히 늘어나면서 그들의 노동생활 풍습을 반영하여 나온 것이다. 모군이란 점꾼, 즉 봉건시대 광산노동자들을 가리키는 말로서 그들의 노동생활을 표현한 다양한 형식의 충돌이 생기게 되었다.

지정놀이춤 집터를 다지거나 도로를 닦는 것과 같은 토목노동과 관련된 노동무용이다. 남자 여러 명이 함께 추는 군중무용으로, 달구질을 하는 과정을 그대로 율동화하였다. 처음에는 4~6명의 달구꾼들이 달구질하는 모습을 형상화한 장면이 펼쳐지고 이어 집터를 튼튼히 다진 달구꾼들의 기쁨에 넘쳐 춤을 추는 장면으로 구성된다.

수박춤 옛날부터 인민들이 '수박희'라는 무술을 연마하는 과정에서 창조된 춤이다. 수박희는 무기를 들지 않고 맨손으로 상대방을 치기도 하고 방어도 하는 무술로서 '백타'라고도 하였다. 평안도 랑림지방(자강도)에 퍼져 있던 민속무용이다.

방울채춤 방울을 단 말채찍을 가지고 말타는 연습을 하던 모습을 형상화한 춤이다. 생사가 갈리는 싸움터에서 이기자면 창·칼·활 등 전투무기를 능숙하게 다룰 줄 알아야 할 뿐만 아니라, 날래고 좋은 말도 잘 탈 줄 알아야 한다. 이 춤은 방울채를 힘있게 휘두르며 다양한 말타기 재주들을 보여준다.

군바바춤 근대 군인들의 군사훈련과 체력단련 동작을 보여주는 춤이다. '군바바'라 한 것은 군가 〈군바바〉에 맞추어 추기 때문이다. 군인들은 이 노래를 부르며 발을 구르고 팔을 뻗으면서 춤을 춘다. 그래서 이 춤이 발굴된 평안도 벽동지방에서는 '뚝춤' '팔뚝춤'이라 부른다.

통덕진 출전무 고려시대에 무사들이 싸움터에 나갈 때 추던 군사무용이다. 평안남도 숙천군 룡덕리에 자리잡고 있던 통덕진은 고려시대에 설치된 무술훈련장이었을 뿐 아니라, 싸움터에 나가는 무사들을 사열하고 환송하던 장소였다. 당시 싸움터에 나가는 군사들을 사열한 다음 군사와 인민들이 한데 어울려 추던 춤이다.

금화팔지춤 함경도 광천지방(단천시)에서 추던, 역시 군사무용으로 갑자기 외적이 쳐들어오는 정황이 생기는 것으로부터 춤이 시작된다. 이때 한 젊은이가 뛰어나오며 나라와 고향마을을 지킬 각오를 다질 춤을 추는데, 뒤따라서 많은 청장년들이 자진하여 나선다.

이 춤은 고향마을을 지켜 싸운 인민들의 애국심과 결부되어 있는 군사무용이다.

조천무 고려시대에 나온 춤으로, 외적들의 침략으로부터 조국을 지켜 싸운 인민들의 투쟁모습을 형상화하고 있다. 이 춤은 원수들과의 싸움에서 이기자면 단결해야 한다는 사상을 보여주는 사상예술성이 높은 민속무용의 하나이다.

자라병춤 외적이 침입했을 때 전쟁터로 나가는 마을의 청장년들에게 여인들이 자라병에 샘물을 담아 메어주면서, 자라처럼 굳세게 싸우고 고향을 위해 잘 싸워달라는 부탁을 했다는 황해도 재령지방에 전해져 내려오는 이야기를 담고 있다.

발춤 함경도 단천지방에서 무사들이 싸움터에 나갈 때와 이기고 돌아왔을 때 추던 춤으로서, 군민의 정을 두텁게 보여주는 대표적인 민속무용의 하나이다. 산처럼 나라를 굳건히 지켜야 한다는 뜻에서 발로 뫼 산(山) 자를 새기면서 춘다고 하여 '산춤' 혹은 '뫼산춤'이라고도 하였다. 안짱다리에 맞추어 추는 춤동작이 아주 매력적이다.

평고춤 정월 보름날 밤에 평안도 평원지방의 아낙네들이 달맞이놀이를 하면서 추던 춤이다. 먼저 달맞이에 나온 아낙네들이 평고(달처럼 생긴 납작하고 작은 북)를 치는 것으로부터 시작된다. 아낙네들은 해가 넘어가기 전에 모여 달뜨기 전까지 한 사람씩 차례로 평고를 쳤는데, 누가 잦은가락으로 흥취 있게 잘 치는가를 겨루었다.

룡북춤 함경도 풍서지방 사람들이 일꾼날에 추던 춤이다. 풍서지방 사람들은 농사를 시작하기 전에 용이 새겨진 큰북을 치면 온갖 잡귀

신이 달아나고 그해 농사가 잘된다고 생각하였다. 그리하여 이 지방 사람들은 한해 농사를 시작하기 전에 용북을 치면서 그에 맞춰 춤추고 놀았다. 이러한 풍습이 오랜 세월에 걸쳐 계승되는 과정에서 미신적인 의미는 점차 없어지고 대신 용북춤만이 전해지고 있다.

줄꽃놀이춤 봄철에 개성지방 아낙들이 들놀이를 하면서 추던 춤이다. 이 지방 아낙들은 들놀이할 때나 들일을 하다가 쉬는 참이면 아름답게 피어난 꽃들을 꺾어 한 줄에 끼워 줄꽃을 만들어가지고 춤을 추곤 하였는데, 이것이 바로 줄꽃놀이춤이다.

회양닐리리춤 강원도 회양지방의 민속무용으로, 머슴들이 마당질을 끝내고 쉬는 날을 받아 저희들끼리 모여 놀면서 추던 춤이다. 초기에는 지주를 야유하고 조소하는 극적인 내용을 담고 있었으나 점차 극적인 요소는 사라지고 춤가락만 전해 내려온다.

〈줄꽃놀이춤〉 개성지방
에서 전래되었다.

고창춤 개성의 장풍지방 사람들이 추던 춤이다. 이 지방은 산이 많고 땅이 척박한데다 장마철에는 임진강이 때때로 범람하여 농사에 큰 피해를 입곤 하였다. 게다가 양반들의 수탈행위가 끊이지 않아 인민들의 증오와 원한이 높았다. 그리하여 양반들을 야유·조소하는 고창춤은 특히 이곳 사람들에게 큰 인기를 끌었다고 한다.

박놀이춤 평안도 강서지방 사람들이 바가지를 가지고 추던 춤인데, 처녀들이 바가지를 옆에 끼고 몸을 둥실거리며 걷는 동작이라든가 처녀총각들이 이 바가지의 짝을 맞추면서 딱딱 소리를 내는 치기 동작, 손에 든 바가지를 빙글빙글 돌리는 동작 들이 특징적인 춤동작이다.

한삼춤 민족의상의 하나인 한삼이 달린 옷을 입고 추는 민속무용이다. 한삼은 지난날 인민들이 의식이나 예술형상을 위해 손을 가리려고 옷의 소매 끝에 깨끗한 흰 천으로 길게 덧댄 소매이다. 한삼춤은 고구려의 긴 소매옷춤에 연원을 두고 발전해 온 춤으로서, 여느 민속무용들처럼 지방적 특색이 있는 무용은 아니다.

계절의 노래 90년대에 피바다가극단이 창작한 무용조곡이다. "민족의 얼과 우아함이 현대적 미감에 맞게 훌륭하게 형상된 민속무용조곡은 반만년의 유구한 력사와 문화를 가지고 있는 우리 인민들의 로동생활과 풍속, 세태 등을 사계절을 통하여 예술적 화폭으로 잘 보여주고 있다"고 평가되고 있다. 제1경 겨울, 제2경 봄, 제3경 여름, 제4경 가을로 구성되며 15개의 춤으로 엮어진다. 겨울은 혼성군무 〈윷놀이춤〉과 여성군무 〈달맞이춤〉, 남성군무 〈횃불춤〉으로 되어 있으며, 혼성군무 봄맞이인 2경에는 가무 〈그네 뛰는 처녀〉, 남성무 〈씨름춤〉, 남성군무 〈탈춤〉으로 구성되어 있다. 그리고 3경의 여름은 혼성군무 〈시냇가에서〉, 여성군무 〈돈돌라리〉, 5인무 〈조개 캐는 처녀〉로 되어 있으며, 4경은 남성군무 〈사냥군춤〉, 여성군무 〈줄꽃놀이〉, 4인무 〈가을걷이춤〉와 혼성군무 〈금수강산 자랑일세〉로 마감한다. 음악은 예부터 인민들 속에서 널리 불려오던 〈아리랑〉 〈영천아리랑〉 〈옹헤야〉 〈회양아리랑〉 〈신아우〉를 비롯한 많은 민요 들을 노래와 관현악으로 잘 형상화함으로써 친숙감을 안겨주며 민 족의 얼을 더욱 강하게 느끼게 해준다.

주

1) 이상경 편, 『강경애선집』, 소망출판사, 1999.

2) 전경수, 「해외한인동포의 생활문화」, 『월간 문화재』 7월호, 문호재보호재단, 2000, 7쪽.

3) 윤해동, 「한국 민족주의의 근대성 비판」, 『역사문제연구』 4집, 역사비평사, 2000, 41~42쪽.

4) 임지현, 「전지구적 근대성과 민족주의」, 같은 책, 38쪽.

5) 주강현, 『21세기 우리 문화』, 한겨레신문사, 1999.

6) 서동만, 「북한체제와 민족주의」, 『역사문제연구』 4집, 190쪽.

7) 김민철, 「민족주의 비판론에 대한 몇 가지 노트」, 같은 책, 211쪽.

8) 임현진, 『지구시대 세계의 변화와 한국의 발전』, 서울대출판부, 1998, 30쪽.

9) 최장집, 「남북정상회담과 패러다임 전환」, 고려대 아세아문제연구소 심포지엄자료집, 2000, 7쪽.

10) 서동만, 「남북한통일방안의 접점 : 남북연합과 낮은 단계의 연방제」, 같은 책, 46쪽.

11) 향후 중국과 미국 간에 신냉전질서가 형성될 전망도 나오는데, 그런 측면에서 본다면 더욱더 한반도의 자주성을 살리고 민족 중심주의를 확립하는 문제가 절체절명의 당위성을 지닌다.

12) 김지형 · 김민화, 『통일은 됐어 : 젊은 현대사연구가가 엮은 문익환 목사의 통일역정』, 지성사, 1994, 50쪽.

13) 주강현, 「해외동포사회의 민족문화와 통일」, 『통일』 2호, 필라델피아 : 미주평화통일연구소, 1997.

14) 남북통합은 '다름'의 이해로부터 출발한다는, 조지워싱턴 대학의 인류학자 그린커(R. R. Grinker)의 주장도 경청할 필요가 있다. 한민족의 민족적 동질성을 제대로 평가하지 못하는 측면이 있지만, 다름조차도 상호 인정해야 한다는 면에서 일견 객관적인 시각을 보여준다. 다름을 무조건 이질화로 비판하는 시각에 비하면 '다름'을 인정 못하는 조급함 · 적대감을 비판하는 그의 견해는

타당성을 가진다.

15) 안병직 외,『오늘의 역사학』, 한겨레신문사, 1998.

16) 주강현,『북한의 민족생활풍습』, 대동, 1994, 23쪽(민속원, 1999 재간행).

17)『의상미술자료집』『계절옷』『옷 도안 기본』『봄철 옷가공』등을 비롯하여 많을 글을 발표하였으며 조선옷 현대화에 선도적 역할을 하는 것으로 알려져 있다.

18)『조선화보』, 1999년 12월호.

19) 북쪽에서 양복 개념은 남쪽의 양복과 양장을 모두 합한 용례다. 여자들의 양장도 구별하지 않고 양복이라 부르며 또 일괄하여 현대옷이라 부르기도 한다.

20)「아름답고 우아한 조선옷」,『조선옷』, 1993년 3월호.

21) 여자 조선옷에 대한 예찬론은 끝이 없다. 여자 조선옷은 입고 나서면 깃이 서고 섶이 살아서 맵시가 나며 저고리 깃, 배래기 들이 잘 조화되고 몸의 움직임과 함께 치마폭의 잔주름이 부드럽게 움직여 독특한 아름다움을 자아낸다는 것이다. 따라서 여자 조선옷은 그 아름다움으로 인하여 결혼식과 명절옷으로 널리 입힌다고 예찬하고 있다(『사회주의백과사전』).

22)『천리마』, 1993년 2월호.

23)『조선녀성』, 1990년 4호.

24)「조선옷 맞추기」,『천리마』, 1991년 10월호.

25)『조선녀성』, 1990년 4호;『천리마』, 1991년 7·8월, 12월호.

26)「여름철 처녀들의 머리단장」,『천리마』, 1990년 8월호.

27) 천석근,『사회주의생활문화백과(1) — 조선음식』, 근로단체출판사, 1985.

28) 북쪽의 음식에도 중국식이나 서양식 음식이 결합된 '신식'이 없는 것은 아니다. 일종의 음식개량이 이루어진 셈인데, 그래도 민족음식 기풍이 주도적이다.

29)『조선화보』, 1993년 4호.

30)『조선료리』, 1993년 2호.

31) 김용준,「우리나라 건축의 특색을 어떻게 살릴 것인가」,『문화유산』, 1958년.

32)「위대한 수령님께 창시하신 건축에서 주체를 철저히 세울 데 대한 사상」,『조선건축』, 1991년 2호.

33)「평양 시내 고건물 복구수리사업에서 얻은 몇 가지 경험」,『문화유산』, 1960
년 1호. 1958년 하반기에 새로 설치된 문화유물보존사업소가 내각결정 제83호
지침「민주수도 평양시를 보다 웅장하고 아름답게 건설할 데 대하여」에 의거하
여 시작하였다. 기본 사업은 목공, 기와, 단청 등에 초점이 맞추어져 있었는데
다음과 같다. 첫째 기본 건설대상인 고건물들의 특징을 살리는 과학적인 실측
도와 단청미술에 대한 문양도 작성, 둘째 조선건축의 특색을 가지는 건축양식
과 구조형식 및 조각기술을 발현하기 위한 목공기술자들의 설계도면 연구와 와
공기술자들의 기와 제작, 셋째 단청공예사들의 문양 복사사업 등이다.

34)「우리나라 공원발전에 대한 고찰」,『조선건축』, 1991년 1호.

35) 엄영찬,「18~19세기 우리나라의 민간명절행사」,『고고민속론문집』5집,
1973.

36) 김진계 구술,『조국 ― 어느 북조선 인민의 수기』, 현장문학사, 1990, 250쪽.

37) 김영규,「북한의 세시풍속 어떻게 달라졌나」,『동아일보』, 1989. 4. 1.

38) 주강현 해제,『북한사람이 쓴 조선의 민속놀이』, 푸른숲, 1999.

39) 과학백과사전출판사,『문학예술사전』, 1972.

40)『조선통사』, 1977, 3장.

41)『고구려문화』, 1975.

42) 전신재,「거사고」,『역사 속의 민중과 민속』, 이론과실천사, 1990, 231~67
쪽.

43) 강우방 · 김승희,『감로탱』, 예경, 1995.

44) 사회과학원민속학연구실,『조선의 민속놀이』, 1964.

45) 송화섭,「고구려 인민의 무술 및 체력단련놀이」, 1975, 30쪽.

46)『조선예술』, 1990년 11월호.

47)『조선예술』, 1990년 11월호.

48)「참된 교예가 태어나던 나날에」,『조선예술』, 1989년 4월호.

49)「문학예술혁명과 빛나는 령도 (1)」,『조선예술』, 1985년 1월호.

50)「교예널뛰기에 대하여」,『조선예술』, 1978년 6월호.

51)「민족교예 널뛰기가 세계 최고봉이 되기까지」,『조선예술』, 1987년 5월호.

52) 「평양교예학교 학생들의 졸업공연을 보고서」, 『조선예술』, 1989년 1월호.

53) 「교예밧줄타기에 대하여」, 『조선예술』, 1978년 4월호.

54) 「말교예에 대하여」, 『조선예술』, 1978년 7월호.

55) 『조선예술』, 1993년 4월호.

56) 「주체교예의 역사는 이렇게 시작되었다」, 『조선예술』, 1976년 2월호.

57) 보통강유원지를 옆에 끼고 천리마동상이 서 있는 만수대와 모란봉을 배경으로 금수산거리에 세워진 국립교예극장은 총부지면적 5만㎡, 총건평 4500㎡에 1800석의 관람석을 갖추고 있다. 건물의 중심부는 높이 27m에 9800㎡의 원형 극장이 둥근 지붕을 이고 보조건물을 거느리고 있다. 주현관이 있는 극장의 앞쪽으로는 넓은 주차장과 유보도가 펼쳐져 금수산대통로와 직접 연결되며, 보조현관이 있는 뒤쪽에는 보통강에 잇닿은 녹지와 유보도가 있다. 내부시설은 휴식홀과 보조면적이 잡혀 있으며 여타 위생문화시설이 설비되어 있다. 현관을 들어서면 대리석과 고급 화강암으로 장식된 경간(徑間) 9m의 넓은 홀이 있으며 관람석은 잘 보이는 앞쪽에만 설치되어 있다. 둘레에는 탈의실, 식당, 흡연실, 상점 외에 현대적 설비의 문화봉사시설이 갖추어져 있다. 민족교예에 알맞게 건축내용도 사회주의적 내용과 민족적 형식을 구현하고 있는 것으로 보인다.

58) 1층에는 1800석의 관람석과 그 둘레에 2층으로 이어지는 현관홀·옷보관실·청량음료실, 2층은 분장실·응접실, 3층은 조명실·음향실·영사실, 지하층에는 기계실·위생실이 있다. 무대 뒷공간에는 배우대기실·요술사실·동물교예준비실이 있으며, 대훈련장·소훈련장·기악훈련장 같은 교예훈련과 보장사업을 위한 방은 다른 건물에 배치해 놓고 있다(「인민군교예극장」, 『조선건축』, 1990년 2호).

59) 『김일성선집』 3권, 130쪽.

60) 같은 곳.

61) 「민속무용과 민족적 풍격」, 『조선예술』, 1986년 9월호.

62) 『조선의 민속전통』 6권, 과학백과사전출판사, 1995.

63) 『조선예술』, 1978년 4월호.

64) 『조선예술』, 1978년 4월호.

65) 『조선여성』, 1988년 6월호.

66) 「민속무용과 민족적 풍격」, 『조선예술』, 1986년 9월호.

67) 『조선예술』, 1967년 3호.

68) 『조선예술』, 1967년 1월호.

69) 박창근, 「춤가락을 개성화하려면」, 『조선예술』, 1978년 10월호.

70) 김창완, 「민속춤가락을 잘 살려 쓰는 문제를 놓고」, 『조선예술』, 1980년 1월호.

71) 박종성, 「근로하는 인민의 로동과 정서생활을 훌륭하게 형상한 우리식의 새로운 민속무용조곡」, 『조선예술』, 1993년 6월호.

72) 리순정, 「민속무용은 민족무용발전의 원천」, 『조선예술』, 1993년 9월호.

남북 민족문화교류 방안 사례

남북문화교류의 범주는 대단히 넓다. 문화정책·문화유산(고고역사, 민속문화, 박물관등)·언론(신문·방송 등)·생활문화(의·식·주 등)·공연예술(연극, 가극, 노래 등)·시각예술(미술, 건축, 서예, 공예, 사진 등)·영상(영화, 만화, 애니메이션 등)·출판·문화산업·컴퓨터·스포츠 등을 망라한다. 따라서 주로 민족생활문화와 문화유산 등 민족적 동질성을 확보해줌으로써 남북이 손쉽게 교류할 수 있는 항목을 중심으로 방안을 제시해본다. 개성개방, 백두산과 한라산 교차관광, 경의선 개통 등 하루가 멀다하고 급속히 물살을 타고 있는 교류의 물결 속에서 우선 손쉽게 가능한 목록을 시안으로 제시한다. 앞으로 전문분야마다 독자적인 교류방안이 상세하게 제출될 전망이다. 가령 1999년 문화정책개발원에서 공동수행한 남북교류리포트는 5대 과제를 설정하였는데, 문화환경의 변화에 부응하는 남북문화의 교류과제를 정보화, 세계화, 지역화, 문화산업육성, 민족문화발전으로 정리한 바 있다.

시안으로 제시된 본 교류아이템은 지극히 제한적인 범주에 지나지 않는다. 가령 스포츠교류는 대중성을 확보하면서 교류의 큰 범주를 차지할 것이다. 시드니 올림픽 개회식 동시입장, 상징적 차원에서의 단일팀 가동 등 체육분야의 교류협력은 그 가능성이 거의 무한대다. 종교교류도 이미 상당한 교류경험이 축적된 상태이다. 즉 이곳에서 민족문화교류를 중심으로 서술하였다하여 여타 문화교류가 무시되거나 방조됨은 아님을 전제로 하면서 분야별 실례를 검토해본다. 사족을 붙인다면, 민족문화교류조차도 세부적으로 들어가면 엄청나게 많은 아이템이 존재한다. 지면관계를 고려하여 몇 가지씩 사례 제시하는 수준에서 제안해본다.

의생활문화

남북한 우리옷 패션쇼 및 전시회

남북의 전통에 입각한 생활우리옷을 포함한 우리옷 패션쇼를 개최할 수 있다. 프랑스로 진출한 이영희패션 등을 결합하여 세계적인 수준에서 제3국(프랑스 등지)에서 개최할 수도 있다. 박물관을 활용한 '우리옷 5천년전' '민족의복전시회' 등 공동전시도 모색할 수 있다.

우리옷의 북한 지원과 우리옷 함께 입기

북한에 대한 지원품목에서 옷감문제 역시 중요하다. 남한에서 생산된 다수의 우리옷을 재고처분 차원이 아니라 남북이 같은 우리옷을 입는다는 차원에서 적극적으로 지원할 수 있다. 북한돕기운동 차원에서라도 민간차원에서 시도해봄직하다.

우리옷 기술자 교환 및 디자인 교환

기왕에 남북한의 우리옷 디자인을 교환할 수 있는 장치를 마련하고, 북한의 우리옷 디자인 옷본을 남측에 소개할 수 있다.

북한의 전통적인 옷감 수입

북한 옷감의 질은 남한에 비하면 낮다. 그러나 영변 약산에서 생산되는 비단인 약산단 같은 명품도 존재한다. 영변 견직공장과 박천견직공장은 북한의 비단천 생산기지로 이름높다.

자수전시회

북한은 자수를 중시한다. 남측 자수전통이 일본식 동양자수, 서양자수 등에 밀려왔다면 북한의 자수전통을 수용하는 문제는 상당히 중요하다. 평양 조선자수연구소의 자수제품, 평양자수와 쌍벽을 이루는 개성의 자수제품을 위주로 자수전시회를 공동 개최할 수 있다. 정상회담시 이희호 여사가 방문한 평양수예연구소는 북한이 자랑하는 대표적인 수예연구 및 공장이다. 1948년에 설립된 오랜 전통을 지니는 바, 수예무늬 도안 창작가 100명, 손 수예가 200명, 기계 수예가 300명 등 600여 명의 조원이 있다. 각종 풍경화, 호랑이, 사자, 장식보 등의 수예품을 연간 3만2천여 점(손 수예품 2천 점, 기계 수예품 3만여 점) 생산, 해외 수출한다.

장신구교류

평양의 대성보석가공공장의 장신구 따위에서 민족적인 장신구를 발견할 수 있다. 남 북한의 장신구교류를 시도할 수 있다.

식생활문화

남북한 모두 가장 변하지 않는 분야가 있다면 식생활분야다. 남한사회에서도 인스턴트를 포함한 서구음식문화의 이입이 활발함에도 불구하고, 민족적 식생 활은 건강을 위한 '신토불이'라는 차원에서도 완강한 보수성을 보여준다. 사회 개방이 덜된 북쪽에는 전통적인 '입맛'이 살아 있으며, 음식문화의 전통성이 대 단히 강하다. 그러나 북한이 가장 심각한 고통을 겪는 분야가 바로 식생활이므 로 남북교류협력의 방향이 북한의 식량난을 덜어주고 외화벌이에 도움을 주는 방향으로 전개되어야 할 것이다.

음식재료의 교류

정상회담 석상에서 김정일 위원장은 북쪽 깊은 산 속에서 자란 자연산 송이버섯을 대통령과 수행원들에게 선물하겠다고 약속했다. 향토음식재료의 교류 가능성을 열 어놓는 재미있는 발언이다. 실제로 남북의 긴장이 계속되고 있던 순간에도 북한에서 들어온 다양한 어패류, 젓갈류, 말린 산나물, 명태, 참깨, 술 종류 등 원재료 및 가공 식품이 남쪽의 식단에 오르고 있었다. 남북물자교류협의회 회장을 맡고 있는 김영일 회장 같은 이들처럼 북한의 신포에서 잡은 명태를 들여와 금태로 가공하여 팔고 있 거나, 북한의 송홧가루를 팔고 있는 사례에서 보듯이 유통기간이 비교적 긴 식품이 수입되고 있다. 건강에 대한 관심과 신토불이에 대한 이상열기는 이른바 '중국제'를 기피하고 '북한제'를 선호하는 경향으로 나타난다. 급기야 중국산을 북한산이라고 원 산지를 속여서 파는 일도 비일비재하다.

반대로 남쪽의 음식재료가 북쪽으로 갈 수도 있다. 북한돕기운동 차원에서 벌어지는 옥수수종자, 감자씨 등의 대북지원뿐 아니라, 제주도의 감귤생산 수급조절 때문에 발생하는 막대한 양의 감귤을 북한에 보낼 수 있을 것이다. 북쪽에서는 감귤이 '황금 과실'일 것이다. 육로가 본격적으로 뚫린다면 남북경제교류의 중심품목 가운데 먹거 리가 차지하는 비중이 높아질 전망이다.

북한음식점의 남한분점 개소

귀순자를 중심으로 한 북한 냉면집 등이 상당수 퍼져 있으며, 기왕에 평양냉면집 등의 북한식 향토음식점이 분단 이후에도 50여 년 이상을 지탱해왔다. 따라서 이산가족을 포함한 남한 민중들의 북한향토음식에 대한 대중성은 대단히 높다. 근년의 옥류관 분점 같은 형식을 취할 수 있다(이 경우에 옥류관 지점 설치에 따른 분쟁에서처럼 남북간의 법적 계약문제의 해결이 요구됨). 시범적으로 고속도로 휴게소같이 지극히 대중적인 장소에 북한의 중요음식점 분점을 설치할 수 있다. 현대그룹에서 공식적으로 옥류관 분점을 타결지었기에 조만간 공식 분점이 가능해질 것이다.

소극적인 남한분점 개소가 일정 정도 진척된다면, 인적 교류단계에서는 북한의 조리사가 내려와서 직접 주방장을 맡는 식으로 심화될 전망이다. 그러한 인적 교류단계로 접어들면, 식문화교류의 대중적 확산이 이루어질 것이다.

북한향토음식 요리학교 개설

남북의 전문 요리사가 남북한 쌍방을 방문하여 요리지도를 수행할 수 있다. 정례적인 방송을 통하여 북한 향토음식 요리법을 소개하는 시간을 갖는다. 북한의 전문요리사를 초청할 수 있다.

한민족음식대사전 편찬

남북한을 망라한 민족음식 대사전을 민족생활문화의 통합성 확보라는 전제 속에서 편찬할 수 있다.

북한의 식생활용기 전시

북한의 도자기문화는 생활도자기 차원에서도 많이 개발되었다. 가령 함경남도 주을군 도자기는 색자기와 경질자기가 있는데 수백 종에 이른다. 반상기(1조 10가지)와 접시류, 소금단지 등이 외국에 수출되기도 한다. 함북 경성에는 고령토로 빚은 고려청자 생산기지가 있어 민속공예품 및 생활자기를 다수 생산한다. 이들 자기를 들여와 북한도자전시회를 개최할 수 있다.

북한의 단체급식체제 경험

북한은 모든 식량이 공급되고 '조직'되는 사회다. 조직되는 사회인만큼 단체급식에 관한 한 수준급이다. 남측사회도 학교, 직장, 군대, 그 밖의 직능별 집단에 따라서 단체급식이 늘어나고 있다. 북측이 쌓아놓은 단체급식의 설비 등은 남측이 따라갈 수 없다.

장류교류

가공음식류, 특히 장류의 교류가 활발해질 필요가 있다.

주생활문화

민족건축양식에 대한 모범안 교류

인민대학습당[1]을 위시한 기와집 형식의 민족건축양식에 대한 상호 교류를 할 수 있다. 또한 농촌살림집건설안 등에 대한 공유가 필요하다.

단위 건축군 설계에 대한 교류

관광지구를 비롯한 작은 규모의 신도시(소읍) 건설에서 민족적 건축군을 도입하는 사례가 보인다. 묘향산기슭의 향산군 향산읍은 '민족적 특성과 현대성을 옳게 구현한 본보기도시'로 손꼽힌다.[2] 구성시 성안동의 조선식 살림집은 민족적 정서가 강하게 풍기도록 하였다고 이야기되고 있다.[3] 이 같은 경험은 남북한 모두를 위하여 공유할 필요가 있다.

문화재 복원기술 교류

단청, 대목장을 비롯한 문화재 복원기술을 교류할 수 있다. 북한은 전쟁으로 인한 대대적인 파괴를 겪었으며, 이를 복원하고 관리하는 50년 이상의 경험을 축적하고 있다. 고구려사찰인 정릉사 복원,[4] 더 나아가서 1990년 이후에도 복원이 계속되어 평양의 광법사와 평안남도의 안국사 등이 재건되고 있다. 사찰말고도 많은 문화유산이 복원되고 있다.

살림집의 민족양식 교류

온돌, 창문 등 민족적인 양식을 지니고 있다. 특히 개성의 한옥골이 중요하다. 현재 북에 있는 유일한 민속여관으로, 전통적인 99간 기와집을 개수하여 그대로 관광여관화한 것으로 '민족적 형식'을 살린 것으로 높게 평가된다. 객실에는 전통적인 가구들이 있는데 100년 이상 되어 문화재적 가치를 지닌 것들도 있다.[5]

전통적 살림집양식 교류

한국민속촌 등의 살림집은 거의 남한 위주의 건축군이다. 함경도 양통집, 개성 기와집 등을 남한에 건립하여 소개할 수 있다. 이는 민속박물관 야외전시물로도 가능하다.

원림(나무와 숲) 및 조선식 정원 설계 교류

수종에서 조선나무를 위주로 원림을 구성하는 문제에 관심이 많다. 또한 조선식 정원을 청년공원, 원산동방식공원 등에 선보이고 있으며, 고구려 정원양식에 대한 일정한 연구를 하고 있다.

남한 전철역에서 북한의 작가들의 조형물작업

남쪽 조형물 건립에 북한작가들이 참여할 수 있다. 북한의 작가들은 평양지하철을 비롯하여 대규모 조형물 건설에 참여한 많은 경험을 지니고 있다. 가령 전철3호선 대화역 확장구간에서 최북단에 설치되는 조형물을 북한작가의 손으로 만들 수 있으며, 수색 상암지구의 밀레니엄광장에 북한의 작가들이 참여할 수 있는 기회를 부여함으로써 민족적인 조형물을 통한 남북한 생활문화의 통합을 의도할 수 있다.

공동전시회

남북의 전통적인 건축유산을 시대별로 정리하고 분류하여 공동 사진전시회와 모형전시회를 개최할 수 있다.

명절풍습

정월대보름놀이

일년중 민속놀이가 가장 많은 절기가 대보름이다. 남북한 공동으로 민속놀이대회를 열 수 있다.

단오제

단오는 전통적으로 북쪽이 강하다. 따라서 단오행사(민속놀이 포함)는 북쪽에서 개최함이 타당하다.

추석

추석은 전통적으로 남쪽이 강하다. 따라서 행사는 남쪽에서 개최함이 타당하다.

국가기념일

8 · 15같이 남북이 공히 인정할 수 있는 국가기념일에 민족대축전 같은 공동행사를 할 수 있다. 아울러 남북이 함께 짐을 지고 있는 '6 · 25'를 '평화의 날'로 제정하여

화합과 평화를 기원하는 날로 바꿀 수도 있다.

혼·상제풍습

고구려혼인 시범 교류

남한의 전통혼례(유교식)와 북한의 시범용 혼례인 고구려혼인의례를 맞교환한다.

북한의 수의(북포) 교류

수많은 이산가족이 현실적으로 존재할뿐더러 다수가 사망 직전에 있다. 따라서 생애
의 마지막 길을 고향 땅의 수의를 입게 하는 일은 이산가족의 정신적 치유 및 보상이
라는 차원에서 고려해봄직하다. 안동포와 쌍벽을 겨루는 북의 북포를 들여와서 남한
에서 수의로 제작하며 장례에 북한의 고향 흙을 뿌려준다. 또한 남북한 공히 묘지제
도 천착으로 골머리를 앓고 있다. 남북한의 장법제도 개선을 위한 공동의 노력을 기
울여봄직하다. 여기에는 유교식 장법의 개선과 납골당문화의 정착 등을 남북이 공동
으로 모색할 수 있다.

남북한 혼례

가족을 구성하는 문제는 가장 소중한 인류지사의 하나다. 남북한 결혼을 시도해봄직
도 하다.

분단희생자 공동제사

경기도 파주군 적성면에 가면 '북한군' 묘역이 있다. 이른바 '적군 묘역'이다. 정례적으
로 차례를 올려주고 북한에서 성묘단이 올 수 있게 배려할 수 있다.

민속놀이

남북한 민속놀이 교류

현재 문화관광부(전통지역문화과 주관)에서는 전국민속예술축제를 육성하고있다. 북
의 민속놀이단을 초청하여 축제에 선보일 수 있다. 또한 남북한의 탈놀이축제를 개최
할 수 있다. 기왕에 안동, 진주 등지에서 세계탈춤한마당이 열리고 있으니 이 같은 대
회에 북한의 탈춤이 선보일 수 있다. 상설 민속놀이장에 북한의 민속놀이가 올 수도 있
다. 북한에는 평양 대성산에 민속놀이장이 설치되어 있으며, 남한에는 남산에 한옥마

을이 있다. 양 공간을 활용하여 민속놀이의 장을 펼칠 수 있다.

북한의 무예전통 교류와 민족경기대회

남한사회에서는 전통무예에 대한 관심이 높다. 북쪽 역시 무예에 관심이 많다. 그러나 남북은 태권도에서조차 갈라져 있다. 전통무예 시범경기를 남북한 공동으로 개최할 수 있다. 필요하다면, 남북한 장사씨름대회를 추석 같은 절기에 개최할 수 있다. 기왕에 한민족체전에서 경험하였듯이 민족경기를 중심으로 남북한과 해외동포를 포함한 포괄적인 민족경기대회를 전국체전과 별도로 개최할 수도 있다.

북한의 인형놀이 교류

남한에 한양꼭두각시극이 있다면, 북한에는 장연꼭두각시극 같은 전통적인 인형놀이가 있다. 인형조종사만 교류할 수 있다면 인형놀이의 교류가 손쉽다. 기왕에 세계인형극축제가 열리고 있으며, 아시아1인극제도 열리고 있다. 또한 인형극은 어린이들이 가장 좋아하는 종목임을 고려하여 어린이날의 교류종목으로 수용할 수 있을 것이다.

남북한 바둑대회

1980년대 후반부터 북한도 바둑에 관심을 지니고 있다. 바둑계 인사의 상호교류를 개최할 수 있다. 특히 어린이바둑대회도 같이 개최할 수 있다.

올림픽 및 월드컵 행사 공동주최

시드니올림픽 및 2002년 월드컵 문화이벤트에 우리 민족문화의 정수를 보여줄 수 있는 공연물을 남북이 공동으로 제작한다거나, 아니면 북쪽의 유수한 무형문화를 남쪽에서 창작하여 선보일 수 있다.

민속예술

민속음악

북한의 아리랑을 담은 CD가 1999년 8월 9일 '조용히' 서울 시내에 깔렸다. 한민족아리랑연합회와 신나라레코드가 출시한 북한아리랑 CD는 공훈배우 칭호를 받은 현역 가수들이 일본공연판 12곡을 담았다. 이와 같이 남북음악교류는 인적 교류 없이도 손쉽게 이루어지고 있는 셈이다.

북한의 음악은 기본적으로 민요가 중심. 1950~60년대 민속녹음테이프(굿, 민요 등의 릴), 더 나아가 신민요를 복사하여 남쪽에서 시디롬에 담을 수 있다. 신아우, 배따라기 등 북한의 음악을 이남의 세련된 음반기술로 복원하여 대중판매가 가능하다. 북한의 음악계에서 남한측으로 볼 때 가장 인기가 있을 공연단은 전자경음악단일 것이다. 보천보악단은 민요를 주된 레퍼토리로 채택하고 있으므로 민족생활문화교류라는 차원에서도 소중하다. 남북음악교류에 관해서는 다양한 경험이 축적되었으며, 그 구체적 방안이 이론화되고 있는중이다.

민속무용

북한무용계는 민속무용을 중심으로 삼는다. 민속무용에 관한 비디오를 제작하여 각 대학 무용과를 중심으로 학습용 제작이 가능하며, 북한이 공들여온 무보의 장단점을 따져서 남북문화예술연구 사업의 한 가지 단서로 내놓을 수 있다.

민속악기개량 교환

일부 북한의 개량악기가 들어왔다. 문제는 연주가가 없다는 점이다. 개량악기를 교환할 뿐더러 연주자 교환 및 지도를 통해 공동의 악기개량을 시도해볼 수 있다.

민족교예 교류

북한의 교예는 그들이 가장 자신 있게 내놓을 수 있는 예술이다. 기왕에 평양교예단 공연이 이루어졌다.

민속공예

문화산업론이라는 차원에서 민속공예사업의 교류는 중요하다. 현재 남한의 문화관광부를 필두로 한 문화계의 중요한 지향점의 하나가 문화산업임을 고려할 때, 북한의 민속공예는 가치가 높다. 교류 원칙은 북한의 민속공예 중에서 남한에서 경제성이 있는 부분을 우선 발굴한다. 전통 고미술품으로서의 민속상품(조선후기, 일제시대 등 시기가 올라가는 박물관적 상품), 발굴자료(전통 목가구, 장신구 등), 현재까지 전승되는 민속품, 현재는 전승이 단절되었으나 장인이 살아 있어 재생산이 가능한 부분을 발굴, 새롭게 재창작된 민속품에서 타당성이 있는 것을 발굴(현재 북한에 전승되는 민속품의 대부분이 이 범주일 것임)한다.[6] 공예와 별도로 미술교류문제는 워낙 중요할 뿐더러 일찍 시작된 교류분야여서 논외로 한다.[7]

회령 목공업

· 회령의 풍부한 나무로 만들어진 목기류를 일괄로 들여오는 사업

· 소재지: 함북 회령군 산간지대 창태리

· 전통공예: 구름갈개, 밥상, 함지박, 인함박, 모래(木椀), 고주판, 소구시, 달구지

· 재목: 피나무, 황철나무, 버드나무

탈

· 황해도 봉산, 강령, 사리원, 함경도 북청 등 현지에서 탈 제작할 수 있는 노인이 옛 모습 그대로 탈을 제작할 수 있는지 여부

· 북청사자놀이의 피리 같은 악기를 들여올 수도 있음

· 1959년경에 조선영화제작소에서 제작한 〈봉산탈춤〉이란 기록영화를 복사해서 들여올 필요가 있음

옻제품

· 평북 태천군의 옻가공제품. 자개박이 금전장식 옻칠그림 등(현재 태천 칠기공장 생산)

· 평북 향산군, 평양 선봉군의 나전칠기(꽃병, 상자 등)

초물제품

· 황해남도 강령의 대나무, 왕골, 사리 등과 같은 물로 만든 제품. 강령군 광천리와 부포노동자구 일대의 참대농장.

· 개성시의 완초제품 (돗자리, 방석, 바구니 등)

연철수공업

· 평북 풍청리의 연철수공업 (방짜유기)

언어생활

모국어를 통한 언어의 이질화 극복과 통일시대의 언어의 재정립은 사례를 나열할 것도 없이 중요할 뿐더러 포괄적이다. 남북의 국어학자들이 양쪽의 언어이질화문제에 대해서는 이미 여러 차례 논의를 제기한 바 있으며, 많은 연구업적이 생산되고 있는 상태이기 때문에 이 분야의 교류는 다른 어느 분야보다도 일

찍부터 연구가 수행되어온 상태이다. 정부도 남북공동한글사전을 위해 적극적으로 지원할 의사를 밝히고 있는 실정이다. 가령 2000년 3월에 중국에서는 38차 국제표준화기구 문자코드위원회 회의가 열렸다. 사상 최초로 남북한 컴퓨터 전문가들이 공동 참가하여 한글부호의 국제표준문제를 논의했다.

문화유산

남북문화재 교환전시, 비무장지대 문화유적지와 자연자원 공동조사, 무형문화재 합동공연, 국립중앙박물관 및 민속박물관과 평양역사박물관 및 평양민속박물관과의 교류, 문화재 전문가 교류, 자료교환 등 문화유산범주는 대단히 포괄적이고 중층적이다. 더욱이 자연적인 유산을 통한 교류는 DMZ 자연환경보존이란 차원에서도 중요하다. 몇 가지만 약술한다.

통일민족국가확립에 걸맞은 문화인프라 창출: 통일민속박물관

평양에도 조선민속박물관이 있어 남측의 국립민속박물관에 대응된다. 평양에는 역사민속박물관으로서의 평양박물관이 존재하며, 각 지방에 하부단위 박물관이 있다. 평양민속박물관이 중앙에 존재함으로서 남한의 국립민속박물관과 대응체제를 확립하고 있다.

조선민속박물관의 기능은 남쪽과 거의 비슷하다. 분단이 상존하는 대립구조 속에서도 남북은 쌍방간에 나름대로 문화구조를 창출하여 왔으며, 이는 21세기 문화통합의 기본 축으로 작동할 전망이다. 남한의 국립민속박물관 중장기 발전방향 역시 이 같은 역사문화적 노정에서 예외가 될 수 없으며, 21세기는 물론이고 새천년 통일국가의 초석이 될 수 있는 방향으로 진로를 모색해야 할 것이다.

역사적인 통일을 대비하는 문화인프라가 창출되어야 마땅하다. 민족사의 각 시기별 생활사를 담아내는 문화인프라로서 가칭 역사민속촌이 창출되어야 한다. 신라역사민속촌, 백제역사민속촌, 고구려역사민속촌이 지역적 특성에 알맞게 창출되어야 하며, 고려민속촌, 조선민속촌이 창출되어야 한다. 더 나아가 식민과 분단의 상흔을 간직하여 후대에 이를 극복할 수 있는 기념적 좌표로서 '20세기역사민속촌'이 건립될 필요가 있다. 신라와 백제를 강조하는 남한, 고구려와 고려를 강조하는 북한의 역사적 주도권 다툼에서 한발짝 물러서 있다고 볼 수 있는 민족의 시원인 고조선과 단군을 기념하는 박물관도 가능할 것이다.

남북풍속 공동조사연구

남북 공동의 전래풍습을 공유하고 각 지역의 문화적 특성을 연구 조사하는 일이 매우 중요한 과제다. 남북이 공유해온 민족문화유산의 합치점을 찾아내고 각 지역의 생활과 풍습상의 변화발전을 연구 조사하는 민속학의 고유한 과제는 통일과정에서나 통일 이후에도 더욱 부각될 전망이다. 이를 위하여 민속연구조사단이 창출되어야 마땅하며 그 결과를 공유할 수 있을 것이다.

남북문화관광 개발

북한의 관광자원이 자연과 역사유적을 두루 포괄하여 풍부하다는 것은 비교적 상세히 외부에 알려진 상태다. 통일에 대비하여 북의 대표적인 사적지인 평양 일대의 고조선 및 고구려 유적권, 개성지역의 고려문화권 등을 남쪽의 백제문화권, 신라문화권 등과 연계할 수 있다. 북한의 주요 무형문화를 남북이 쌍방간에 답사하고 활용할 수 있는 코스를 만들 수도 있다. 비무장지대를 공동으로 관리하고 생태자연학습장으로 활용할 수 있을 것이다.

경의선 및 경원선 철길복원이 시작되었다. 현재 금강산관광은 고비용을 들여서 해로로 하고 있으나 머지않아 육로가 가능할 것이다. 개성관광이 열림으로써 차원 높은 직교류가 이루어질 전망이다. 백두산과 한라산 교차관광도 가시화되고 있다. 언젠가는 묘향산, 칠보산 등이 개방될 전망이다.

세계문화유산 및 세계무형문화 걸작 선정

일본의 저명 화가로 유네스코 친권대사인 히라야마 이쿠오(平山郁夫)가 있다. 그는 고구려벽화무덤 보전과 세계문화유산 지정에 노년의 열정을 쏟아 붓고 있다. 남한에서 뜻은 있어도 현실적으로 나서지 못하고 있는 문제를 이 일본인이 나서고 있다. 동아시아의 공동의 보물로서 일본문화의 원류를 이루는 것이라고 하면서 세계문화유산 등록을 적극 추진중인데 그 가능성이 높다. 고구려벽화를 중심으로 한 한국고고학계와 미술사학계의 적극 참여가 필요한 대목이다.

또한 21세기는 유형중심의 문화관에서 무형문화로 축이 이동하고 있는 중이다. 그런 점에서 '유네스코 세계구전문화유산제도'(Masterpieces of Oral Heritage of Humanity)는 주목을 요한다(유네스코 제154차 집행이사회, 1998년 5월 채택). 또한 남한이 일정한 기부금을 출연하여 시행될 예정인 '인류구전 및 무형문화유산 걸작'의 아리랑상(Arirang Prize)제도 2000년부터 시행된다. 이 프로그램에 북한을 참여시키고, 필요하다면 북한의 무형문화도 걸작선에 포함될 수 있도록 협동해야 한다.

북한은 지난 1999년 유네스코 제30차 총회장에서 이태균 북한수석대표가 나서서 '비법적으로 반출당한 문화재의 본국송환과 원상회복문제'를 들고 나왔다. 불법 해외반출문화재 반환에 관한 남북의 협조가 필요한 대목이다. 현재 프랑스와 지난한 협상이 계속되고 있는 강화도 외규장각문서 반환문제도 남한만의 문제로 풀 것이 아니라 남북이 함께 힘을 모은다면 한결 나은 결과를 기대할 수 있지 않을까.

자연환경 공동 연구조사 및 공동사업

· 멸종위기에 처한 저어새의 서식 실태 및 번식지 공동조사

세계적인 희귀조로 멸종위기에 처한 저어새의 실태는 얼마 전까지만 해도 전혀 파악되지 않고 있었다. 다만 일본, 대만, 홍콩 등 동북아국가들이 몇 년 전부터 저어새에 대한 관심을 보이면서 여러 가지 보호방안을 세우기 위해 조사를 해왔다. 1999년에 실시한 인공위성추적 조사는 그들의 주요한 번식지가 서해안 일대 무인도라는 사실을 알려줬다. 그것도 남과 북이 마주하고 있는 서해안 비무장지대였다. 이에 따라 남과 북이 함께 이 멸종위기종 저어새를 구하기 위해 나설 때가 됐다.[8]

· 남강을 통한 연어 방류사업

DMZ를 흐르다 북한으로 들어가 해금강 앞에서 동해를 만나는 금강산 남강은 우리가 잊고 있던 연어의 강이다. 그 강 너머 북쪽엔 우리가 잊고 있던 수많은 연어의 강이 흐르고 있다. 남북 모든 강에서 연어를 보낼 수만 있다면 우리는 북양에서 수많은 연어들을 수확할 수 있을 것이다. 그리고 그들이 동해를 살찌워 그 풍요로움을 남북한이 공유할 수 있게 될 것이다. 우리가 서로 남북한을 오가면서 정신 없이 연어를 보내는 동안 우리는 어느새 굉장히 다정해질 것이다. 1997년 4월 3일 오후 3시 고진동 계곡은 어린 연어 1만 마리를 받아 남강으로 흘려보냈다. 연어방류는 경제적 이윤측면에서 상당히 중요하다.

DMZ 평화적 이용

· DMZ 평화시 건설

남북이 공동으로 상징적인 평화의 도시를 건설할 수 있다. 이 경우, 평화의 도시는 민족적 건축양식에 입각한 환경친화적 도시로 만들어져야 마땅하다.

· DMZ 내 궁예유적 공동발굴 및 문화유산 보존

철원 내에 있는 궁예유적을 발굴하고 성터를 보존하여 비무장지대내의 상징적인 문화유산으로 공동관리할 수 있다.

· DMZ 세계자연문화유산 신청

민간인 통제선(민통선)이남지역의 개발을 위한 「접경지역 지원법안」이 의원입법으로 국회에 상정된 가운데 정부는 생태계 보전을 위한 기본정책안을 마련하고 국내에서는 처음으로 유네스코 지정 세계자연유산 등록을 신청키로 하였다. 환경부가 마련한 기본정책방안에 따르면 접경지역을 비무장지대(DMZ)와 민통선 지역으로 정하고 이곳을 보전 우선순위에 따라 자연유보 · 생태계보전 · 완충보전 · 자연정비 등 4개 지역으로 나눠 관리한다는 것. 세계에서 유일하게 두루미와 재두루미가 함께 서식하는 철원평야, 금강산과 설악산을 잇는 향로봉 산맥 국내 유일의 고층습원인 용늪이 있는 대암산, 국내 최대의 열목어 서식지인 두타연, 서해안 갯벌지역 등은 생태계 보전지역으로 정하게 돼있다.

주

1) 우정옥, 「민족적 특성과 현대성이 옳게 결합된 우리식 건축형식」, 『조선예술』, 1987년 7월.

2) 「민족적 특성과 현대성을 옳게 구현한 본보기도시」, 『조선건축』 1991년 4월호.

3) 『조선건축』, 1991년 3호.

4) 『조선화보』, 1993년 8호.

5) 『조선건축』, 1993년 3호.

6) 곽대웅, 「남북한 전통공예기술 교류협력의 방향」, 『남북한민족문화교류협력』, 한국문화재보호재단 창립20주년 심포지엄, 2000. 6. 22.

7) 코리아통일미술전(1993년 10. 12~23)에서 남북, 해외작가들이 해방 이후 처음으로 함께 하는 자리가 마련된 이후, 다양한 교류가 계속되고 있다. 특히 북한의 작품들이 '상업적' 목적에 따라 수입되어 판매됨으로써 어떤 면에서는 북한예술에 대한 제도적 접근이 오히려 희석화된 느낌도 있다.

8) 교원대 김수일 교수 등에 의해 일찍이 제안된 바 있다.